基于用户认知风格差异的信息检索交互行为研究

柯 青 周海花 著

科学出版社

北京

内 容 简 介

本书在信息科学领域引入认知心理学中的一个重要概念——认知风格，以此融合了信息科学、心理学、教育学等多学科的观点，多角度、多途径系统探讨认知风格差异对信息检索系统交互过程的影响。通过介绍经典的信息检索系统人机交互模型的研究进展，提出认知风格和信息检索行为的整合研究框架；引进国外专家授权的认知风格测评权威工具，设计符合规范的多个实证实验，采用业界公认的数据分析方法，研究认知风格因素对信息搜寻绩效、信息检索提问表达式调整、网络导航模式的影响；在认知风格理论的基础上对 Google 搜索引擎检索界面进行评估，并提出优化检索系统界面的原则和策略。

本书适合信息科学、计算机科学、心理学等学科科研人员以及相关的信息技术研发技术人员参考阅读。

图书在版编目（CIP）数据

基于用户认知风格差异的信息检索交互行为研究 / 柯青，周海花著. —北京：科学出版社，2017.6
ISBN 978-7-03-052424-9

Ⅰ. ①基… Ⅱ. ①柯…②周… Ⅲ. ①信息检索–研究 Ⅳ. ①G254.9

中国版本图书馆 CIP 数据核字（2017）第 055669 号

责任编辑：刘　超 / 责任校对：邹慧卿
责任印制：张　伟 / 封面设计：无极书装

科学出版社 出版
北京东黄城根北街 16 号
邮政编码：100717
http://www.sciencep.com

北京中石油彩色印刷有限责任公司印刷
科学出版社发行　各地新华书店经销

*

2017 年 6 月第　一　版　开本：B5（720×1000）
2017 年 6 月第一次印刷　印张：12 1/2
字数：248 000

定价：**80.00 元**
（如有印刷质量问题，我社负责调换）

前　　言

20 世纪 60 年代中期，Trueswell 及其同事在研究 X 射线的晶体图时首次明确提到"信息搜寻行为"（information seeking behavior）这一概念。70 年代之后，在 Feinmen 和 Wilson 等信息学专家的推动下，信息行为逐渐发展成为信息管理领域的一个核心概念。随着信息管理和图书情报界的研究越来越趋向于以用户为中心，集成用户行为和交互式信息检索研究变得尤为重要，而用户的认知特征自然被纳入用户信息检索行为研究框架中。

认知风格是用来描述个人思维、知觉、记忆以及运用知识解决问题方式的一个术语。用户的认知风格是用户认知特征差异的一个重要属性。国内外诸多学者对认知风格提出了自己的界定，这些界定都揭示了认知风格和信息行为、信息处理有着非常密切的关联。以 Dervin, Belkin, Taylor, Kuhlthau 等为代表的学者相继提出了从用户认知角度来研究信息搜索过程的理论，将研究的触角伸向用户心理，从而为认知风格理论在信息搜索中的引入打开了大门。认知风格最早被图书情报界所认识始于 1977 年 Davidson 的文档相关性判断研究，随后越来越多的与信息处理和使用有关的问题中提到了这个概念。

随着以用户为中心研究范式的提出和发展，研究者逐渐发现"认知风格理论"能够适应信息检索向用户认知发展。认知风格能恰当地反映信息搜索研究中的用户特性，将其吸纳到研究视野中成为众多学者认可的选择。

本书正是尝试从认知风格理论的角度研究用户和信息检索系统的交互过程，围绕着用户的认知风格差异是否影响了其与信息检索系统的交互行为这一中心议题，多角度、多途径的对相关问题展开理论和实证研究，推动基于用户认知视角的信息检索理论与实践发展。本书的主要学术价值可归纳为以下四个方面。

首先，从理论上构建整合认知风格与信息搜寻的研究框架。该框架揭示认知风格因素对信息需求的形成、实施查询、查询结果处理和评价四个阶段的渗透和影响，从理论上勾勒出认知风格与用户信息搜寻过程之间的关系，也为从认知风格视角研究用户信息搜寻行为提供理论参考和指导。

其次，以元分析的优势对认知风格是否影响超文本环境下信息搜寻绩效给出了一个明确可靠的结论。本书的特色之一是在国内较早的引入定量分析方法元分析来解决这一具有争议的问题，清楚地揭示认知风格与信息搜寻绩效之间是否存在显著相关性以及影响效应程度，相比以往的实证方法，元分析的结论更为客观。元分析方法的引入极大地丰富了国内信息科学领域的研究方法。

再次，通过具体的实验室研究发现具有场独立/场依存的用户在与检索系统交互过程中的行为差异。本书主要选择了两种交互情景：检索提问表达式调整和网络导航。实验通过三种任务类型（事实性任务、解释性任务和探索性任务）检验用户的认知风格差异是否带来交互过程中检索词的调整、认知信息加工策略、信息搜索效率、信息处理四个方面不同的行为。此方面的研究价值在于从认知风格角度对典型的信息交互检索过程进行了深层次的分析，探寻具有不同认知风格的用户与信息检索系统的交互规律，从而实现面向不同认知风格的信息检索系统界面优化改进，以及在开展信息素质教育时能根据用户的认知风格差异采取灵活的培训指导。

最后，构建面向场独立/场依存认知风格维度的 Web 检索界面启发式评估原则，并以 Google 的分类目录检索功能为例，检验原则的有效性和测试 Google 检索界面是否适应两种认知风格。此方面的研究价值一方面是对流行的搜索引擎 Google 的分类目录检索功能进行评价，发现其界面是适应何种认知风格类型群体，另一方面通过构建的针对场独立／场依存认知风格的界面评估原则指导其他类似的 Web 检索系统改进界面与用户的认知风格的适配性。

本书的出版受到江苏高校"青蓝工程"资助。

本书是国家社会科学基金青年项目"基于用户认知差异的检索系统人机交互过程及界面评估"（11CTQ037）的研究成果，该项目已经顺利通过国家社科基金项目管理部门组织的项目验收评审，评审结果良好。书稿编写方面：柯青撰写第 1、2、4、5、9、10 章，周海花撰写第 6、7、8 章，柯青、梁子栋、倪伟撰写第 3 章。全书由柯青拟定提纲、撰写前言及修改定稿。

新西兰奥克兰大学心理学院的 Peterson Elizabeth 教授的无偿授权作者使用言语-表象型认知风格测试（VICS）和扩展版整体-分析认知风格测试（CSA-WA）软件，特此致以感谢。众多对认知科学情有独钟的信息科学领域学者的前期研究为本书的创作提供了无穷的思想源泉，请恕本人无法一一表达感激之情。千里之行，积于跬步，唯愿本人的努力能为信息行为研究的认知视角抛砖引玉。限于本人精力和学识，书中难免存在不足之处，恳请专家与读者批评指正。最后，衷心感谢所有对本项目研究给予过支持和帮助的专家、学者！

柯 青

2017 年 2 月于南京大学

目　　录

前言
第1章　引言 1
   1.1　研究背景 1
   1.2　研究意义 2
   1.3　研究方法 3
   1.4　研究思路 4
   1.5　主要结构 6
第2章　相关研究述评 8
   2.1　信息检索交互行为模型 8
   2.2　用户认知风格理论 11
   2.3　认知风格视角下的信息行为相关研究 16
   2.4　述评 20
第3章　信息检索系统人机交互模型研究进展 22
   3.1　Ingwersen的认知信息检索交互模型 22
   3.2　Kuhlthau信息查询过程模型 39
   3.3　小结 51
第4章　认知风格与信息检索行为整合框架 52
   4.1　认知风格概念 52
   4.2　融合认知风格理论的信息检索模型 55
   4.3　认知风格与信息搜寻行为整合研究框架 61
   4.4　小结 62
第5章　基于元分析的场独立-场依存认知风格对信息搜寻绩效影响 63
   5.1　相关研究 64
   5.2　方法 69
   5.3　结果 74
   5.4　讨论 80
   5.5　小结 83

第6章　大学生用户的认知风格测试 ··· 86
6.1　测试工具 ··· 86
6.2　测试样本特征 ··· 87
6.3　测试结果与讨论 ··· 89
6.4　小结 ··· 96

第7章　大学生网络信息搜索行为的调研 ··· 98
7.1　调研的背景和目的 ··· 98
7.2　问卷的设计与发放 ··· 98
7.3　数据的处理与分析 ··· 100
7.4　小结 ··· 115

第8章　基于用户认知风格差异的检索系统人机交互过程实验 ··· 117
8.1　研究设计 ··· 117
8.2　数据采集和分析 ··· 126
8.3　信度效度分析 ··· 127
8.4　实验结论与讨论 ··· 128
8.5　小结 ··· 139

第9章　基于用户认知风格差异的检索系统界面评估实例 ··· 141
9.1　场依存－场独立认知风格在Web检索中的特性 ··· 141
9.2　实验对象：Google分类目录检索界面 ··· 144
9.3　实验测试路径 ··· 144
9.4　检索界面评估结果 ··· 145
9.5　小结 ··· 148

第10章　结语 ··· 149
10.1　研究工作及结论 ··· 149
10.2　研究结论应用 ··· 151

参考文献 ··· 154

附录A　认知风格测试 ··· 173
附录B　网络信息搜索行为的调查问卷 ··· 180
附录C　网络信息搜索行为后测问卷 ··· 184
附录D　被试个人信息和搜索行为属性一览表 ··· 186
附录E　大学生用户对网络信息资源的看法和建议 ··· 188

第1章 引　　言

1.1 研究背景

　　人类围绕着信息资源开发、管理和利用的一切活动是其一项基本行为，我们把所有与信息源、信息交流、信息接受有关的人类行为称为信息行为。这一概念的运用始于20世纪60年代中期，Trueswell及其同事在研究X射线的晶体图时首次明确提到"信息搜寻行为"（information seeking behavior）这一概念。Paisley（1966）指出，在研究信息利用时，信息科学与行为科学相融合，迫切需要信息过程行为的理论，而该理论将产生关注频道选择、搜寻总量及信息质量、普及度和多样化，以及动机因素在其中所扮演的角色。20世纪70年代之后，经过Feinmen和Wilson等信息学专家的推动，信息行为逐渐发展成为信息管理领域的一个核心概念。根据Wilson（1997）的归纳，对信息行为的研究大致分为两种类型：一类型是以用户为中心的观点，强调信息需求、信息寻求行为、个人认知、情境、所需完成任务等因素交互作用下的完整脉络，代表的学科如信息行为学、消费者行为、营销、心理学；另一类型是将焦点放在界面与用户之间的沟通，试图了解用户浏览系统时的需求，所探讨的层面为解决系统设计不佳、界面呈现不清等问题，代表的学科如人机交互、用户界面、可用性工程等。各学者从不同角度力图探讨信息搜索行为的实质，主要体现在如下几个方面。

　　1）建构主义视角下的信息搜索行为理论。基于Deway的哲学与学习理论，Dervin（1983）提出意义建构（sense-making）理论，该理论把信息作为解决知识鸿沟的中心要素，强调人们知识的形成是主动建构而非被动接受。该理论提出之初有三个要素：情境（situation）、差距（gap）、结果（outcome），后在此基础上增加了一个要素——桥梁（bridge）。对这四个要素之间的关系可以做如下表述：由于某种认知差距的存在，信息用户可能在某一情境中停止信息活动，此时，他会用桥梁作为介质弥补差距，最终完成新知识的建构。这种建构是在已有经验基础上并超越已有经验的建构,既是从已有记忆系统中提出的信息本身,也是按具体情境进行建构,否则不能称之为有意义的建构。意义建构理论对网络信息搜索行为实质的探讨具有重要的贡献,是后来学者们研究网络信息搜索行为的重要理论基础。

2) 信息加工视角下的信息搜索行为理论。信息加工心理学视角下的网络信息搜索行为是意义建构视角下信息搜索行为理论的延伸。信息加工心理学是一门利用人脑和计算机类比的方法来研究人体认知过程的科学,认知过程实际包括个体对外界刺激产生反应的过程和个体有意识地控制、转换并建构观点和映像的过程。Kuhlthau（1991）在个人建构理论的基础上,描述了用户在信息行为过程中如何加工他们所遇到的信息。根据 Kuhlthau 的观点,信息查寻过程被分为 6 个阶段,这 6 个阶段分别是任务初始阶段（task initation）、主题选择阶段（topic selection）、探索阶段（prefocus exploration）、形成阶段（focus formulation）、信息搜集阶段（information collection）和搜索结束阶段（search closure）。

3) 信息检索系统视角下的信息搜索行为理论。近些年来,随着"用户为中心"的理念越来越占据主导地位,在研究人机交互的问题上,研究人员更多地从认知心理学角度来进行思考。但对信息检索系统理论视角下的网络用户信息搜索行为的相关研究,还是为我们了解用户与信息检索系统之间的交互作用以及网络信息资源的建设与服务提供了一些重要的参考。这其中最经典的理论便是 Saracevic（1997）基于两个基本假设提出的层次互动理论。

在上述背景下,集成用户行为和交互式信息检索研究变得尤为重要,本书正是基于此提出了从用户认知风格差异的角度研究检索系统人机交互过程,并对典型的信息检索系统界面进行评估,从而推动基于用户认知视角的信息检索理论与实践发展。

1.2 研究意义

本书的理论价值和现实意义可归纳为三个方面:

首先,承认个体差异对信息检索人机交互过程的影响是情报学研究中的一个基本观点,探究个体差异能更好地科学诠释用户心理活动和行为的一般规律。认知风格作为个体差异的重要建构之一,是研究用户在认知方面个体差异的重要参数。这一参数对深入了解用户在信息检索人机交互过程方面个体差异的规律具有理论意义,并为开发具有自适应不同认知风格的检索系统提供理论依据和崭新视角。

其次，通过研究认知风格对信息检索交互过程的作用机制，能进一步揭示认知风格作用规律，有助于理解和探讨用户认知特征的相关理论，如用户的认知过程、认知结构以及用户认知特征对行为的影响方式。这样不仅能更加深入地把握认知风格的本质，丰富和完善认知风格理论，而且有助于推动基于用户认知角度的信息检索理论研究。

再次，考虑用户认知差异并继而设计针对不同认知风格的检索系统界面，对增进用户检索体验，提高信息检索效率，充分体现信息检索系统以用户为中心的服务理念以及为用户开展个性化服务具有积极的现实意义和实践价值。

1.3 研究方法

本书的研究中主要使用了以下研究方法。

1）文献研究法：当前学界对信息检索系统人机交互过程以及相关的概念做了大量的探索，采用逐步梳理的方法，对用户与信息检索系统交互过程的研究发展脉络进行回顾，按照研究视角的不同将其分类和汇总。同时借鉴认知科学中对认知过程与认知结构的研究成果，将认知差异对信息检索系统交互过程的作用机制进行理论探讨。

2）模型分析法：本书从认知角度构建了用户与信息检索系统交互过程模型，深入分析了用户的认知结构和认知差异的形成，并通过对模型的剖析，探索用户认知差异对检索系统人机交互过程的作用机制以及用户认知差异对信息检索系统使用行为的影响。

3）元分析方法：认知风格对用户信息搜寻绩效的影响效应关系在不同的研究中得到不同的结论。而元分析方法正是解决这一具有争议结论的有力手段。借助元分析的优势，能清楚揭示认知风格与信息搜寻绩效之间是否存在显著相关性以及影响效应程度。

4）实证方法：本书设计了两个实证。实证1以新西兰学者Peterson等（2003）开发的言语-表象认知风格测试（verbal imagery cognitive styles tests，VICS）和扩展版整体-分析认知风格测试（extended cognitive style analysis wholistic analytic tests，CSA-WA）作为测评认知风格的工具，研究大学生认知风格的整体分布状况，将我国大学生的认知风格现状与新西兰学者的研究结果作跨文化比较；并进一步探讨了不同性别、不同年级、不同专业（学科）、不同层次的大学生被试的认知风格有无显著性差异。实证 2 通过结构化调查问卷和数据的统计分析，初步揭示大学生用户的网络信息资源的需求和行为习惯的一般规律和特征，为后续基于认知风格差异的信息检索交互过程实验研究提供前期支持。本次调研主要调研了大学生用户网络信息搜索行为的三大方面的内容：①大学生用户的信息需求情况；②大学生用户信息搜索的行为习惯；③大学生用户信息搜索行为的自我评价、体验和对网络信息资源的评价。

　　5) 实验方法：本书设计了 2 个实验。实验 1 是通过选择若干名大学生志愿者完成 3 个不同类型的实验任务（事实性任务、解释性任务和探索性任务），通过对屏幕录像内容的分析研究判断是否被试的认知风格影响了其与信息检索系统的交互行为（检索提问表达式调整、信息搜索效率、信息处理过程）。实验 2 是以 Google 分类目录检索界面为实验对象，基于不同的认知风格在信息检索行为方面的差异为评价要素，评估 Google 分类目录检索界面是否适应用户的认知风格差异。

1.4　研究思路

　　遵循科学的研究过程和研究方法，主要研究思路如图 1-1 所示。研究过程可分为 6 个阶段。第一阶段，通过文献调研、专家咨询搜集相关研究文献，从理论上研究具有代表性的信息检索系统人机交互模型的研究进展以及用户认知风格理论，以此作为全文的理论基础。第二阶段，提出认知风格与信息检索行为的整合框架，从理论上探讨认知风格理论与信息检索行为融合研究的可行性。第三阶段，针对当前文献中场独立/场依存认知风格对信息搜寻绩效的影响效应的不同研究结论，利用元分析整合数据定量分析的特点，研究认知风格的总体效应和影响效应关系的调节变量。第四阶段，采用问卷调查方式对我国大学生群体的认知风格和大学生网络信息行为调研，作为后文实验室研究的样本选择依据。第五阶段，通过实验室方式选择符合条件的样本完成实验任务，运用发声思考、现场观察等数据采集方法进行基于用户认知差异的检索系统人机交互实验。第六阶段，采用可用性分析中的启发式评估方法，以 Google 分类目录检索界面为实验对象，以不同的认知风格在信息检索行为方面的差异为评价要素，评估 Google 分类目录检索界面是否适应不同的用户认知风格。

| 第1章 | 引　　言

```
[文献调研]      1. 信息检索系统人机交互模型              2. 用户认知风格理论研究
[专家咨询]      系统梳理代表性的检索交互模型，           认知风格的理论起源和发展，不同
[理论研究]      对典型的信息检索交互模型的演            认知风格维度的测评方法以及本书
                变、完善及应用进行系统分析，            要研究的几种认知风格维度在信息
                从中洞悉用户认知是一个重要的            处理和认知加工方面的差异
                影响因素

[文献调研]      3. 认知风格与信息检索行为整合框架
[专家咨询]      全面整合认知风格理论和信息检索行为研究，提出从3个角度整合认知
[理论研究]      风格变量到信息检索过程的思路，并构建一个认知风格与信息检索行为
                整合研究的框架

[元分析]        4. 场独立-场依存认知风格对信息搜寻绩效影响
                利用元分析整合数据定量分析的特点，选择了场独立-场依存认知风格维
                度作为自变量，信息搜寻的时间绩效和成就绩效作为因变量，对符合元分
                析框架的11项研究样本计算平均总效应、显著性检验以及同质性分析，从
                而研究认知风格的总体效应和影响效应关系的调节变量

[问卷调查]      5. 大学生用户的认知风格测试              6. 大学生网络信息搜索行为的调研
                以Peterson开发的认知风格测试              研究了大学生用户的信息需求情况、大
                软件作为测评，研究大学生认知风格的整体分   学生用户信息搜索的行为习惯、大学
                布状况，并与新西兰学者的研究结果作         生揭示大学生用户的网络信息资源的
[统计分析]      跨文化比较；探讨不同性别、不同年           需求和行为习惯的一般规律和特征
                级、不同专业(学科)、不同层次的大学
                生被试的认知风格有无显著性差异

[发声思考]      7. 基于用户认知风格差异的检索系统人机交互实验
[现场观察]      通过选择若干名大学生志愿者完成3个不同类型的实验任务(事实性任务、
                解释性任务和探索性任务)，通过对屏幕录像内容的分析研究是否被试的认
[统计分析]      知风格影响了其与信息检索系统的交互行为(检索提问表达式调整、信息
                搜索效率、信息处理过程)

[启发式评估]    8. 基于用户认知风格差异的检索系统界面评估
                以Google分类目录检索界面为实验对象，基于不同的认知风格在信息检索
                行为方面的差异为评价要素，评估Google分类目录检索界面是否适应用户
                的认知风格差异
```

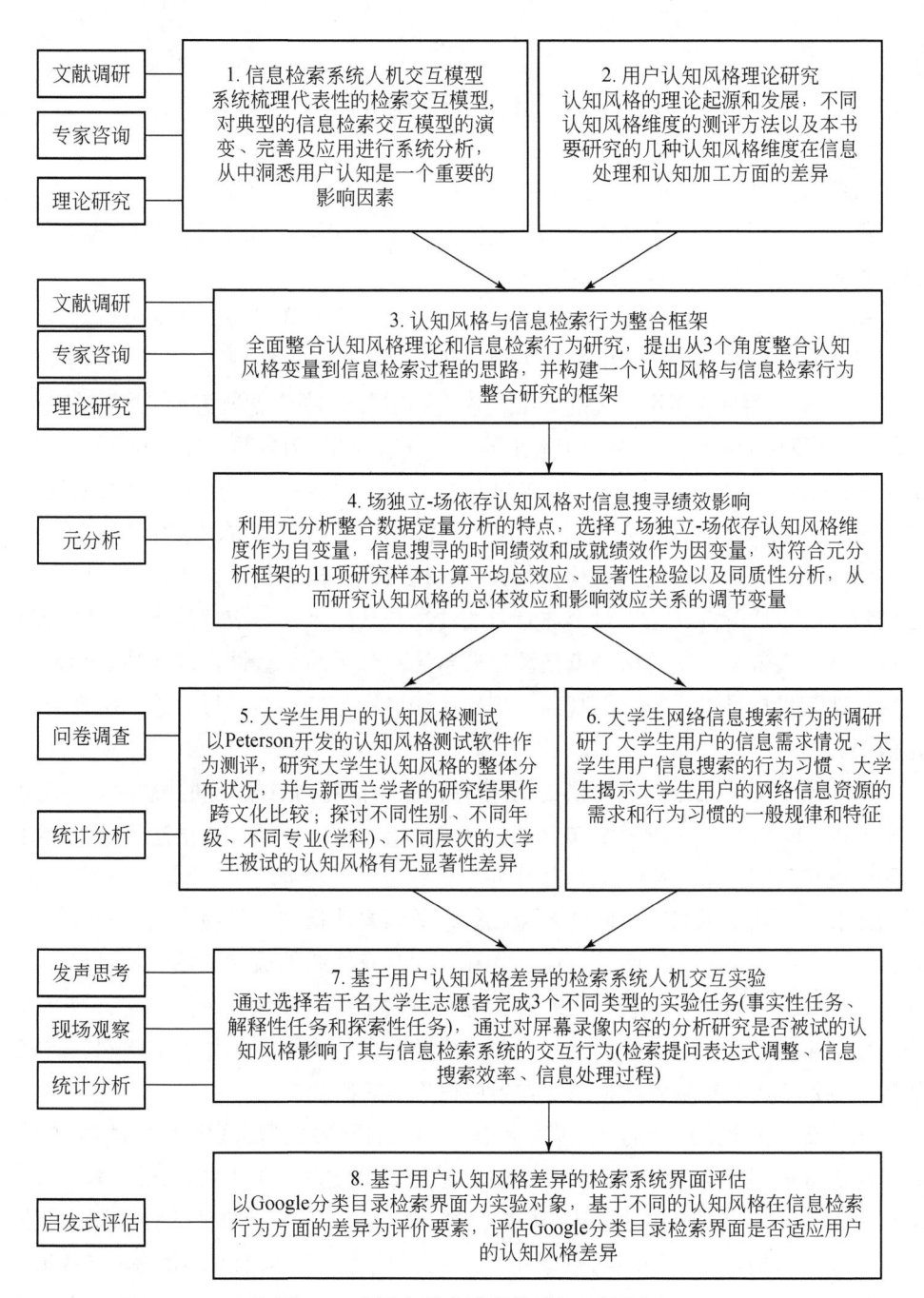

图1-1　我国大学生群体的认知风格测评

1.5 主要结构

按照研究思路，本书主体部分共设10章，主要内容如下。

第1章 引言。主要阐述本书的研究背景、研究任务和研究意义，介绍研究思路和主要研究方法，以及主要内容。

第2章 相关研究述评。对国内外信息检索交互行为模型，认知风格理论和测评以及认知风格视角下的信息行为相关研究进行了系统梳理。

第3章 信息检索系统人机交互模型研究进展。选择信息检索领域中两个代表性的交互模型：Ingwersen（1986）提出的认知信息检索交互模型（cognitive model of information retrieval interaction，CIRI）以及Kuhlthau（1991）提出的信息搜索过程模型（information search process model，ISP），对模型的形成、演进、完善和应用研究。

第4章 认知风格与信息检索行为整合框架。从概念角度诠释认知风格具有信息科学的本质特点，指出对个体差异的关注是认知风格与信息搜寻行为的共同焦点，并提出依据认知风格维度模型对信息用户分类的可行性，以及从认知风格视角构建信息搜寻过程模型的观点，构建认知风格与信息搜寻行为整合研究的理论框架。

第5章 基于元分析的场独立-场依存认知风格对信息搜寻绩效影响。应用元分析方法，以场独立-场依存认知风格维度作为自变量，以超文本信息搜寻中的时间和成就作为因变量，对筛选出的11项研究样本计算变量之间的综合效应。元分析结果表明，认知风格对时间绩效和成就绩效均显著相关，呈现中度影响效应。场独立型具有较高的时间绩效，而场依存型则具有较高的成就绩效。各研究样本在认知风格对信息搜寻成就绩效的影响上具有同质性，在认知风格对信息搜寻时间绩效的影响效应上具有异质性，且研究中的一些技术因素，如被试国别、研究场景、测量工具和出版物类型对影响效应值无显著影响。

第6章 大学生用户的认知风格测试。通过言语-表象型认知风格测试（VICS）和扩展版整体-分析认知风格测试（CSA-WA）软件测量大学生的认知风格，利用SPSS20.0对样本进行描述性统计和推断性统计分析，并对该量表进行信度和效度检验，通过人口统计学变量和专业（学科）等对大学生认知风格的影响作进一步探究。

第7章 大学生网络信息搜索行为的调研。通过问卷调查了解大学生网络信息搜索行为的现状，总结网络信息搜索行为的一般特征，并通过描述性统计初步揭示不同的认知风格大学生是否在网络信息搜索行为方面有差异。

第 1 章 引　言

第 8 章　基于用户认知风格差异的检索系统人机交互过程实验。以设计实验任务方式，研究大学生用户认知风格对检索提问表达式调整、网络导航模式的影响，并分别从信息搜索行为角度和认知信息加工角度进行探讨。

第 9 章　基于用户认知风格差异的检索系统界面评估实例。提出基于认知风格模型的检索界面设计原则，以搜索引擎 Google 作为实验对象，基于认知风格理论，从界面整体风格、主目录和子目录排列方式、命中网站的排序方式、检索结果的表示方式及相关目录显示 5 个方面分析 Google 检索界面并提出相应的优化策略。

第 10 章　结语。归纳本书研究的主要结论，为优化信息检索系统界面和服务效率提供有针对性的建议。

第 2 章　相关研究述评

2.1　信息检索交互行为模型

信息行为的研究最早始于对读者使用图书馆情况及读者关系的调研，现代社会研究信息行为的标志性事件是 1948 年英国皇家学会举办的科学信息会议（Royal Society Scientific Information Conference），这次会议的与会者包括 240 位科学家，历时 10 个工作日，该会议的宗旨是促使人们去思考在工作中如何使用信息以及如何将信息应用到科学和技术的发展中去。1977 年，在哥本哈根举行的一次认知观研讨会上，De Mey（1977）第一次提出了认知观（cognitive viewpoint）这个概念。英国情报学家布鲁克斯于 1977 年将认知科学引入信息行为研究，使得信息行为的研究范式从关注信息和系统本身转向用户和个体本身的需求和行为。1981 年，Wilson（1981）首次提出信息搜寻模型，该模型的出发点即从信息使用者（information user）开始，而非使用（use），正如 Wilson 本人所述，相比较"使用"，他更感兴趣的是"信息用户"。20 世纪 90 年代，计算机和网络技术发展使得信息行为发生、利用的环境发生了根本性的变化，国际互联网既是重要的信息源，也是信息发布和交流的重要阵地，并逐渐融入普通民众的日常生活而成为必不或缺的部分。

当研究的视角转向"以用户为中心"时，围绕着信息检索系统与用户交互过程，学者们提出了构建信息行为模型。模型是对理论的简化和直观的表达。作为表达和呈现用户信息行为复杂过程的一种方法。信息行为模型主要被用于解释用户在信息活动中感知与表达信息需求、查询信息、评价与选择信息、修正信息行为等具体过程;模型同时也可表达影响用户信息行为的内部和外部因素。例如，英国情报学家 Wilson 分别在 1981 年、1994 年、1997 年以及 1999 年提出了一系列关于信息行为的模型，Wilson 系列模型主要关注信息需求及影响信息需求的因素。在其后来的一系列信息行为模型中，他又进一步对信息行为过程中的干扰变量进行了多学科的分析和探讨，并引入了激励机制（Wilson，1981，1994，1997，1999）。

第 2 章 相关研究述评

有学者认为，Wilson 是采用"交叉学科"的方法进行信息行为的研究。Ellis（1989）归纳出信息行为活动过程的 6 个类型：开始（starting）、浏览（browsing）、链接（chaining）、跟踪（monitoring）、区分（differentiating）、采集（extracting），以及最终活动的表述——证实（verifying）和结束（ending）。Kuhlthau（1993）提出的模型不关注行为过程的变量、影响因素，他的关注点在于情感（feelings）、认知（cognitive）、行动（actions）。该模型包括 6 个阶段：开始（initiation）、选择（seletion）、探索（exploration）、形成（formulation）、搜集（collection）、介绍（presentation）。Johnson（1993）模型考虑与健康相关的信息搜寻动机因素，主要是人口特征、直接经验、信念、显著性对信息载体因素的影响，信息载体因素的特征和效用作用于信息搜寻行动。

这些信息行为模型中有许多是从认知或相关的角度来研究信息检索交互过程的，代表性成果有以下一些模型。

Belkin（1993）提出文本交互式信息模型，该模型的关键部分是用户的文本互动，这是信息检索的重要步骤。基于对用户的信息搜索策略（information searching strategies，ISS）的观察，可将这些策略进行分类。此外，信息检索系统的设计还可以为不同类型的 ISS 提供不同类型的交互支持。这个模型的最大特点是用户与文本的互动是动态的，而非静态的。用户在信息搜索过程中依据用户的目标、任务、知识、问题、用法与某种类型的信息产生互动。这个模型的局限之处在于将交互限制在用户和信息检索系统之间，而没有考虑用户可能还会与其他实体产生交互，如社会组织背景等。

Spink（1997）提出的交互式查询过程的要素模型，在该模型中，一个或多个搜索周期中的一系列搜索策略构成了交互搜索过程。每个周期由包括搜索策略或搜索步骤，以及系统输出用户判断的交互反馈回路组成。交互反馈是搜索环境和用户认知状态的结果，这进一步增强了用户和信息检索系统之间的相互作用。Spink 对交互反馈类型进行了深入研究，扩展了 5 种交互反馈类型的交互式信息检索模型：内容相关反馈、语词相关反馈、重要性反馈、策略审查反馈、条件审查反馈。在与传统的信息检索模型进行比较后，Spink 认为该模型中，用户表现出更积极的作用。用户及其认知过程取代了信息检索系统和重构检索表达式这一自动过程。

Saracevic 基于两个基本假设提出交互式层次模型。这两个基本假设为：一是用户必须使用信息检索系统搜索信息，二是信息检索过程与认知和实际应用情况有关。该模型认为用户和系统之间的交互通过表层接口实现的，交互是不同层次（认知层面、情感层面、情境层面）的用户和系统之间的相互作用，系统涉及的层次有工程层面、加工层面、内容层面。表层接口为用户和系统交互提供了一个平台，用户使用信息检索系统来搜索、浏览、导航、组织和浏览结果并响应反馈信息等。信息检索系统根据用户所需要的信息，通过提供用户答复等方式来与用户进行交互。该模型有两大贡献：一是指出了交互过程中的各个层级所涉及的具体因素；二是把问题深化到一些交互式信息检索所涉及的关键问题上，如相关性、用户建模、检索语词的选择和反馈的类型。该模型的不足在于指定和分解不同层次之间的相互作用是非常困难的，也没有为更大型的交互性研究测试提供足够的细节，实际应用不够（Saracevic，1996，1997）。

Ingwersen（1996）的交互性搜索认知框架基于认知心理学，特点是围绕搜索行为主体要素的认知空间来表述网络信息搜索行为。该框架表明，用户的组织和文化特征体现在其社会背景中，系统的交互界面则涵盖了信息技术和信息对象的特征。框架中的组织和文化、用户认知空间、信息技术和信息对象分别对应搜索行为要素中的搜索环境要素、行为主体要素和信息技术要素。虽然交互性搜索认知框架分别对这三大要素所包含的内容进行了细化，但是该框架缺乏对搜索行为过程阶段的描述，同时在行为要素的表征上淡化了"搜索任务"要素，而是将其作为认知的一个特征放置于任务理解中，因此 Ingwersen 交互框架具有一定的局限性，实证的难度较大。

Kim（2009）的模型和 Ingwerson（1996）的交互框架不同，Kim 基于任务的行为模型强调了搜索任务的重要性，并与决策学中的信息策略层次框架（information searching strategies schema，ISS Schema）相结合。Kim 等认为，网络信息搜索行为始于信息需求，即所要解决的信息问题——搜索任务，因而搜索任务应该成为搜索行为最重要的因素，也是最重要的影响因素。搜索行为过程被描绘为从一个信息搜索策略（ISS）到另一个信息搜索策略的移动过程（movement）。信息策略层次框架分为 3 个维度（方式、对象和目的）。任何一个信息搜索策略都由这 3 个维度组成，如方式分为访问（access）、选取（extract）两类，目的分为细化（specify）、认识（recognize）和使用（use）3 种。Kim 的模型对搜索任务的关注以及对行为模式的概括比较新颖，但该模型将信息系统纳入信息环境要素里，对信息系统相关特征有所忽略，同时信息搜索策略这部分比较复杂，实际操作有些难以把握。

上述模型被提出后在理论和实践上不断的演化、发展，相关的应用领域也是不断地扩大，学者一方面应用模型中的要素分析用户信息检索行为，一方面也不断地完善模型，使其更符合用户实际情形。在本书中，将对其中较具影响力的 Ingwerson（1996）和 Kuhlthau（1991）信息检索认知和交互行为模型进行系统研究。

2.2 用户认知风格理论

2.2.1 认知风格理论来源

当代认知风格理论源于认知心理学（cognitive psychology）的4个领域：知觉、认知控制与认知过程、心理表象、个性概念。认知心理学兴起于20世纪50年代中期，其后得到迅速发展。认知心理学是以信息加工观点为核心的心理学，又可称作信息加工心理学。信息加工心理学运用信息加工观点来研究认知活动，其研究范围主要包括感知觉、注意、表象、学习记忆、思维和言语等心理过程或认知过程，以及儿童的认知发展和人工智能即计算机模拟。信息加工的主要观点就是将人的大脑与计算机系统进行类比，将人脑看作类似于计算机的信息加工系统。作为信息加工系统，人与计算机在功能结构和过程上，确有许多类似之处。例如，两者都有输入和输出、信息储存和提取，都需要依照一定的程序对信息进行加工。信息加工观点将计算机作为人的心理模型，试图对人的心理和计算机的行为作出某种统一的解释，发现一般的信息加工原理。关于信息加工的一般原理，Newell 和 Simon（1972）认为，无论是有生命的人或者是人工的计算机信息加工系统都是操纵符号（symbol）的。符号是模式，如语言、标记、记号等。在信息加工系统中，符号的功能是代表、标志或指明外界世界的事物。认知心理学的核心是揭示了认知过程的内部心理机制，即信息是如何获得、储存、加工和使用的。其中和认知风格有关的主要过程为知觉和表象。

知觉（perception），认知心理学将知觉看做是感觉信息的组织和解释，也即获得感觉信息的意义的过程。这个过程被看做是一系列连续阶段的信息加工过程，依赖于过去的知识和经验。认知心理学既已强调过去的知识经验和现实刺激都是产生知觉所必需的，因此它认为知觉过程包含相互联系的两种加工：自下而上（bottom-up）加工和自上而下（top-down）加工。自下而上加工和自上而下加工这两个术语是从计算机科学领域发展而来的。自下而上加工是指由外部刺激开始的加工，通常是说先对较小的知觉单元进行分析，然后再转向较大的知觉单元，经过一系列连续阶段的加工而达到对感觉刺激的解释。如看到一个英文单词时，视觉系统先确认构成单词的每个字母的各个特征如垂直线、曲线、水平线、斜线等，然后将这些特征加以结合来确认一些字母，字母再结合起来而形成单词。由于信息流程是从构成知觉基础的较小的知觉单元到较大的知觉单元，或者说从较低水平的加工到较高水平的加工，这种类型的加工因而称为自下而上加工。与此相反，自上而下加工是由有关知觉对象的一般知识开始的加工。由于是一般知识引导知觉加工，较高水平的加工制约较低水平的加工，这种类型的加工因而称为自上而下的加工。将自下而上加工称作数据驱动加工（date-driven processing），而将自上而下加工称作概念驱动加工（conceptually-driven processing）。这两种加工形式是两种方向不同的加工，两者结合而形成统一的知觉过程。但是，在不同的情况下，知觉过程对这两种加工也可有不同的侧重点。

除了上面提到的知觉过程的自上而下加工和自下而上加工外，知觉过程还涉及另一个重要的加工过程即整体和部分的知觉问题。整体的和部分的加工问题与自下而上加工和自上而下加工有密切联系，如前所述，自下而上加工是从较小的知觉单元转向较大的知觉单元，似乎可以说是从部分到整体的加工过程，而自上而下加工是关于知觉对象的一般知识，也可以说是从整体开始的加工。整体-分析型认知风格与认知组织有关，是个体在组织新信息的过程中所运用的典型模式，即个体在组织信息时是偏好从整体还是从部分加工信息。

表象（mental image）亦称意象，包括通常所说的记忆表象和想象表象。表象是一个富有特色的心理过程，有部分学者认为表象是一个类似知觉的信息表征（representation），它在人的心理活动中有自己的作用。心理学家 Paivio 提出两个编码说，他把表象看成是与言语相平行和联系的两个认知系统。言语系统加工离散的语言信息;表象系统则对具体的客体或事件的信息进行编码、储存、转换和提取，其表征极似知觉。这两个系统既独立又相互联系。Paivio（1969）还曾经做了一个设计精巧的实验来证明表象表征和言语表征的存在和各自的特点，这个实验就是现代认知风格测量言语-表象型的基础。实验的具体过程是让被试看一些卡片，这些卡片上有一对图画或一对打印的字词（图 2-1），要求被试判断所画的一对图画或一对字词所代表事物的实际大小。在图 2-1 中，第一组的斑马和台灯大小与实际生活是一致的，而第二组的斑马和台灯与实际生活中是不一致的，因此，需要被试对图示中的情况作出判断。Paivio 作出一个假设，如果长时记忆中没有语言编码，那么被试对图画材料作出的判断要慢于对字词作出的反应，因为在作出判断前，需要将图画转化为语词，反之如果长时记忆中包含表象编码，那么被试对图画的反应时间就不会慢于对字词的反应，因为视觉表象可以直接从记忆中得到，无须再作转换。实验结果与后者一致，即长时记忆中确实存在表象编码，被试对图画作出的判断不仅不比对字词慢，反而更快;另外被试对与实际情况不一致的图对的反应时间要大于一致的图对,但对字词的反应却没有这种差别。这一研究结果说明,长时记忆中确实存在表象表征和语言表征两种形式,甚至可认为,客体的大小主要是以表象来表征的,或者语言信息需要转换为表象再行判断,因而所需的反应时间较长。现代认知风格测量表象-言语型认知风格的原理就是通过被试判断大量图对的平均反应时间与判断大量词组的平均反应时间的比率。

1		台灯　　斑马
2		台灯　　斑马

图 2-1　台灯和斑马图对及词对

2.2.2　认知风格理论与测评进展

认知风格理论从20世纪40年代到90年代历经4个阶段的发展趋于相对成熟。40年代,对认知风格的探讨从理论进入到实证研究阶段。该时期认知风格研究史上里程碑式的事件是美国心理学家 Witkin(1954)及其合作者通过实证研究,提出了认知风格的场独立-场依存性(field independent-field dependent,FI/FD)理论,这种最具经典且最能为广大学者所认可的认知风格类型,在后来长达半个世纪的认知风格研究中被国内外很多学者用来测试研究对象的认知风格。60~70 年代,认知风格研究呈现百花齐放百家争鸣之态势,学者大胆提出多种认知风格维度。最具代表性的认知风格除了有场依存-场独立,还有广视型-狭视型、拘泥型-变通型、齐平化-尖锐化、认知复杂型-认知简约型、分析型-非分析型、扫描型-聚焦型、整体型-序列型、聚合思维型-发散思维型、言语型-表象型等。尽管由于认知本身的复杂性导致了认知风格类型众多,但如此多维度的认知风格类型使得研究的进一步深入受到了前所未有的阻碍。正因为此, 80 年代,认知风格的研究进入迷茫时期。这种迷茫主要体现在两点,一是将认知风格与能力、人格、学习风格、认知策略等混同使用,造成概念的混乱;二是出现大量的认知风格维度,认知风格提出的出发点是要揭示人的个体差异,个体差异对每个人而言都是独一无二的，只要认知方式不同，那么表现这种差异的任务将无休无止，这样的情形对研究也毫无益处。认知风格测评的出发点不在于找到尽可能多的揭示个体差异的认知风格类型而是希望在众多认知风格中提炼、抽取出相对具有代表性的一些维度，从而对个体差异作出有力度的解释。这样使得通过个体差异的识别而达到预测个体行为结果的研究成为现实，而不至于因为个体差异的无限而使得行为的预测成为无止境。进入90年代后，认知风格的研究进入到相对成熟期。英国伯明翰大学的教授Riding等在对30多个认知风格维度研究的基础上认为学界已经出现的众多认知风格维度，很多只是相同维度的不同名称，他和他的合作者用因素分析法对这30多个认知风格进行相同因素的提取，最终提炼出两个基本认知风格维度：整体-分析型（wholist-analysis）和言语-表象型（verbal-imagery），这两个认知风格维度的确定奠定了现行认知风格研究的基础。

  随着认知风格理论的产生，认知风格的测量方法应运而生。在早期的研究中，场依存-场独立认知风格的提出者Witkin首先用身体调节测验（body adjustment test）来测量场依存性，最初采用的测验形式是让被试进入到一个倾斜房间并坐到房间内一把倾斜的椅子上，然后要求被试把自己的身体调整到与地面垂直的位置，这种测试方法是受飞行员驾驶战斗机穿越低空云层时所体验到的情况启发而成的。这一测验后来又进行了改进，心理学上称作棒框测验（rod-and-frame test），它让被试坐在漆黑的房间里，要求他注视前方倾斜且发光的方框里面的一个倾斜且发光的棒。测试要求被试不考虑方框的位置，而把亮棒调整到完全垂直。倾斜且发光的方框对被试判断棒的垂直方位有影响作用，影响大者为场依存型，影响小者或无影响为场独立型。以上早期在心理学实验室进行的实验只能进行小众测试，不能进行大众化测验。场依存型的测验经进一步发展，形成著名的镶嵌图形测验（embedded figures test，EFT）。所有这类测验，都涉及把一个简单图形从复杂图形中分离出来（图2-2）。场独立型被试能很快从复杂图形中分辨出指定的简单图形，而场依存型被试却感觉困难。镶嵌图形测验（EFT）是一个包含12个项目、单独施测的测验，由两套分别展示复杂图形和简单图形的图片构成。除镶嵌图形测验外，适合于5~12岁的儿童镶嵌图形测验（CEFT）和适合成人团体镶嵌图形测验（GEFT）也分别开发出来，其测验方法与EFT极为相似。

  此外，20世纪60~70年代还出现了其他认知风格维度的测量方法。如测量粗放型-敏锐型的图形化测试（schematising test），测量冲动型-反思型的匹配熟悉图形测试（matching familiar figures test，MFFT），测量整体型-序列型风格的问题解决任务方法测验，测量同化者-探索者认知风格的A-E量表，测量适应者-革新者认知风格的科顿的适应者-革新者量表（Kirton adaptor-innovator inventory，KAI）等。

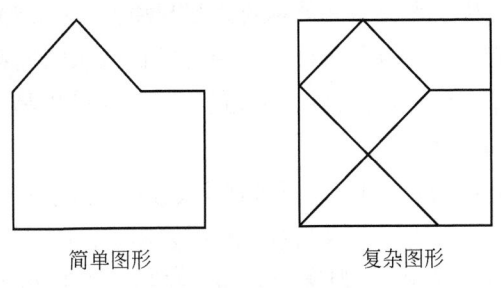

简单图形　　　　　　复杂图形

图 2-2　镶嵌图形示例

这些认知风格测验或多或少都有他们的弊端，如著名的团体镶嵌图形测验（GEFT）是用于测量场独立型-场依存型认知风格的，这个测验的得分是根据在规定的时间内被试从复杂图形中辨认出所指定的简单图形的数量来计算的，这种测试方法的信度受到学者质疑，有研究者发现场独立型与智力测验相关度较高。Witkin 及其研究团队试图用适合大规模测验的纸笔测验——镶嵌图形测验来代替最初的棒框测验，但是有研究者发现这两个测验的相关系数也仅仅只有 0.30~0.65，从统计学意义上来说，仅仅是中度相关。这些质疑并非对场独立型-场认知型理论的怀疑，而是指出测量方法的不完善。另外还有一些测验使用内省的自我报告法，内省的自我报告法存在诸多问题，如个体可能没有能力准确、客观地报告自己的行为，或不愿意付出必要的努力以作出准确地回答，或在作出反应的过程中由于受社会期望的压力产生偏差，以及刻意回避真实看法而策划自己的回答等。

英国伯明翰大学的 Riding 和 Cheema（1991）在其提出的认知风格维度的基础上，克服以往认知风格评估工具中普遍存在的问题，研制开发出言语-表象型和整体-分析型的认知风格分析测试工具（cognitive style analysis test，CSA），并将该测试用计算机进行呈现。该量表最大的改变是不再用规定时间内做完规定任务而获得分值的方式来判断个体属于何种认知风格，而是采用分别完成整体型与分析型题目的反应时间的比值和分别完成言语型和表象型题目的反应时间的比值作为衡量个体认知风格类型的标准。CSA 测试包括 3 个测验，第一个测验是测量个体的言语-表象型认知风格维度，通过判断陈述句的正误和类别归类的方式来判断个体的认知风格的类型，第二、第三个测验是测量个体的整体-分析型认知风格的类型。第二个测验的题目类型是两个复杂的图形，要求个体判断这两个图形是相同的还是不同的。第三个测验的题目包括一个简单图形和一个复杂图形，要求个体判断简单图形是否包含在复杂图形中。CSA 由于具备如下优点，因此被学界广泛运用。CSA避免运用在规定时间内的完成任务而计分方法，而采用反应时比率更为科学，因此测量出的个体认知风格更为客观和科学；CSA避免采用内省的自我报告法的方法，而采用测验的方法，避免了被试按照研究者的期望来完成任务而导致结果的准确率下降的可能性；CSA的测试题目简单易懂，没有困难语句，适用于不同年龄段的人群。

尽管CSA有诸多优点，但仍有学者提出CSA测试中的不足。有学者提出，在医学教学中利用CSA进行测量和解释数据要谨慎，Cook（2008）研究医师和准医师人群的认知风格的测量。以89名家庭医生、内科医生和医学院学生为研究对象，测试结果表明，整体-分析型（W/A）重测的相关系数为0.30，言语-表象型（V/I）的相关系数为0.12，认为CSA重测信度比较低，希望有关医学方面的教育者在使用CSA时要谨慎。Yu（2013）对认知风格分析测试VICS和扩展版CSA-WA进行了修正。修正后以52名中国大学生和32名中专学生为被试，结果分析发现修正后的项目之间有很好的区分度，经可信度检验，修正后的测试具有很好的内部的一致性和分半信度。当时在英国爱丁堡大学后到新西兰奥克兰大学的Peterson等（2003）认为该测试虽具有较好的效度，但是信度和内部的连续性存在不足，并通过14个男性和36个女性被试进行实证的方法予以证明，研究结果表明在CSA测试中整体-分析型维度的可靠性要优于言语-表象型认知风格维度。该学者进而在2005年提出改进言语-表象型认知风格测试（VICS）和扩展版整体-分析认知风格测试（CSA-WA），本研究所用测试工具即为Peterson修订的已经计算机化的认知风格测试软件，具体详见附录A。

1981年我国心理学家张厚粲在Witkin等人编制的团体镶嵌图形测验（GEFT）的基础上结合北京师范大学研究团队设计的题目进行了一系列标准化处理，形成了中国成人的认知风格测试量表。这套量表包括测验试卷和测验手册两部分，分为A、B两个测试卷，分别有3道练习题和16道测验题。这对我国认知风格理论和实践的研究具有里程碑式的意义，国内学者正是从此开始研究认知风格对学习、教育、信息行为的影响。

2.3 认知风格视角下的信息行为相关研究

20世纪70年代，多位学者从理论和实证角度探讨了场依存-场独立型认知风格对管理信息系统成功的影响，对信息系统交互设计的影响等学术问题

(Grochow，1973，Bariff & Lusk，1977，Benbasat & Taylor，1978，Zmud，1979)。随着认知风格理论的发展，整体-分析型和言语-表象型认知风格的整合者 Riding 和 Cheema（1991）认为认知风格是个人组织和表征信息的偏好化和习惯化方式。认知风格理论的提出为信息科学研究个体差异提供了理论支撑，以认知风格作为个体差异变量的信息行为研究正成为信息科学领域中重要方向。

Harrison & Rainer（1992）研究了计算机终端用户熟练度的个体差异，其中将认知风格作为个体差异的一个研究变量，该文中测量个体认知风格所使用的是科顿的适应者-革新者量表（KAI），研究结果表明，革新者认知风格类型的用户会具有更熟练的计算机操作水平。

Ford 等（1994）发现认知风格和在线搜索之间存在显著关联，该研究中 67 个被试完成了 LISA 光盘数据库的 275 个搜索任务，结果发现，相对于场依存者，场独立者会根据搜索的结果调整搜索策略。Ford 和他的研究团队并没有就此停止认知风格在信息科学领域研究的步伐，随后的十多年他们陆续探究了不同认知风格的用户在访问数据库、超文本导航、在线学习等环境下的信息搜索行为的一系列表现（Ford，2000；Ford et al.，2001；Ford et al.，2005）。

Leader 和 Klein（1996）调查了在超媒体数据库搜索中，搜索工具和认知风格对搜索能力的影响。研究结果表明，在查找和图形搜索方面，场独立者明显比场依存者的表现好。Moss 和 Hale（1999）基于定量分析基础上研究了认知风格对网络搜索策略的影响。Wang 与同事对认知风格以及网络检索者的情感状态发生了兴趣（Wang & Tenopir，1998）。该研究基于 Kuhlthau（1996）提出的一种综合心智模型，以适用于所有网络检索系统。因此 Wang 等认为检索者可能在不同的系统中使用相同的句法。

Palmquist 和 Kim（2000）以 48 名本科学生为被试，研究了认知风格和搜索经验（新手和有经验）对搜索能力的影响。因变量搜索能力通过两个方面来定义：一是获取相关信息所需的时间；二是检索相关信息点击的结节数。被试所需完成的搜索任务是参加者感兴趣的一个事实性任务和一个主题搜索任务。研究结果表明，新手的场依存-场独立认知风格对搜索能力有显著影响，但是认知风格对有经验的网络数据库搜索者来说，影响要小很多。Kim 和 Allen（2002）通过实证研究了认知因素中的认知风格和搜索任务对网络搜索行为的影响。Kim（2005）研究了关注控制因素（认知风格和趋避）和情感控制因素（个人控制和问题解决信心）两个自变量对导航行为和搜索行为两个因变量的影响。结果表明，关注控制因素影响导航行为（如链接和后退键等之类的导航工具的使用），而情感控制影响搜索行为（如关键词搜索的应用）。

Graff（2005）探讨了言语-表象型认知风格用户在网页浏览策略时所表现的差异，研究发现，表象型用户访问网页习惯于按网页之间的关系结构线索访问，而言语型用户则习惯于按层次结果线索访问。

Chen 和 Ford（1998）研究了基于网络的超媒体学习系统中，个体差异尤其是认知风格和导航模式之间的关系。该研究以 20 个硕士研究生作为研究对象，使用的是谢菲尔德大学信息研究部开发的超媒体学习系统，研究中先测试了 20 个被试的场独立-场依存认知风格类型，因变量包括导航模式、导航工具的选择和对超媒体系统的反应。研究结果表明，在设计以超媒体为基础的学习系统设计应考虑个体的认知风格因素。Chen 等分别建立了场依存-场独立认知风格和超媒体导航的学习模型以及认知风格和网络学习的认知模型（Chen，2002；Chen & Macredie，2004）。Chen 等（2005）认为认知风格是影响用户信息搜寻效率的一个尤其重要的个性特征，研究了场依存-场独立被试在使用三种指定的搜索引擎（Google、Lycos、AltaVista）时对主题目录的组织、结果的呈现方式、屏幕布局的反应。Frias-Martinez 等（2008）利用英国布鲁内尔大学图书馆目录研究了不同认知风格（场独立-场依存、言语-表象型）的用户的信息行为。Chen 和 Liu（2011）利用数据挖掘特别是聚类技术探究了不同认知风格的用户在与网络教学项目互动时的信息行为，研究发现，场独立认知风格用户习惯于使用字母索引，而场依存用户习惯使用分层的图形导航模式，这样的学习模式对他们的学习效果有很大影响尤其是对场依存者。

Nguyen 等（2011）分析了用户的认知风格对文摘评价的影响，利用 DUC2005（document understanding conference，文本理解会议）提供的语料来做用户实验，研究结果发现，整体型和分析型用户对不同类型的语料提炼文摘的一致性评价有着显著性差异，同时该文指出文集的连接性（主要由图信息熵和单机概念的百分比来测定）和用户的认知风格共同影响用户的一致性评价。

Yuan 等（2011）利用知识领域的信息可视化系统 CiteSpace 来研究用户的认知风格对信息搜寻任务绩效的影响，该实证中 16 个研究生参加了用户实验，每个用户完成了扩展的认知风格分析测试（CSA-WA），然后在 CiteSpace 系统里完成了 8 项任务。该研究利用皮尔森相关、多元方差分析、卡方检验、非参数检验中的秩和检验对数据结果进行了统计分析。研究结果表明，认知风格对信息搜寻任务绩效确实有影响，主要表现为：整体型认知风格的用户比分析型的对任务的满意度明显要高，而分析型认知风格的用户比整体型认知风格用户有着明显的高正确率，因此作者得出结论，认知风格是研究信息科学和人机交互的一个很重要的因素，这方面的研究对信息系统设计提供了有价值的评价指标。

Salarian 等（2012）研究了马来西亚理工大学计算机科学与信息系统专业的50名研究生的认知风格和信息搜索行为的关系，结果显示，认知风格与信息搜寻行为之间存在线性关系。Kinley 等（2012，2014）等招募了来自澳大利亚昆士兰理工大学的学生、学者和工作人员共50名作为研究对象，在对他们进行认知风格测试后，分别考察了整体-分析型和言语-表象型认知风格者在完成事实性任务、探索性任务和开放性任务时的信息搜索特征，并探讨了认知风格对网络搜索行为过程的影响。Ledzińska 等（2014）研究了冲动-思虑型认知风格对在线搜索任务的影响，结果显示，为搜索信息在阅读指令和花在思考搜索策略上的时间与冲动-思虑型认知风格有着很高的相关度，冲动-思虑型认知风格这个变量对搜索任务的解释率达到82%。

国内学者主要研究了认知风格与导航绩效、导航迷失、超文本阅读、搜索绩效、Web 目录检索界面、数据库检索策略、搜索时间、查询次数、网络页面复杂度、标题链接、信息呈现方式等的影响关系。毕强等（2003）对超文本信息环境用户认知活动的模式及其影响因素进行了理论探讨，归纳了场依存和场独立认知风格用户在超文本信息环境中所表现出来的各种特点；周荣刚等（2003）考察了背景信息导航帮助和认知风格（场独立-场依存）对超文本使用中导航绩效和学习效果的影响。研究表明，认知风格是研究超文本系统的一个敏感指标，在超文本阅读中，场依存者比场独立者容易迷失，学习效果要低于场独立者。张智君等（2004）在通过实验研究了3种导航情境下，用户的搜索绩效差异。江程铭等（2004）以中文阅读内容为实验材料，考察文本结构和个体认知风格对网上信息搜索绩效的影响。未发现个体认知风格的显著影响，认知风格对信息搜索绩效的效应需进一步探讨。李晶和张侃（2007）讨论了3组认知风格（自我中心和环境中心、场独立性和场依存性、言语序列优势和视空间优势）对导航的影响。张艳（2007）由认知风格实验结果得到不同风格类型的用户对不同信息呈现方式的反应，结合对手机信息构成要素的讨论，提出分别针对4种认知风格用户的手机信息架构设计准则。盖敏慧（2008）、甘利人等（2008）以旅游网站为例，通过实验验证了用户迷失受到导航设计优劣和认知风格两方面影响，且这两方面对用户迷失均有显著影响。邓小昭等（2010）提出影响网络用户信息行为的影响因素中用户个体因素包括认知风格，但未进行相关实证研究。孙在全（2011）从理论上分析了影响检索行为的认知因素包括用户的认知风格、认知能力、知识和经验、情感等，但未进行相关实证研究。冯颖等（2011）以大学四年级学生为研究对象，考察了场依存-场独立认知风格与数据库检索策略之间的关系，研究发现，从检索策略得分看，场独立型的人学习效果更好；从学会者的数量来看，场依存型的人学会的比例更高，而场独立型的人更善于从自身过去的经验总结分析；从选择的界面来看，场独立型的人更加理性化。许红敏（2011）主要考察场独立-场依存型认知风格和空间能力这两类相关的个体差异对网络搜索行为的影响效应。蒋玮（2012）、叶俊杰等（2012）构建了消费者的认知风格与页面复杂度偏好间的关系模型，以典型网站的商品展示页面为研究环境，结果发现，不同认知风格的消费者对不同的页面复杂度有着自己的偏好。陈伟（2012）提出场依存性这种认知方式的差异会影响信息搜寻效果，两种认知风格划分对用户信息搜寻行为直接产生影响。任晓远（2013）通过实验发现，不同认知风格个体对标题链接的使用情况不同，场独立者更多使用标题链接完成超文本阅读任务；不同认知风格被试在超文本阅读加工过程中存在学科偏好的现象，场独立者社会科学方面的材料所花阅读时间较短，而场依存者对自然科学方面的材料所花阅读时间更长。

2.4 述 评

总体来看，与国外基于认知风格差异的用户信息行为研究相比，国内在这方面的研究似乎才刚刚起步。主要表现在以下几个方面。

从研究的历史来看，国外早在 20 世纪 70 年代还未有互联网普及时就开始研究认知风格与信息系统之间的人机交互关系，而我国这方面的研究起始于 21 世纪，落后了 30 年。

从研究的广度和深度来说，90 年代初，随着计算机和网络技术的飞速发展，国外学者在认知风格与在线学习、网络搜索、导航模式、超媒体学习系统、数字图书馆使用、网页浏览模式、主题目录组织等方面的研究深入且持久、科学且严谨。

从研究的主导团队来说，国外长期的研究形成了大量的研究团队，如英国谢菲尔德大学信息研究部的 Ford 和 Spink 研究团队、英国布鲁内尔大学信息系统和计算机学院的 Chen 研究团队、美国威斯康星大学图书情报学院的 Kim 研究团队、美国田纳西大学信息科学学院的 Wang 等，这些研究团队尤其是英国的两个团队十多年来致力于研究认知风格与信息行为之间的关系，形成了基于认知风格的信息行为比较系统的研究成果。而国内在这方面的研究主要来自心理学领域，极少量的来自信息科学领域，未形成系统的研究成果更未形成具有影响力的研究团队。其中一个很重要的因素可能是因为认知风格分析测试软件取之不易的缘故，国内虽然也有研究者开发出汉化的 CSA 测试软件，但是缺乏学科之间广泛的交流与合作，所以很多研究者仍沿用北京师范大学张厚粲教授开发的纸质镶嵌图形测试来测量场依存-场独立认知风格或者利用纸质问卷调查来测量整体-分析型和言语-表象型认知风格。正如武汉大学的丁韧（2013）在其著作中认为"认知方式"作为一个重要的因素，由于需要通过专业的测试获取，无法在本实验的调研问题中体现。在进行本研究时为获取认知风格的测试软件也颇费周折，最终与新西兰奥克兰大学心理学院的 Peterson 教授联系后方取得言语-表象型认知风格测试（VICS）和扩展版整体-分析认知风格测试（CSA-WA）软件的使用权。

第3章 信息检索系统人机交互模型研究进展

3.1 Ingwersen 的认知信息检索交互模型

在 Ingwersen 的 1992 年出版的专著《信息检索交互》(*Information Retrieval Interaction*)中，把信息检索研究方法分为三类：传统信息检索方法（即系统导向的信息检索）、用户导向的信息检索方法和信息检索交互的认知方法，这3个方法也映射着信息检索发展的3个方向或者阶段（Ingwersen，1992）。信息检索交互的认知方法即认知导向的信息检索（cognitive information retrieval，CIR），是与传统系统导向的信息检索相区别的一种信息检索研究范式。系统导向的信息检索关键要素是文本表示、系统对象和检索技术，侧重于通过实验研究改进算法提高检索系统性能。用户导向的信息检索把用户作为客观对象，把用户由信息检索系统常量变为具有多种需求、信息行为的变量，从数理统计、社会调查等方法研究用户信息需求、查询和获取行为。而 CIR 则将信息检索者的认知和行为表现作为研究的重点，其中用户是被作为信息吸收和利用的主体。在 20 世纪 70 年代，CIR 的主要特点是面向用户和中介。随着 90 年代在信息检索认知上发生的重大变化和转折（即认知革命、相关性革命和交互式革命），CIR 观点又有了新的发展与变化，从以往注重个体行动者的信息行为及情境的个体主义认知观，转变为关注信息传递过程中发生的所有交互过程的整体主义认知观，它更加关注复杂的信息检索情境中的人类行动者、任务以及相关性。

本书将以 Ingwersen（1996）提出的认知信息检索交互模型（cognitive model of information retrieval interaction，CIRI）为线索，探讨该模型的起源、特点、演变以及应用，从而系统认识这一具有代表性的信息检索交互模型。

3.1.1 CIRI 模型形成背景

在信息检索中一个非常重要的概念那就是认知观，因为包括 Ingwersen 等所有学者的关于信息检索的研究都是以认知观为最根本的基础理论。认知观点是在 1977 年第一次被 Brookes（1977）明确提及，De Mey（1977）在"认知观多学科研讨会"中首次定义："任何信息的处理，无论是感官信息，还是符号化信息，都是以某种范畴或概念体系为中介的，而对于信息处理设备来说，这种范畴或概念体系就是他（或它）的世界模型（认知模型）。"其中信息处理设备可以是人也可以是机器。此后，Belkin（1978）应用认知观做了相应研究，1990 年又研究了在信息检索中认知观对于一些作者成果的影响，然而在诸多研究中，却没有人讨论认知观的目标、范围或者与其他认识论方法的关系。Ingwersen 也在上世纪 80 年代就认知观对于信息检索的贡献做过研究，但是没有详细讨论认知观的视角以及其限制性（Ingwersen，1982，1984，1986）。

1985~1986 年，认知研究出现在信息检索中成为了必然的趋势，因为当时大量研究已经累积了足够多的实验数据和分析数据来进行信息检索要素之间认知关系和行为关系的研究。例如 Belkin 和 Vickery 在 1985 年研究了用户，Belkin 和 Croft 在 1987 年研究了传统信息检索技术，将这些研究结果综合起来，设计可测试的交互信息检索模型成为了研究趋势（Belkin & Vickery，1985；Belkin & Croft，1987）。综合这些结果的研究，Ingwersen 和 Wormell 在 1988 年提出过多知识层的布尔检索系统，1989 年又加入密集结构化的概念反馈等概念（Ingwersen & Worme,1988,1989）。Ellis 在 1990 年也通过俯瞰透视视角研究过传统评价模型和认知行为信息检索系统设计（Ellis，1990）。通过 Ellis 的研究，学者们认识到为了能够对如此复杂的认知信息检索系统进行评价，以前所使用的方法必须得以变革。20 世纪 70 年代末到 80 年代，多位学者提出的各种认知模型在 Ingwersen 于 1992 年出版的专著《信息检索交互》（*Information Retrieval Interaction*）的第二章、第五章、第六章中描述地非常清晰，这些章节的内容可以说是对信息检索历史的一个较全面的回顾。

3.1.2 CIRI 模型的形成过程

Ingwersen 认知信息检索交互模型可以一直溯源到 1982 年，对于其他有代表性的学者的研究，Ingwersen 也吸取精华，融入到自己的研究中。图 3-1 所示的信息检索交互认知交流系统是 Ingwersen 第一阶段的研究成果，其中包含了对 Belkin、Oddy、Brooks 三位学者提出的 ASK 模型以及他本人 1982~1986 年认知信息检索研究的改进发展（Belkin et al., 1982）。

在图 3-1 模型的左侧，每一个潜在信息的生产者都拥有一个"图像"作为其认知模型的一部分，这些潜在信息或是由作者或系统设计者、标引者产生的。模型的中间是中介的认知模型，包含它的工作空间和在信息检索事件中的知识状态（"图像"）。从根本上说，该模型包含两种不同的知识结构，即信息检索知识和概念知识。模型的右侧列出了一些检索事件中涉及的知识结构。

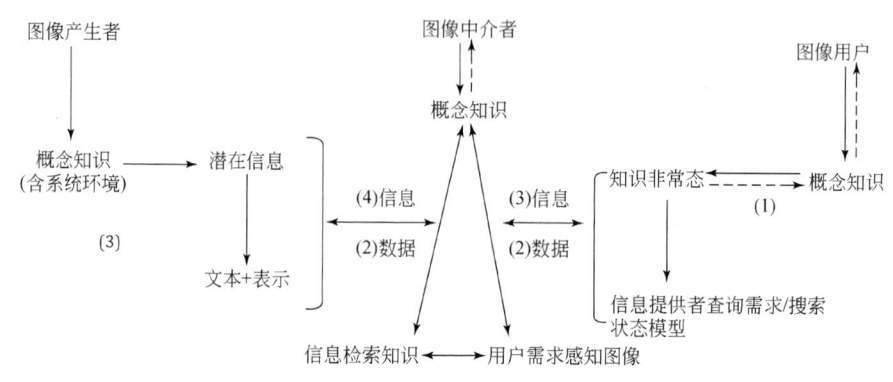

图 3-1 信息检索交互认知交流系统

(1) 现实需要；(2) 语言、语用，变换；(3) 用户信念，意图和知识；(4) 信息检索知识； ------▶代表传递；
◀——▶代表交互

资料来源：Belkin et al., 1982；Ingwersen，1982，1984，1986

上述认知交流系统的进一步发展体现在 Ingwersen 于 1991 年发表的《信息检索中的中介功能》（*Intermediary Functions in Information Retrieval Interaction*）一文，文章中给出了信息检索认知模型的雏形，如图 3-2 所示。

该认知检索模型的建立与 De Mey 的世界模型观点息息相关，模型中的元素灵感来源于世界模型。De Mey 所提出的世界模型（世界模型也被称为世界知识、纲要或者图像）由多种知识结构或者认知结构组成，这些知识结构或者认知结构是由个体的社会经历、教育经历等经验决定的。个人知识和社会知识之间的联系和影响，目标和目的、偏好、期望和经验等这些元素，被最终反映在信息科学与信息检索的认知观中。图 3-2 所示的模型中包含从上述元素中选择出来的个体心理因素，同时也包含影响信息交互的模型，并融入了一定的环境变量。

— 24 —

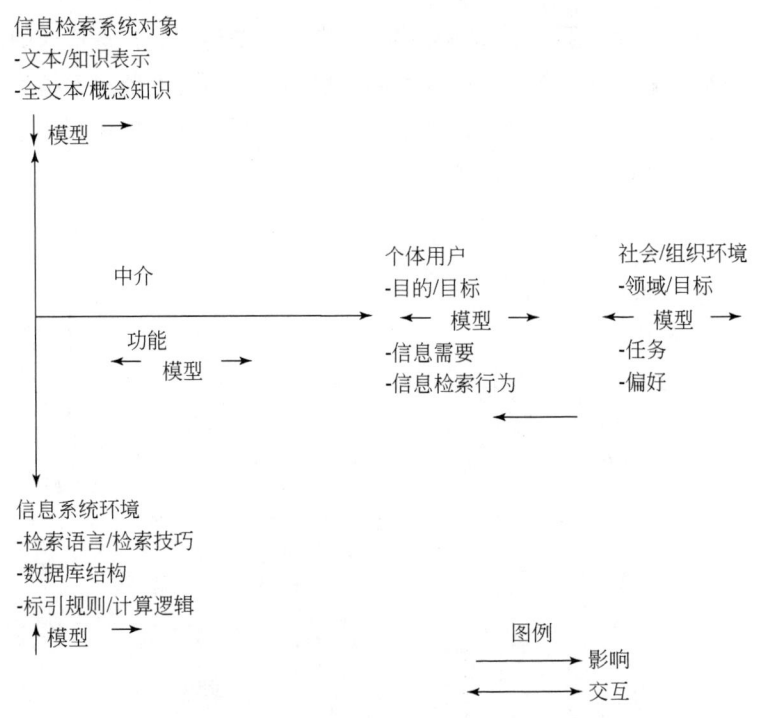

第3章 信息检索系统人机交互模型研究进展

信息检索系统对象
- 文本/知识表示
- 全文本/概念知识

↓模型→

中介 ←————————→ 个体用户   社会/组织环境
                -目的/目标   -领域/目标
功能 ←模型→   ←模型→   ←模型→
                -信息需要   -任务
                -信息检索行为 -偏好
                        ←

信息系统环境
- 检索语言/检索技巧
- 数据库结构
- 标引规则/计算逻辑

↑模型→

图例
——→ 影响
←——→ 交互

图 3-2　简易认知信息检索交互模型（1）

Ingwersen 和 Mark 于 1986 年的研究进一步完善了上述简易认知信息检索交互模型，如图 3-3 所示。

图 3-3 中"系统环境"部分包含系统设计者设计并嵌入在检索系统中的多种结构，是设计者关于如何处理对象的思想体现，"系统对象"部分包含来自作者和标引的概念结构，系统"环境"部分包含了诸多在动态工作域中可能出现的种种因素。模型中很重要的一个变量就是作用于个人以及群体的衍生作用（spin-off effects），"←模型→"这个符号表示信息检索中的所有参与者都或多或少使用了其他组件的模型。

在 1991 年完成了认知信息检索的初步模型的研究之后，Ingwersen（1992）继续在这个领域做出了不懈的努力，在其 1992 年出版的《信息检索交互》（*Information Retrieval Interaction*）一书中，对之前关于认知、信息检索以及认知信息检索的研究做了全面的分析与讨论，探讨了多种信息检索认知模型以及它们所使用的方法和对于这些系统进行评价的方法。而这本书的另一目的是基于信息检索交互和认知观建立一个统一的信息检索的科学方法，并产生一个统一的满足中介分析和设计功能要求的框架——中介模型（the mediator model）。该模型有三层功能：认知任务建模层、认知适应层、信息检索效用层。在自适应的、以知识为基础的信息检索大环境下，中介模型的三层结构模型与之前检索模型的差别，其实际建模和功能表现，以及反馈技术、信息检索系统适配器和域模型功能的引入，这些都是中介机制设计的进步。

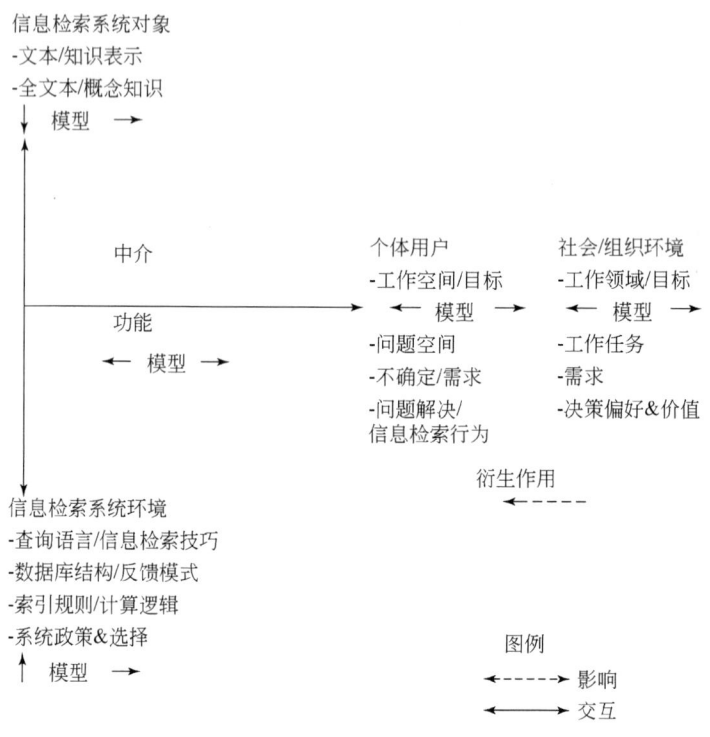

图 3-3　简易认知信息检索交互模型的完善（2）

资料来源：Ingwersen，1992

1994 年 Ingwersen 做出了其正式提出认知信息检索模型之前的最后一步研究成果，即多元表示的提出。在其 1994 年出版的《信息检索交互认知理论中信息需求和语义实体元素的多元表示》（*Polyrepresentation of Information Needs and Semantic Entities Elements of a Cognitive Theory for Information Retrieval Interaction*）一文中，研究了在认知框架下，将多元表示理论应用于信息检索系统中的用户认知空间和信息空间，并列出了该应用的基础原则。多元表示的方法可以表示出当前用户的信息需求，问题的状态，域工作任务以及因果关系结构中的兴趣导向，此外，多元表示方法还可以通过"故意冗余"原则来体现语义全文实体。在信息检索系统中，这一原则意味着同时申请不同的表示方法和多种的检索

|第 3 章| 信息检索系统人机交互模型研究进展

技术，这些方法和检索技术都来源于对每个实体的认知，目的是尽可能地使认知信息检索接近于文本检索（Ingwersen，1994）。

随后在 1996 年，Ingwersen 发表了其在认知信息检索领域非常具有影响力的文章，即《信息检索交互认知观：认知信息检索理论的元素》（*Cognitive Perspectives of Information Retrieval Interaction: Elements of a Cognitive IR Theory*），从认知的视角讨论了认知信息检索交互理论的各个元素，提出了认知模型的扩展版本，即被广泛引用的认知信息检索交互模型，如图 3-4 所示。该认知理论融合信息检索交互过程中涉及所有的认知结构，提供了关于这些过程的一个全面的看法（Ingwersen，1996）。模型中包括文本检索理论和主流信息检索技术，拥有与 Rijsbergen 和 Lalmas 的逻辑不确定性理论相一致的元素。从认识论角度来讲，Ingwersen 的认知理论认为信息检索交互是认知过程，可能发生在所有的信息处理过程中，特别适用于情景语境中的用户。

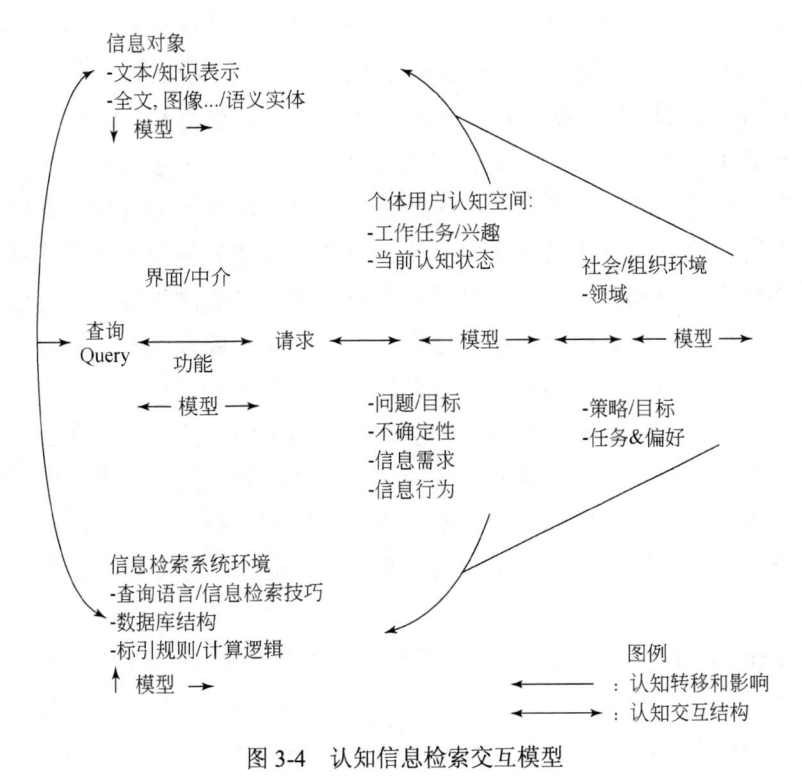

图 3-4 认知信息检索交互模型

资料来源：Ingwersen，1996

Ingwersen（1996）还阐述了模型是基于认知视角下，通过观察用户、源系统、中介机制和全局情境下的信息来全面理解信息检索的核心现象和概念。这些核心概念包括：信息需求的本质、认知不一致性和检索重叠性、逻辑的不确定性、"文档"的概念以及相关性方法和实验设置。在评估系统的时候，认知的方法更依赖于社会学和心理学的调查方法。另外，在认知理论下，信息检索的相关性被认为是基于情境的、相对的、片面的、分化的和非线性的，在作者、索引器、评价者或者用户之间缺乏一致性也是认知理论的本质体现。然而这些对信息检索来说却是有利的。这篇文章认为实验观察到的不一致现象以及语义实体和值（与数据解释有关）都支持认知方法，并且支持多元表示的逻辑使用、认知重叠和数据融合、数据扩散。

在这样一个模型框架下，Ingwersen 又再次重申了将多元表示理论应用于信息检索系统中的用户认知空间和信息空间，并列出了该应用的基础原则。从认知角度去研究信息检索和信息查寻中的所有交互交流活动，都可以获得认知过程，这些认知过程可能会涉及所有的信息处理组件（图 3-5）。多元表示模型同样也有其学术研究基础，Ingwersen 对 Turtle 和 Croft（1990）的信息空间网络模型进行了扩展。将数据结构的多元表示应用在信息空间，其中"认知重叠"以及其与数据扩散之间的关系起到了重要作用。多元表示模型将用户、系统、中介机制和信息看作一个整体，从认知的角度出发理解各种信息检索现象和概念，认为用户的认知空间是一个由工作任务或者兴趣领域以及不确定状态（即当前认知状态、问题空间）向信息需求不断发展演进的因果链，信息检索的任务是通过提问表达式、问题或者目标表达、工作任务或者兴趣表达等多元表示实现信息系统的信息空间与用户的认知空间的认知聚合。相对于工作任务或者兴趣领域的稳定性，用户的当前认知状态、问题空间、信息需求在信息检索过程会不断发生变化。多元表示模型揭示了用户信息需求的形成机制以及信息检索活动的本质，即信息检索活动的本质是一种认知过程。该模型没有明确揭示用户的检索行为，因而不是信息检索过程模型，但它实际上已经隐含了检索行为要素。

Ingwersen（1996）的另一大创新点在于"逻辑不确定性理论"在信息检索中被首次重视，并且认为其是一种与认知观可并存的有效的方法（Rijsbergen，1990）。这种观点使得多元表示方法在用户的认知空间和信息空间中控制数据扩散和数据融合结构的同时，提供信息检索交互动态框架，这样的框架带来了全新的概念和实验结果。

| 第 3 章 | 信息检索系统人机交互模型研究进展

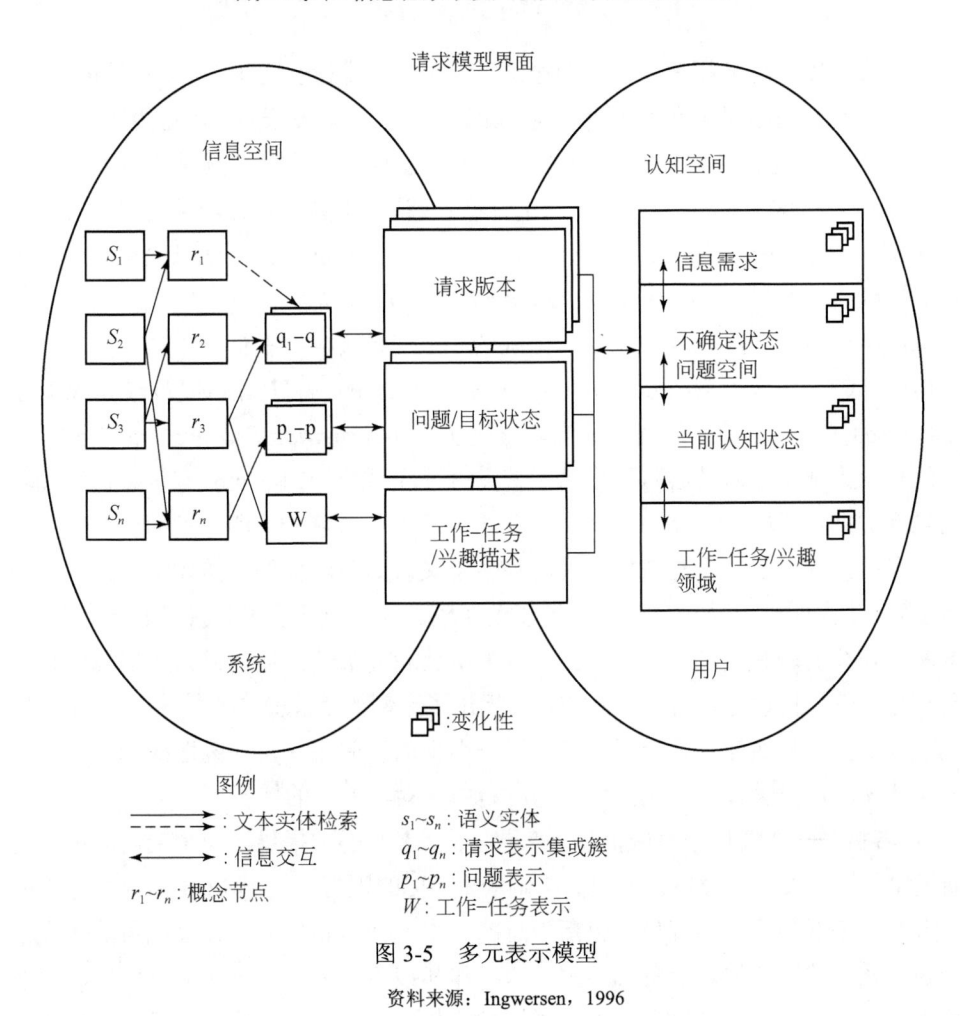

图 3-5 多元表示模型

资料来源：Ingwersen，1996

3.1.3 Ingwersen 对信息检索交互研究的后续工作

Ingwersen（1999）对过去十年信息检索认知方法的研究和理论进行了详尽的述评，以《认知信息检索》为题发表在信息科学与技术年度评论中，重点述评的对象是信息需求的形成和现状分析，信息需求与相关性的内在关联，以及认知相关信息检索理论与系统评价方法。Ingwersen（2002）从认知视角对于文档表达又做出了相关研究，根据实证测试结果，分析了不同来源的高相关性目标在信息检索中的重叠现象，并且探究了通过目标聚类来实现导航和可视化的目的。

Ingwersen 对于信息检索的贡献不仅仅在于其提出认知信息检索交互模型、多元表示模型以及与之相关的理论和概念，而且在于其对于这些模型、理论的实践，通过实证研究的结果来发现既有理论（如认知重叠、多元表示）的潜力以及问题，从而为未来研究提供新的机遇和挑战。关于这类发现潜力与问题的研究可见于 Ingwersen 于 2005 年和 2006 年发表的文章：《认知重叠与多元表示的连续统一》（*Cognitive Overlaps Along the Polyrepresentation Continuum*）、《信息检索中多元表示的连续统一》（*The Polyrepresentation Continuum in IR*）。

Ingwersen 和 Järvelin（2007）出版的专著《转折——在情境中集成信息查寻与检索》（*The Turn: Integration of Information Seeking and Retrieval in Context*）以 Ingwersen（1992）的专著《信息检索与交互》（*Information Retrieval Interaction*）中的理论为基础，对社会科学导向的信息查寻和系统导向的实验室信息检索领域的最新进展作了严谨、完整的剖析和评述，反映了信息查寻和检索的认知观的进一步发展，提供了一个与情境相关的整体主义认知观。他们从整体主义的认知观点出发，认为信息查寻与信息检索应该抛弃他们以往相互隔离和狭窄的研究路径，这两个阵营的研究人员应当认识到各自的价值和局限性。他们倡导在情境中将信息查寻与信息检索进行有机的集成，并提出了全新的信息查寻与检索（IS&R）集成研究框架，从而为这两个领域开辟了一个新的研究路径，深刻地揭示了图书馆人文传统与情报学技术传统由相对隔离走向互动与整合的转折。

《转折——在情境中集成信息，查寻与检索》一书中提供了一个全新的独特的研究框架，代表了一种更为宏观而广阔的 IS&R 的视野，从 1992 年的信息行为的个人视角拓展到了社会视角，包括信息的产生、搜索和使用。社会视角的研究框架与一系列的概念的发展息息相关，即工作和搜索任务，信息和信息采集，信息检索交互和多元表示理论。1992 年的《信息检索交互》一书认为信息检索交互领域，个人搜索者的认知结构是研究的重要现象，2005 年的专著则将信息检索交互作为 IS&R 研究的中心。

基于对不同时间和空间的认知行动者的理解，Ingwersen 等提出了一个适用于任何认知行动者的概念认知模型作为 IS&R 集成研究框架。如图 3-6 所示，它有 5 个核心组件：认知行动者（特别是信息查寻者）；界面；社会环境（组织与文化）；信息技术；信息对象。他们之间通过信息交互联系在一起。

该模型突出强调了处于情境中的 IS&R 过程中的信息交互。第一，社会交互过程（1）存在于行动者和他们所处的过去及当前的社会文化和组织情境之间；第二，借助于界面，信息交互过程也存在于认知行动者和嵌入在信息技术和既有信息对象之中的认知表现之间（2/3），信息技术和既有信息对象垂直交互（4）形成

第 3 章 信息检索系统人机交互模型研究进展

信息系统的核心；第三，个人行动者需求会导致潜在信息的产生及认知和情感的转化（5/7），社会、文化和组织情境的需求也会导致信息技术和信息对象的产生和变化（6/8）。

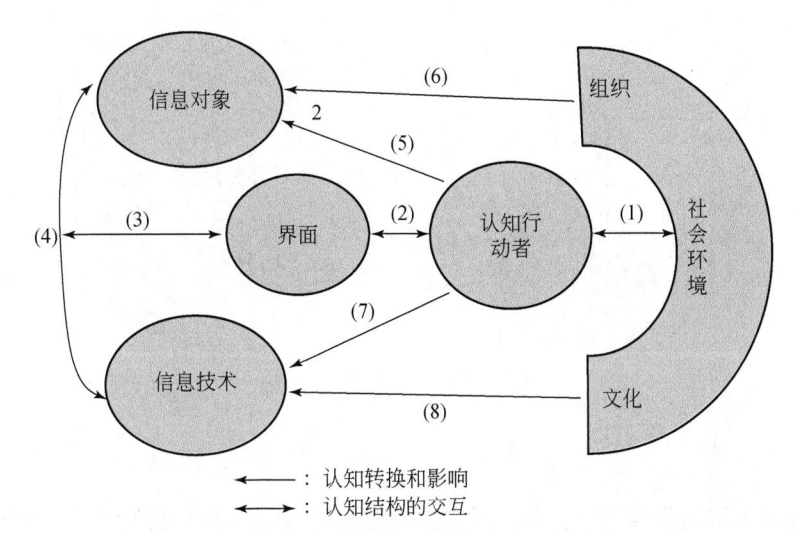

图 3-6 交互信息查寻、检索与行为过程

该模型也强调了所有参与者的认知结构都同时处于模型中其他认知结构所共同构成的情境之中。因此，情境、行动者和各个组件以及各组件的内部结构之间存在一种相互依赖的关系。在这个通用模型中，行动者可以是作者、标引员、算法和界面的设计者、编辑者、信息查寻者等多种不同的类型。可见，该通用模型的研究意图并不是仅限于信息查寻与信息检索的，而是通过模型在不同角色行动者上的应用，力图对信息的生产、组织、加工、检索和传播这一"信息链"进行整体上的认知化改造，从而使认知观真正地渗透到情报学主要研究体系的各个方面。该模型尽管比较简洁和抽象，但有很强的解释力、应用性和可扩展性。

图 3-7 为 IS&R 细化模型，该模型是继 1996 年 Ingwersen 提出认知信息检索交互模型之后，通过将近十年的研究努力对图 3-4 的模型进行的全面扩展。

在该模型中，不只是信息查寻者才具有认知结构，而是信息对象、检索技术、界面都具有认知结构，是一种"嵌入的认知结构"，组织文化社会情境则成为集体认知结构的体现，这些将认知观在模型中的地位推到了极致。模型中不同要素的交互完全也可以看做是不同认知结构在时空变换中的交互，由此，情报学的认知观得到了全面的发展。

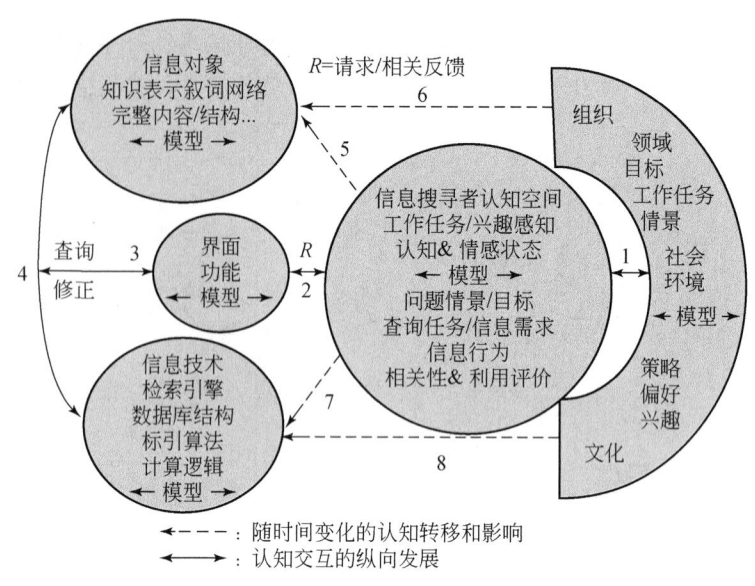

图 3-7　IS&R 认知框架

继 2005 年情报学的认知观全面发展之后，关于 IS&R 这样一个整合框架的优势研究就成了一个热点。Ingwersen 和 Järvelin（2007）将信息检索实验室模型嵌入整体认知框架。《信息检索整体认知观：跳出实验室框架》（*On the Holistic Cognitive Theory for Information Retrieval：Drifting Outside the Cave of the Laboratory Framework*）一文吸取了 Ingwersen 1990~1992 年、1996 年的认知理论并且以 2005 年的假设为基础。研究证明整体认知框架以及它的九维研究框架比实验室框架能提供更广泛、更深刻的概念和假设，当然也优于各种以用户为中心的但是相互之间独立的信息检索系统。

接下来的 2008 年，Ingwersen 对于 IS&R 集成研究框架的优越性又进行了研究。《情境驱动的交互式信息检索集成研究框架》（*A Context-driven Integrated Framework for Research on Interactive IR*）一文将 Ingwersen 与 Järvelin 于 2005 年提出的 IS&R 集成研究框架与信息检索实验室研究框架进行对比（Ingwersen，2008），同时也将 IS&R 框架与两个信息查寻与检索情境嵌套模型进行对比，其中，Kekäläinen 和 Järvelin（2002）提出的嵌套模型是基于任务行为的，而 Ingwersen（2007）提出的嵌套模型则更关注信息对象的情境。

3.1.4 其他学者对 CIRI 模型的评价

诸多学者引用、描述、评价甚至对 Ingwersen 的认知信息检索交互模型进行修改。Sonnenwald 和 Pierce（2000）在其文章中更关注多元表示法，他们认为 Ingwersen 的认知信息检索交互模型在强调认知视角的基础上提出的多元表示法，即在信息检索系统中个人用户的认知空间（包括工作任务或利益，当前的认知状态，问题或目标，不确定性，信息需求和信息行为）与社会或组织的环境（包括域，策略或目标，任务和喜好）被很好地体现出来。这些方法强调认知和情境在人类信息行为中的重要性。

Saracevic 在 Ingwersen 的认知模型提出的同一年，就对其表现出了关注。《重新考虑相关性》（*Relevance Reconsidered*）一文认为 Ingwersen 认知信息检索交互模型涵盖了信息检索元素的认知过程的识别和解释，信息检索交互被视为一系列认知表征和建模过程（Saracevic，1996）。用户不仅与系统互动，还与文本（被认为是信息空间的认知结构）互动，互动过程是高度动态的，过程中同时涉及多元表示和利用各种元素构造模型。在 Ingwersen 的该认知模型中相关性并没有被强调，然而相关性却隐藏在这个模型中，因为认知表示和建模都需要相关性作为基础。

同年，Saracevic 在《信息检索交互建模》（*Modeling Interaction in Information Retrieval*）一文中又详细叙述了其对 Ingwersen 该模型的理解，他将 Ingwersen 的认知模型的关键点归纳为以下 5 点：①信息检索交互是一组认知过程，参与者进行各种认知建模。②用户不仅与信息检索系统交互，而且与信息对象——"文本"（认知结构）进行交互，文本被认为是一个信息空间。③用户的认知空间是一组结构化的因果要素，以用户认知语境和情景语境为主。④交互发生在不同层次，因而交互的类型也不同。⑤认知过程是高度动态的。一个多元表示同时适用于用户的认知空间和信息系统的信息空间（Saracevic，1996）。但是 Saracevic 也指出，模型的缺点是没能提供一个可测试版本，更不用说将其应用于信息检索系统评价了。针对 Saracevic 的批评，Ingwersen 于 1997 年提出评价和测试信息检索交互系统的方法，并提供了初步测试报告。这个方法基于"模拟工作任务情境"的新概念和真实的终端用户，基于模拟的和真实的用户需求的混合，收集测试组和对照组人员的认知数据和传统系统导向的信息检索表现数据（Ingwersen，1997）。

1998 年 Borlund 和 Ingwersen 提出了"相对相关性"（relative relevance，RR）和检索结果文档的位置强度的性能指标——排序半衰期（RHL）（Borlund &

Ingwersen，1998）。RR 方法反映了非二元评估环境下信息检索评价中不同相关性评估之间一致性的程度，它结合三种相关性评估概念：算法评估、智能主题评估和情境评估，比 1997 年的研究多采用了一种算法相关性评估方法。RHL 反映了相关文档排在检索结果顶部的程度，RHL 在信息检索交互系统评价中是对传统的查全率、查准率方法的补充。Borlund 对于信息检索交互系统的评价研究并没有在此而停止，2000 年他给出了能够用于实验的系统评价的三大组件，即潜在用户作为测试人员、动态和个人信息需求、多维和动态相关性评估（Borlund，2000）。2003 年他提出了完整的信息检索交互系统评价的框架，由此，Saracevic 提出的模型的缺点在 Borlund 的努力下得到了全面解决（Borlund，2003）。

1999 年 Wilson 在《信息行为研究模型》（*Models in Information Behaviour Research*）一文中对 Ingwersen 模型的理解则更加深入细致（Wilson，1999）。他认为 Ingwersen 的模型与许多信息查寻模型具有相似之处，都强调"主动检索"，另外，"用户认知空间"和"社会/组织环境"这两个元素与 Wilson 的模型中"情境中的用户"和"环境因素"这两个元素具有很大的相似之处。然而，Ingwersen 也同时详述了一系列模型的其他元素的内容：①在模型的每个区域，信息用户的功能、文献作者、中介、接口、和信息检索系统在哪些特定的领域里往往表现出一种明确或不清晰的认知模式。所以当用户有了自己的工作任务或信息需求的时候，他们的问题和目标通通是不明确的，但往往通过一些认知能够进行解释，因此，检索系统应该是一个具有认知功能的检索系统。②信息查寻行为模式必须包括信息查询者的所感觉兴趣等信息。③在信息系统中应该采取各种认知转变，当用户在生活的世界中遇到问题或一个工作任务时，能够圆满的得到解决或找到有用的信息。④这些模型或认知结构包括认知的转变应该能够有效贯穿整个系统，而这也包括用户，文献作者和检索系统的设计者。Wilson 仍然认为 Ingwersen 的模型有一个潜在的缺点，那就是在 Ingwersen 的模型中，其他模型定义的信息行为全部被归入了"用户认知空间"，那么用户如何到达搜索点，以及他们的认知结构如何被影响（被决定如何及何时展开信息搜索的过程影响）这些问题就可能被忽略。2003 年，Wilson 再次表明 Ingwersen 的模型的潜在缺点是除了信息检索之外的其他信息行为都没有被清晰地分析，上述可能被忽略的问题应该在社会或者组织环境中被重视，但是 Ingwersen 的模型也没有这么做。

值得注意的是，Järvelin 和 Wilson 于 2003 年合作发表的《信息查寻与检索研究的概念模型》（*On Conceptual Models for Information Seeking and Retrieval Research*）一文（Järvelin & Wilson，2003）看到了 Ingwersen 模型中包含信息查

寻与信息检索实体间的相互作用，并且认为可以就某些问题进行实践研究，但是这些问题的确定还有很长的路要走。实际上，他们在 Ingwersen 模型中看到的信息查寻与信息检索的相互作用，正是 Ingwersen 提出集成模型的铺垫。

2002 年 Kekäläinen 和 Järvelin 合作的文章《交互和多维动态相关性挑战下的信息检索系统评价》（*Evaluating Information Retrieval Systems under the Challenges of Interaction and Multidimensional Dynamic Relevance*）可以看做是对 2002 年以前有关检索系统评价方法的一个综述（Kekäläinen & Järvelin, 2002）。Ingwersen 提出的评价方法是其中之一，这篇文章给予了 2000 年 Cosijn 和 Ingwersen 相关性维度研究较多的关注，这些方法都或多或少对信息检索评价实验室模型提出了批评（Cosijn & Ingwersen, 2000）。其中对 Cosijn 和 Ingwersen 的批评包括实验室模型太过专指，缺少模糊性，缺少用户导向的相关性。Kekäläinen 和 Järvelin 最后认为对于信息检索评价实验室模型的一切批评，都是将这项研究往更广阔的路上引。确实，信息检索系统评价需要创新策略和新的视角，而不仅仅局限于关注文本匹配度，例如检索系统界面的重新设计也是一个重要的研究点。

Kelly 于 2009 年的综述《与用户进行交互的信息检索系统的评价方法》（*Methods for Evaluating Interactive Information retrieval Systems with Users*）一文中对各种评价方法进行了述评，其中关注到了 Borlund 和 Ingwersen 于 1998 年提出的"相对相关性"和"排序半衰期"（Kelly, 2009）。相对相关性是用来比较两个相关性评估之间的一致性程度的量度。Kelly 认为若假定在信息需求没有被良好表达的情况下，相关性评估之间的一致性会降低，则这一方法可以用来评估信息需求是否被很好地表达或者没有被很好地表达。另外，Kelly 认为 RHL 与 MAP 和 DCG 方法有两点相似之处，其一是它们都包含文档相关性值，其二是它们都包含文档排序位置信息。

3.1.5　CIRI 模型的其他发展

对于 Ingwersen 的认知信息检索交互模型的发展，其他学者也做出过相应的努力，当然其中居多的是他们对于模型的缺陷的评价，如前文描述的其他学者对模型的认识，这为模型的进步起到了不容小觑的作用，而 Saracevic、Wilson 等人则更致力于他们本人的模型的发展研究，因此除 Ingwersen 本人之外，模型的发展文献就相对较少，下面将从其他学者对于模型缺点进行修正的角度来进行阐述。

（1）EES 过程研究

Spink（1997）对 Ingwersen 的认知交互模型的缺点也提出过自己的看法，他认为 Ingwersen 的模型虽然包含了一系列复杂的动态的认知交互过程，但它没有明确用户 EES（encoding and external storage）过程以及它们在信息检索交互中的角色。

EES 过程已在教育环境中成为一个重要的研究领域，学生创造和使用注释来促进学习。在交互式检索情境中，编码可以概括为创建工作笔记来帮助理解与翻译一个用户的信息问题，并将用户问题转化为适合于信息检索系统的搜索策略的过程。外部存储是利用工作笔记促进与信息检索系统交互的过程。

Spink 将检索交互过程划分为了如图 3-8 的 3 个阶段：前交互阶段、用户交互阶段、后交互阶段（Spink & Goodrum，1996）。EES 过程就发生在第二阶段中。

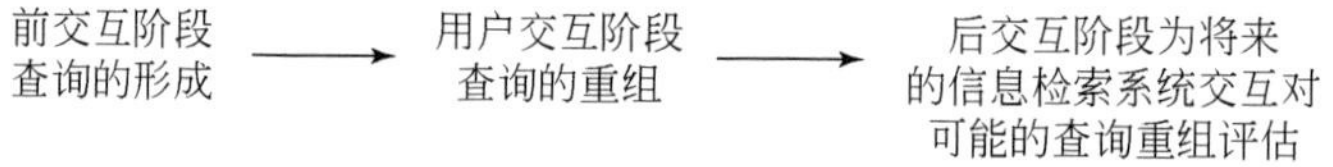

前交互阶段　　　　用户交互阶段　　　　后交互阶段为将来
查询的形成　 →　 查询的重组　 →　 的信息检索系统交互对
　　　　　　　　　　　　　　　　可能的查询重组评估

图 3-8　Spink 信息检索交互的 3 个阶段

Spink 研究了 EES 过程及其在检索中的角色，他通过实验发现用户在检索中会对检索结果做出笔记记录，或者写下自己的想法，进而改进检索策略等。但是他在 1996 年并没有将 EES 过程无缝地融入认知交互模型中。尽管如此，当年这也为模型的发展提供了一个方向，对于 Ingwersen 后来对模型的改进具有促进意义。

（2）多元反馈界面的新设计研究

White 等学者从 2003 年起致力于搜索界面以及检索结果显示的研究，从 2003 年到 2005 年的研究已经建立了一个内容丰富的搜索界面，该界面使用了多元表示理论，使得结果显示界面可以多维度地显示检索结果文档信息，而不是像传统检索结果那样仅仅显示标题等信息，这样的研究减少了信息检索交互中的不确定性。检索用户与这样内容丰富的搜索界面的交互被用作隐性相关反馈（implicit relevance feedback，IRF）来修改初始查询表达式（Kelly & Teevan，2003）。2006 年，同样在多元表示理论的大前提下，White 利用模拟检索用户交互行为将 IRF 直接应用到最新的搜索界面的设计，该研究成为界面迭代设计的一部分用以支持检索用户更好地进行信息检索。但是，这仅仅是 White 个人的设计研究，在最终的 IS&R 集成框架中，Ingwersen 并没有使用这样的设计，这也从侧面反映出这个多元反馈搜索界面的设计仍然需要更多的研究去对它进行改进。

(3) 与实验室模型的对比研究

Järvelin（2007）将实验室信息检索框架与 Ingwersen 的认知信息检索交互框架进行对比分析，对比的内容包括研究框架、模型、假设、基础理论、研究设计和可能的贡献。发现两种模型是很不一样的，在研究设计部分这种区别尤其明显。实验室框架强调信息检索现象的建模以及评价，而且对于信息检索技术有着严格的要求，符合计算机科学的学科背景。认知交互框架则试图能够将实验室框架囊括其中，并且通过用户交互以及社会组织环境来扩展实验室框架，认知交互框架强调用户的知识、信息需求及其类型。由此可以看出，这两种模型对于信息获取的贡献不在一个维度，于是 Järvelin 在 2007 年的研究中尝试探讨从研究设计的高度将实验室模型与认知交互模型综合到一起，并希望能够相互取长补短，但这项综合二者的研究工作仍然需要学者更多的努力来实现。

3.1.6 CIRI 模型应用

学者对于 Ingwersen 认知信息检索交互理论以及 IS&R 集成框架的应用是比较零散的，基本是汲取其中的某些元素、理论或者方法，然后将他们应用到自身的研究中，这些研究的对象大多数都是信息系统的各个方面，其中以用户检索行为研究和提高检索效果的研究居多。

(1) 用户需求抽取技术

Kelly 等人从 2005 年开始研究独立于文档之外的用户查询需求的抽取，2007 年《通过信息检索系统用户获取更好的信息需求表达》（Kelly & Fu, 2007）（*Eliciting Better Information Need Descriptions from Users of Information Search Systems*）一文延续了 2005 年的研究，他们基于 Ingwersen 的认知交互模型的理念（即用户信息需求不仅仅体现在用户与系统的交互过程中，而且与用户所在域、任务、兴趣、问题、目标息息相关，这些都可以作为附加信息用来获取用户信息需求），开发了一项独立于文档的通用的用户信息需求抽取技术，该技术可以应用于多种类型的信息查寻环境，并且通过实证研究证实了其有效性（Kelly et al., 2005）。用户首先填写系统给出的反馈表格，表格中设计了与检索主题、任务、问题、目标等相关的问题，用户回答这些问题，系统会对这些答案进行处理，然后用户可以通过抽取的词项来修改初始查询表达或者作为前次模糊查询的精化。

实验证明，用户提供的额外信息提高了信息检索效率，也佐证了 Ingwersen 的认知交互模型以及多元表示的理念，而且用户也更愿意提供除了检索表达式以外的更多信息需求信息来提高检索效果。

（2）Web 个性化系统评价

Díaz 等在一项 Web 内容个性化信息系统评价的研究中沿用了 Ingwersen 和 Järvelin《转折——在情境中集成信息查寻与检索》一书中的系统评价方法，对 Web 内容个性化系统进行以用户为中心和以系统为中心的双面评价，同时比较搜索过程和潜在的真实信息需求。其中个性化基于一个用户模型，存储长期兴趣（部门、分类、关键词）和短期兴趣（用户反馈信息）。研究表明个性化过程的满意度和系统的满意度是相辅相成的。

（3）创新社会采纳模型

《转折——在情境中集成信息查寻与检索》一书中写到认知信息检索理论涵盖成功获取信息从而解决问题所带来的挑战，认识到了解用户的社会经济背景的重要性。这当中的社会背景的重要性目前有学者对其进行了深入的研究，对于整个认知信息检索理论都提出了改进方向。

Badilescu-Buga（2013）研究将关注点放在了社会背景中，在现有的认知信息检索理论的基础之上，提出一个创新社会采纳模型，模型包括信息系统和社交网络，在更广泛的社会情境中产生知识，社会结构和信息系统被作为同等级的信息源。Badilescu-Buga 对认知信息检索理论颇有理解，不仅仅是针对 Ingwersen 的认知模型，他认为目前的认知信息检索理论有一个通行的缺点，即对于通过改进信息系统设计来获取可提高的信息的方法的分析有局限。即使认知信息检索理论通过多学科知识概念（如多元连续表示、多任务框架）和多种信息查寻与信息搜索模型将系统和用户连接在一起，它仍然强调的是提高图书馆信息系统的搜索体验。

（4）其他应用

Shiri 和 Revie（2006）综合了 Belkin 等（1995），Ingwersen（1996），Saracevic（1996）3 个信息检索交互模型中的元素，组成了一个新的用户交互模型，用以研究网络中用户与词表加强搜索系统交互时的查询扩展行为，研究对象为学术工作者和研究生。该项研究中的词表建立以多元表示为基础，研究中认知空间内的一种表示可以影响查询形成与扩展。

Choi（2010）研究了情境因素对于网络上图片搜索的影响，研究对象是大学本科生，研究目的是识别对于大学生网络图片搜索技巧影响力较大的情境因素。在这项研究中，根据 Ingwersen 和 Rvelin（2005）的认知框架和 Pharo 和 Järvelin（2004）的 SST 模型，Choi 将网络搜索定义为与情境变量相关的动态过程，情境变量取自 Kelly（2006）、和 Ingwersen 和 Järvelin（2005）的研究。研究结果表明，情境敏感的服务和界面特点，将更好地满足用户的实际需要和提高他们的搜索体验。

3.2 Kuhlthau 信息查询过程模型

信息查询过程（information searching process，ISP）模型的研究成果首次出现在 Kuhlthau 的博士论文中（Kuhlthau，1983）。其后，有关 ISP 模型的演化与应用研究不断得以深入开展，已经形成了丰富的成果。根据 Ding（1991）因子分析的结果，Kuhlthau 在因子"信息需求与用户研究"中排名第一，已经产生了深远的影响。本书以 Kuhlthau 信息查询过程模型为主线，探讨该模型的起源、特点、演变以及应用，从而系统认识这一具有代表性的信息检索交互行为模型。

3.2.1 文献采集策略

为了确保采集文献的全面性，以 Kuhlthau 个人主页的 ISP 专题网站（http://comminfo.rutgers.edu/~kuhlthau/information_search_process.htm）上的文献为线索，通过 Web of Science（包括 SCI-EXPANDED，SSCI，A&HCI，CPCI-S，CPCI-SSH）检索其引文作为外文文献来源，并且将 LISA 以及 Google Scholar 也作为外文文献来源以扩充文献量。以 CNKI 和万方数据库作为中文文献的来源，先后以经典文献为线索，在引文中进行检索。检索之后得到的文献通过对题名与文摘的浏览——筛选，选取和 ISP 研究密切相关的文献，去掉和研究主题关系不大的文献并且中文文献只保留被 CSSCI 期刊收录的论文，最终一共获得 60 篇相关的外文研究文献和 5 篇中文研究文献。

3.2.2 原始 ISP 模型

具有丰富图书馆工作经验的 Kuhlthau 以美国新泽西州一所中学成绩优秀的 25 个高中生为研究对象，采用调查、访谈、日志、时间表和流程图等方法研究了他们在完成论文时的信息查询过程（information searching process，ISP），以了解用户在信息查询过程中的共性行为（Kuhlthau，1985）。基于该项研究，Kuhlthau 提出了信息查询过程模型的原型，该模型将用户的信息查询过程分为 6 个阶段：①初始阶段；②选择阶段；③探索阶段；④观点形成阶段；⑤收集阶段；⑥表述阶段。1988年，Kuhlthau 以大学生为研究对象重复了其博士论文的研究，重点追踪了大学生在信息查询过程中情感、想法和行动的变化（Kuhlthau，1988）。

在前两次研究的基础上，Kuhlthau 又开展了两次跟踪研究。其中一项研究探索了学生从高中到大学的四年时间里 ISP 的变化情况，结果表明大学生在初始阶段、观点形成阶段和收集阶段与高中生存在显著差异；大学生的信息行为更符合 ISP。另一项研究她深入研究了 4 名学生在高中阶段和大学毕业之后对 ISP 的看法，结果表明随着时间的推移，用户对于信息查询的观点更加符合信息查询过程模型（Kuhlthau，1988a，1988b）。

考虑到上述研究中样本在数量和背景上的局限性，Kuhlthau 又分别进行了两次较大样本的研究：一是以 6 所高中的 140 名学业水平存在差异的学生为研究对象探寻其信息查询过程以及伴随该过程的想法、情感和行动，结果表明 ISP 模型适用于不同学业水平的学生（Kuhlthau，1989）；二是以 21 个图书馆的 385 名用户作为研究对象重复了前述研究，结果表明高校图书馆、公共图书馆和中小学图书馆的用户信息查询过程存在共性（Kuhlthau，1990）。

1991 年，Kuhlthau 综合了其先前的 5 项研究，探讨了信息用户在 5 种不同查询语境下的用户体验，系统地提出了 ISP 模型。该研究阐述了 ISP 的理论基础，即 Kelly 的个人建构理论、Belkin 的知识非常态理论以及 Taylor 的价值增值模型，其中，个人建构理论为 ISP 提供了建构过程以及情感维度的思想源泉；知识非常态理论提供了信息需求专指度的支持；价值增值模型提供了信息需求层次方面的线索；知识非常态理论和价值增值模型一起提供了 ISP 表达层面的有益启示（Kuhlthau，1991）。

Kuhlthau 的信息查询过程模型的基本观点是：与信息需求紧密相连的"不确定性"引发了用户的不确定性感知和焦虑，随着查询的进行和相关信息的获得，用户的情感随之发生变化，表现为信心增强、原先的不确定性减弱以及开始感到满意，并有了明确的行动方向，模型如表 3-1 所示。Kuhlthau 的研究表明：用户的信息查询过程包括 6 个阶段，其中每个阶段都涉及想法、情感和行动 3 个维度的交互；信息查询过程不是单一的事件，随时间推移不断变化；信息查询不是简单的解答信息问题的过程，而是完整的意义建构过程；在信息查询的初期，用户对于不确定性的感知通常会增强，而非减弱。

表 3-1 信息查询过程模型

ISP 阶段	情感	想法	行动	每个阶段适宜采取的策略
初始	不确定性	一般/模糊	查询背景信息	认识
选择	积极乐观			鉴别
探索	疑惑，怀疑		查询相关信息	调查
观点形成	澄清	变狭窄/清晰		制定
收集	找到方向/自信	兴趣增加	锁定相关信息	收集
表述	满意/失望	确定		完成

3.2.3 ISP 模型发展

（1）Kuhlthau 的工作

Kuhlthau 在系统提出信息查询过程模型之后，依然不断地对模型在不同环境下的适用性进行了验证和完善。Kuhlthau（1993）综合 Kelly 的个人构建理论，Dewey 的建构阶段研究（phases of construction），Bruner 的解释阶段研究（phases of reflection），在 1991 年关于用户体验研究的基础上，提出关于 ISP 不确定性的 6 个推论：过程推论、制订推论、冗余推论、情绪推论、预测推论和利益推论，同时表明不确定性原则是信息查询的基础。

1997 年，Kuhlthau 综合了 Dewey 的建构阶段研究和其对 ISP 模型的相关研究以及 1994 年对"干涉区"（zone of intervention）理论的研究，探讨了图书馆员在数字图书馆中的作用，并提出了一种建构主义学习过程以指导学生，该学习过程包括：行为和反射；感觉和制定；预测和选择；解释和创造。对于图书馆员来说，最大的挑战是建立数字图书馆的学习环境。根据该研究 1999 年 Kuhlthau 推动了国家图书馆影响力项目（National Library Power），通过案例分析的方法研究了 3 所学校的学生在图书馆的学习机会，并确定了 5 个图书馆影响力标准：①输入：图书馆的影响力仅仅体现在馆藏的增加；②输出：学生使用图书馆频率的增加；③态度：学生对于图书馆兴趣的增加；④技术：图书馆的相关技术得到重视；⑤利用：学生具有足够的信息素养高效地利用图书馆的信息资源。这些标准有利于图书馆员采取措施以改善学生在图书馆的学习经历（Kuhlthau，1994，1996，1997，1999a，1999b，1999c）。

Kuhlthau（1999）针对信息工作者的信息查询行为进行了纵向研究，探讨了工作经验对于信息工作者 ISP 的影响。该研究比较了信息工作者现在与五年前对不确定性、复杂性、建构性和信息任务来源的认知。研究指出这些因素的变化会影响信息工作者收集有效信息的能力，并且信息查询过程模型会为信息工作者关于信息的不确定性、复杂性和建构性提供新的视角，从而提高信息工作者对信息查询的认识。Kuhlthau（2001）把律师作为一种特定的信息工作者，以 ISP 模型为基础，通过结构化访谈研究他们是如何使用信息以完成工作，及其在查询和利用信息过程中所扮演的角色。结论认为律师经常参与复杂信息查询任务，需要一个建构性的解释、学习和创造过程。为了完成这些复杂信息查询任务，他们首选印刷文本而不是数据库资源，主要是因为数据库资源需要特定的、专业化的查询请求。据此，Kuhlthau 提出了一种'just for me'的信息服务，这种信息服务涵盖了系统设计，能提供更广泛的访问入口，更加兼容的构建过程，对分类原则的开发与利用将提供更加统一的系统以组织和访问文件，并提供信息的过滤功能。

最近几年，当信息查询的研究热点从检索技术的改进转移到工作场所和日常生活中信息利用以解决问题和创新时，又出现了新的挑战。Kuhlthau（2008）借鉴其先前关于用户视角的信息查询研究以及信息查询过程模型的研究探索了信息行为、信息素养和信息影响之间的联系。结论指出为了应对 21 世纪的新挑战，需要一种人与信息的创新交互方法来填补信息行为和信息素养之间的鸿沟。Kuhlthau（2010）在 2006 年关于引导探究（Guided Inquiry）相关研究的基础上，指出基于 ISP 的引导探究是提高学生信息素养、信息技能以及社交能力的重要环节，是 21 世纪学生必须掌握的能力，做好引导探究需要教师和图书馆员的协同努力。

（2）其他学者的工作

针对 Kuhlthau 提出的信息查询过程模型，其他学者也对该模型进行了验证与改进，Reynolds 以 ISP 模型为框架，研究了昆士兰健康科学研究院具有不同信息素养水平的学生在完成论文时的信息查询过程，通过对论文的评判证明了 ISP 模型能够解决学生在查询信息时所遇到的问题并增加学生查询信息的成功机会（Reynolds，2010）。Swain 基于 ISP 模型，研究了大一学生的信息查询行为，结果显示大一新生在 ISP 的初始阶段会花更多的时间并经常改变自己的查询主题，并且在学生成功的构建起自己的查询观点之后，会进一步思考并根据检索结果找到新的主题（Swain，1996）。据此，得到了 ISP 不是简单线性过程的结论，还提出了扩展模型的建议，诸如改变任务的顺序、将 ISP 各步骤迭代和组合、在沟通的基础上修改查询目标等。

第 3 章 信息检索系统人机交互模型研究进展

国内学者也进行了相应的研究，方清华在 Ingwersen 多元表示模型、Kuhlthau 信息查询过程模型的基础上，提出了认知信息检索过程模型。该模型将信息检索过程归纳为问题识别、需求表达、查询构造和结果评价等 4 个方面的活动，并对信息检索活动及相关的知识表示作了认知分析（方清华，2007）。顾立平以 ISP 模型为基础，采用问卷调查法调查了中国科学院的 450 位博硕士研究生在 Web2.0 环境中的学术信息检索行为，结果显示当学生面临一个多方信息来源的环境时，会以自己熟悉的方式查找、获取、使用信息并学习提高检索能力，同时处于一个适应环境的过程。该研究形成了 16 项优化与 4 个应用途径的建议（顾立平，2008）。在该研究的基础上，顾立平综合 ISP 模型以及 WEB2.0 和型人（Personas）的相关概念，通过调查问卷、访谈跟踪研究了用户在 Web2.0 环境中的信息查询行为，结果显示用户使用图书馆网站的目的性较强并且会受心理因素和社会因素的影响，基于此建立具有心理与社会特性的型人，用以探讨如何提升信息服务系统（顾立平，2010）。李志义与容金凤结合 ISP 模型以及信息检索在认知上发生的重大变化和转折，以当当网和卓越网为例，分析用户认知信息检索前、检索中以及检索后的主要指标，在此基础上提出了面向 B2C 电子商务的用户认知信息检索模型，并对其内在结构和工作原理进行了认知分析。该模型以用户检索任务为起点，以检索结果评价作为认知检索完成或重新开始下一轮检索的标志，从而形成螺旋式前进的检索过程，该模型为 B2C 应用中的信息检索模型选择提供了基本思路（李志义和容金凤，2012）。

3.2.4 ISP 模型应用

（1）信息查询行为的研究

涉及 ISP 模型在信息查询行为领域的研究工作主要有 6 项实证性研究（表 3-2），研究对象主要为学生，研究的情境主要是学术环境，相关研究在证实 ISP 模型适用性的基础上，都对 ISP 模型有不同程度的改进。

表 3-2 信息查询行为的研究

研究者	研究对象	信息查询环境	研究结论
Byron（2000）	学生	虚拟学习环境	ISP 模型适用于虚拟学习环境
Fields（2005）	学生	学术、非学术	男女生对于信息源的选择偏好有差异，男生构建信息的能力比女生更强

续表

研究者	研究对象	信息查询环境	研究结论
Kuhlthau（2008）	学生	新的信息环境	ISP 模型在新的信息环境中仍然能解释信息用户的信息行为
Holliday（2004），Van Aalst et al.（2007）	学生	新型信息环境	新一代的学生更倾向将网络作为自己的信息源
Chowdhury（2011）	科研工作者和学生	数字环境	信息查询活动是造成不确定性的主要原因，并且不确定性会受研究者年龄、性别、学科、ICT 技能的影响

最初的信息查询过程模型是基于传统图书馆背景下提出来的，但是一个有影响力的信息行为模型，仅仅立足于学校图书馆是远远不够的，因此，Kuhlthau 及其后继者将该模型运用于不同环境，并完成了一系列有关信息查询行为的研究。Byron 研究了北德州大学教育学、地理学、图书馆学的 81 名学生通过虚拟协同软件（virtual collaborative software）完成所分配的研究任务，并在实验的开始、中间和结果 3 个时间节点对学生进行问卷调查（Byron & Young，2000）。结果表明随着实验的进展，用户对于任务的理解逐渐提升，自信心和满意度逐渐增强，用户行为也会由信息的搜集查询转移到"总结查询过程"，"复查来源"和"记录引文"上。该研究证明了在虚拟学习环境下，计算机水平各不相同的用户，其信息查询行为都符合 ISP 模型的相应阶段，ISP 模型能够运用到传统图书馆以外的背景。

Fields（2005）以 ISP 为基础，通过访谈方法研究了男女各五位本科新生在两种不同的情境（学术、非学术）下查询信息时对于信息源的选择，以及对于"信息定位"和"构建新知识"的概念理解，结果显示整体上男生更依赖网络信息源，女生对图书馆的使用频率高于男生；在非学术信息查询环境下，学生更倾向于网络信息源，而在学术信息查询环境下更依赖图书馆、专业数据库等。结论认为男生构建信息的能力比女生更强，但是由于本研究样本量过小，因此性别对于信息查询行为的影响仍然需要做进一步研究。

Chowdhury 等（2011）通过问卷调查了英国 3607 位科研工作者和学生，旨在研究电子环境下学术用户在 ISP 模型不同阶段的不确定性，结果显示：不确定性原则是信息查询的基础，研究人员的不确定性主要体现在信息源和信息渠道的选择、构建检索表达式、决定检索开始和结束的时机、如何在研究领域与时俱进等方面。不确定性会受研究者年龄、性别、学科、ICT 技能的影响。该发现对于数字图书馆环境下进行信息系统的设计以及对现有信息服务的提升提出了更高的要求，即要致力于降低信息用户在信息查询过程中的不确定性。

随着信息时代的来临，信息用户的信息查询行为也有新的特点，Kuhlthau 选取了新泽西州 10 所学校 574 名 6 年级到 12 年级的学生，通过访谈和定量分析的方法研究了在学生使用电子资源的过程中情感、行动、想法方面的变化，证明了 ISP 模型在新信息环境中仍然能解释信息用户的行为，该发现还有助于设计以用户为中心的信息服务系统，该系统拥有在信息用户感到焦虑时进行干预和指导的能力（Kuhlthau，2008）。

Weiler 通过对动机、评判性思考以及学习理论的剖析，基于 Krikelas 以及 Kuhlthau 模型以内省的审慎思考方式提出 Y 世代（1980~1994 年出生）学生的信息行为具有如下特点：Y 世代学生获取知识的方式和指导者有天然的冲突；Y 世代学生的行为和需求是紧密结合的；不论认知水平如何，Y 世代学生进入大学后处理新知识的能力都会有进步；Y 世代学生时间观念比较强。因此有必要对 Y 世代学生的信息查询行为进行研究（Weiler，2005）。延续 Weiler 的工作，Holliday 记录了英国 35 名学生在信息查询开始、中途和结束 3 个时间点的相关数据，结果显示 Y 世代学生更多地依赖网络而非图书馆作为自己的信息源，学生的信息查询行为仍然遵循 ISP 模型，不过网络信息源的使用会使学生跳过 ISP 模型的观点形成阶段，网络时代的到来给图书馆员开展工作带来了新的挑战，图书馆员需要转变先前的思想观念和工作方式（Holliday & Li，2004）。

类似于 Holliday 的研究，Van Aalst 以 ISP 模型为基础，通过问卷、访谈等方式调查了 18 名香港 12 年级学生信息检索过程中信息源的选择以及情感的经历，结果显示，学生信赖的信息源主要有网页、可信的新闻、小组其他成员；学生在信息检索开始阶段会有不确定和焦虑的心情；整个信息检索活动的难点主要体现在观点形成阶段即无法从收集到的海量信息中确定"焦点"，作者指出网络信息源应得到重视，并且教师需要提高自身技能以指导学生的信息查询（Van Aalst et al.，2007）。

（2）信息用户的认知和情感研究

情感是一个和认知有关的概念，受到认知的影响，因而借助 ISP 模型来研究用户的认知和情感也是一个重要的应用领域（表 3-3），研究对象主要为学生以及科研工作者，研究语境主要是教学与科研活动，除了面向个体的研究之外，

Hyldegård 还开展了基于 ISP 的群体认知研究，与原始的 ISP 相比这些实证研究都对模型进行了丰富与完善。

表 3-3 信息用户的认知研究

研究者	研究对象	用户信息行为	研究结论
Whitmire E（2003）	学生	信息查询	认知论信念影响信息查询
张妍妍（2010）	广义信息用户	教学	根据用户的信息查询过程来设计实施信息检索的实践教学，对于用户检索技能的掌握和提高将十分有利
Bowler（2008）	青少年	信息查询	结果确定了 13 个在信息查询过程中的元认知知识
Bowler（2010）	青少年	信息查询	谈话是一种重要的元认知策略
Kracker（2002）	学生	信息查询	信息查询过程的不同阶段信息用户的焦虑感程度是不一样的
Hyldegård J（2006）	科研工作者	科研活动	多人协作环境下，群体成员的活动和他们的认知和情感的经验会受到影响
Hyldegård J（2007）	科研工作者	科研活动	集体成员的信息行为受到社会和环境因素影响，体现出了更复杂的特征
Hyldegård J（2009）	科研工作者	科研活动	集体成员在 ISP 的不确定性并不符合 ISP 模型

Whitmire 以 ISP 和教育心理学的认识论发展的 4 种模式为框架，通过访谈的方式研究了 20 位常青藤联盟大学的学生的信息查询行为和认知，分析了两者的关系，结论显示认知信念影响信息查询过程中主题的选择、介质和查询技术的使用以及信息的评价等，还影响信息查询过程的选择阶段、观点形成阶段以及收集阶段（Whitmire，2003）。Bowler 以自然主义（naturalistic methods）的研究方法分别开展了两项研究以探索了青少年在信息查询过程的元认知思维和相应的情感因素，第一项研究结果确定了 13 个在信息查询过程中有助于青少年对信息查询行为理解的元认知知识，即了解自己的长处和短处、知道你不知道的、打好基础、框架、沟通、不断变化的过程、平衡、理解好奇心、了解时间和精力、理解记忆、拉回和反映、连接以及平行思维等（Bowler，2008）。第二项研究结果显示谈话是一种重要的元认知策略，可帮助理清思路，谈话对象可以是家人、老师和图书馆员等，结论认为元认知被附加上了社会属性，是图书馆和信息系统设计的一个重要考虑因素（Bowler，2010）。

| 第 3 章 | 信息检索系统人机交互模型研究进展

Kracker（2002）使用问卷调查和标准状态焦虑测试研究了 90 名学生在完成论文的过程中进行信息查询所产生的焦虑感，结论显示在信息查询过程中，信息用户的情感主要有 3 类：过程有关的情绪状态（正面，负面，或从正面到负面的变化）、对查询过程的看法（困难或容易）以及亲和度（厌恶或感兴趣）；随着信息查询过程的进行，用户焦虑感会下降，对查询主题的认知度会上升，了解和把握上述情感能够帮助信息用户顺利进行查询。

鉴于信息行为的过程普遍被看做是一个单独的过程，Hyldegård 以 ISP 模型和协同信息行为（CIB）理论为基础，通过案例研究的方法调查了 5 名丹麦图书情报专业的研究生在多人协作前提下的信息查询行为，结果显示，多人协作环境下，群体成员的活动和他们的认知和情感的经验会受到影响，相对于独立查询，多人协作查询信息的过程中并未找到信息查询过程第四阶段中情感的"拐点"，即负面情绪的减弱，并且由于组员之间的查询策略互不相同，这些小组成员更喜欢独立查询（Hyldegård，2006）。在该项研究的基础上，2007 年 Hyldegård 结合自己对工作任务维度的相关研究，通过两组案例分析，运用描述性统计和定性分析的方法比较了小组成员和个体的信息查询行为过程中的认知和情感体验，指出集体成员的 ISP 大体符合 ISP 模型，但是集体成员的信息行为受到社会和环境因素影响，体现出了更复杂的特征（Hyldegård，2007）。Hyldegård 在之后更大规模的研究中指出集体成员在 ISP 的不确定性并不符合 ISP 模型，集体成员的不确定性会受到成员关系和熟悉程度等因素的影响，是多维现象（Hyldegård，2009）。

我国学者张妍妍基于 ISP 模型，以用户查询行为为导向设计和实施信息检索课的实践教学，包括主题的选择（即检索课题的选择）、信息的检索与获取、信息的处理与积累、信息的使用，结论认为该教学方法符合人的思维逻辑，更容易被接受和掌握（张妍妍，2010）。

（3）检索系统设计的研究

以信息查询过程模型为框架，将其思想借鉴到信息检索系统设计中，可以大幅提高系统性能。Kuhlthau 根据其关于 ISP 模型、"干涉区"（zone of intervention）、不确定性等理论的研究，指出对 ISP 的了解有助于信息检索系统的设计和信息服务的开展，在信息查询过程中，信息系统应具有以下要求：要能识别用户需求；能探索特定主题的信息；构建焦点；根据焦点收集信息；能够将解决的问题、搜集的信息共享（Kuhlthau，1999c）。

Cole 等在智能检索系统方面的研究对 ISP 模型在检索系统分析与设计方面的工作影响较大。Cole 等从医生诊断病人的过程中会尽可能扩展不确定性以考虑所有可能的症状然后再一步步的收缩不确定性的泛型中得到灵感,以 Taylor 的"诊断策略",Kuhlthau 的 ISP 模型和 Belkin 关于信息需求的研究为基础,勾勒出智能检索工具的原型。作者认为该原型应包括 3 个准则:能正确处理用户的信息需求;对用户信息需求的评估必须立足于整个信息查询行为;用户完成不同任务会产生不同的信息需求,必须对其分类以减少后期降低不确定性的工作量。该智能检索工具能很好地理解本科生的信息需求,并且能根据学生的个人情况较好的"诊断"其信息需求并提供解决办法。不仅如此,Cole(Cole,2000)还开发了两种智能检索工具:不确定性扩展系统和不确定性减少系统,并且运用调查问卷和访谈的方法研究了康考迪亚大学 146 名学生在完成论文时的 ISP 过程,结果证明相对于对照组,运用了上述智能检索工具的两个小组成员的信息检索过程明显得到改善。Cole 指出,为了获得最佳效果,这些系统应该深入到学生完成信息查询的不同阶段。Cole 还将不确定性扩展系统运用到 ISP 模型的第三阶段,将不确定性减少系统运用到 ISP 模型的第四阶段,但效果不明显。Cole 指出,这些智能检索工具运用的时机至关重要,不确定性扩展系统应该在第三阶段结束后使用,不确定性减少系统应该尽早使用(Cole,2001)。

(4)检索系统相关性研究

在信息查询过程中会对信息进行选择和判断,因此对于相关性的研究十分重要。目前,围绕 ISP 模型已经有多项相关性判据的实证性研究工作,研究者已经得到了一组既有共性又有个性的相关性判据。Bateman(1998)使用 Barry 提出的相关性判据,率先开展了基于 ISP 的相关性研究。研究过程中 Bateman 意识到相关性判断是个不平衡的过程,不过没有认识到在信息查询过程中相关性判据的选择也会变化的事实。Tang 和 Solomon 通过案例分析和访谈的方法对信息学研一学生运用检索工具解决学术问题进行了研究,通过收集检索数据(包含对主题的评价记录)、访谈得到的口头数据,认为主题相关性和文献类型是最常用的相关性判据,但是 Tang 同样指出在信息查询过程的后期,随着不确定性的降低以及用户信息意识的增强,这两个相关性判据的重要性会下降(Tang,1998)。

在相关性研究由以系统为中心转念变为以用户为中心的背景下,Vakkari 研究了在信息查询过程的不同阶段,信息用户对相关性判据选择的情况,研究结果证实了"时效性"是最常见的判据,且用户对于查询任务理解的透彻程度将直接影响用户的相关性判断。Vakkari 还指出在信息查询过程的后期会更多地使用"新颖性"和"利益"等判据(Vakkari & Hakala,2000)。

相关性判断发生在信息查询过程的所有阶段,Taylor 研究了商学院学生为研究任务开展的信息查询过程中相关性判据选择的问题，获得了 5 个核心的相关性判据："准确性""新颖性""来源可靠""时效性"以及"结构简单"（Taylor，2012）。Taylor 的研究显示相关性判断过程和判据选取取决于用户在信息查询过程中所发生的认知变化，了解用户在信息查询过程中认知转变可以开发出适应能力更强的信息检索系统。信息查询过程中涉及各种不同的任务和交互，Taylor 选取了 300 名参加了计算机课程的美国大学生，通过让其撰写计算机相关的论文，并通过访谈的方式研究了在完成论文 ISP 过程中的相关性判断，结果表明用户在 ISP 不同阶段的相关性判据选取的准则不一致，显示用户相关性评估的多维性（Taylor et al., 2007）。

3.2.5　ISP 模型总结

Kuhlthau 信息查询过程模型已成为当代最有影响力的信息行为模型之一。纵观 ISP 的相关研究可以发现其具有一些鲜明的特点。

1）明确的理论内核——不确定性。不确定性是一种认知状态，会引发焦虑和信心不足等情感症状。不确定性和焦虑感常出现在信息查询过程的早期，和用户对主题和目标的理解模糊不清息息相关，随着知识的获取，思维的清晰，用户会感到信心增强。基于缺乏了解、代沟以及构建不足引发的不确定性启动了信息查询过程。

2）面向用户研究其信息查询过程的情感、想法和行动变化。与信息需求紧密相连的不确定性是 ISP 模型的理论内核，也是信息查询的基础。ISP 模型通过查询的进行和相关信息的获取，消除用户在信息检索过程中的不确定性，从而提高用户的信心，降低焦虑感，以获得优质的检索效果以满足用户需求。用户的不确定性受年龄、性别、检索技能的影响，主要体现在对信息源和查询渠道的选择、开始/结束检索时机的判断、表达式的构建等。

3）不确定性在先前的信息检索系统设计中没有引起足够的重视。多数检索系统在 ISP 的收集阶段表现良好，但很少有检索系统面向 ISP 的初始阶段。基于该背景，对不确定性的研究不仅有助于提高用户的检索技能和信息素养，并且对信息检索系统的设计也提供了新思路，即突破传统的以系统为导向的模式，逐渐转向以信息用户为中心，通过对用户信息需求的准确理解以及对不确定性的收缩，最终锁定用户所需要的信息。

4）完善的理论。ISP 模型植根于图书馆信息服务理论与应用肥沃的土壤，是多项实证研究的升华，模型中将情感、认知与行动与信息行为的 6 个阶段紧密的整合在一起，与同期的 Ellis 模型仅关注信息行为的不同元素相比，ISP 更关注信息行为的不同阶段与过程，并且整合了情感、想法和行动 3 个不同的维度，即把信息查询过程看作是一个不断变化的交互过程。作为其理论基础的 Kelly 和布鲁纳的建构主义导向使其理论上更为完善。

5）普适性。ISP 模型从提出至今已经应用于主题丰富的研究之中，除了早先从高中生的实证研究中提炼出 ISP 模型之外，其他有关该模型的研究与应用主要围绕大学生、研究生以及科研人员开展。研究主题跨度包括大学生的研究过程（Kennedy et al., 1999，Pennanen & Vakkari, 2003，Serola & Vakkari, 2005，Sihvonen & Vakkari, 2004），研究过程中相关性判断的变化（Tang, 1998，Vakkari, 2000），图书馆焦虑（Jiao & Onwuegbuzie, 1997，Jiao, 2006，Onwuegbuzie, 1997，Onwuegbuzie & Jiao, 1998）以及教师、研究生的文献选择和利用（Wang & Soergel, 1998，Wang & Tenopir, 1998，Wang, 1999）。此外，ISP 模型还在诸如诊断信息需求、群组学习语境以及在线课堂等不同的语境中得到证实。

6）旺盛的生命力。目前有关信息行为的模型众多，比如在"theories in information behavior"一书中列举了 50 多个信息行为模型，目前影响力较大的则主要有 Dervin 的意义建构理论以及 Ellis 和 Wilson 的模型，Kuhlthau 的 ISP 模型在如此众多的模型中能够在第七个因子"信息需求与用户研究"中排名第一，足见其影响力之大以及生命力之旺盛。究其原因，至少有以下 4 点理由：①Kuhlthau 在提出模型之后，持续不断地对其进行完善，发表了一系列理论以及实证研究文献。②除了在图书馆以及信息服务机构研究与应用之外，Kuhlthau 以及合作者还将其应用到其他领域，通过其适用性的验证，不仅证明了模型的健壮性，同时也扩大了模型的影响。③模型具有深厚的理论基础，模型吸收了 Kelly 的个人建构理论、Belkin 的知识非常态理论以及 Taylor 的价值增值模型，使其具有鲜明的建构主义特征以及信息科学领域的特色，在建构主义盛行的今天，这也是该模型能够成功应用于虚拟课堂等教育、教学领域的重要原因。④在认知导向成为信息检索领域热点的今天，ISP 模型的认知成分自然地成为众多研究者赖以研究的基础模型。

7）图书馆信息服务的意义。Kuhlthau 信息查询过程模型源自传统的图书馆环境，研究对象起初以学生为主，ISP 模型的研究成果为图书馆的信息服务工作提供了一个崭新的视野，即信息服务应该以用户为中心，ISP 模型的相关研究给了图书馆员以下启示：①图书馆员是信息化时代不可或缺的一部分，是指导学生从海量信息中正确选择信息源和信息渠道的角色，图书馆员应该拓展知识面并且成为信息资源领域的专家；②图书馆员应该转变自己的工作理念，立足于学生的信息查询过程来解决学生实际遇到的问题；③提升学生的检索技能和信息素养需要图书馆员和教师的协同努力；④要组建相应团队来指导学生信息检索，满足学生信息需求，并对指导过程和效果进行评估，以改进工作方法。

3.3 小　　结

作为情报学的核心研究领域，信息检索经历了40多年的发展已经发生了深刻的变化，一种新的信息交互策略已经成为研究者关注的热点。这种信息检索交互过程在检索的同时，信息被创建，用户通过行为、理解和反映等来获取用户想要的信息，而不只是通过查询请求的陈述。因而，信息交互的观念比信息检索更能体现人的活跃角色，以及网络环境中信息对象的动态性质。当信息检索研究范式经历了系统导向、用户导向后，逐渐的转向认知范式，这种认知即意味着信息检索的交互作用，通过理解主题或者用户来实现信息检索目标。

本章系统研究了信息检索领域中两个代表性的交互模型：Ingwersen 于 1996 年提出的认知信息检索交互模型（cognitive model of information retrieval interaction，CIRI）以及 Kuhlthau 于 1991 年提出信息搜索过程模型（information search process model，ISP）。两个模型的形成都是建立在从认知角度研究用户与信息系统交互过程基础上，经过了多位学者的不断完善和发展，在许多领域不断的验证和应用。

第4章　认知风格与信息检索行为整合框架

4.1　认知风格概念

4.1.1　从信息科学的角度诠释认知风格概念

认知风格是用来描述个人思维、知觉、记忆以及运用知识解决问题方式的一个术语。对其准确内涵，国内外有几十种定义。这其中有不少的提法都认识到认知风格与信息科学之间的联系，因而从信息活动的原理和过程来解释认知风格的含义。这一类代表性观点有：

1）Allport（1937）最早提出认知风格这一概念，认为认知风格是个人典型的或习惯性的解决问题、思考、知觉、记忆等的模式。

2）Messick（1984）认为认知风格是"信息加工过程中，围绕在人格特征、以合适的方式发展的自我一致性的特征"。

3）Tennant（1988）认为认知风格是"个体的特征和一贯性的知识和加工信息的方式"。

4）Jonassen 和 Grabowski（1993）认为认知风格为一种内在的相对稳定的组织和表述信息的偏好方式。

5）Broeck 和 Van der Heydend 认为认知风格是指个体知觉环境刺激和组织、使用信息方式上的个体差异。

6）Harrison 和 Rainer（1992）认为认知风格是一个影响个体收集、分析、评价和解释信息方式的个性化维度。

7）Riding 和 Cheema（1991）认为认知风格是个人组织和表示信息的偏好和习惯方式。

从这些表述中，可以看出认知风格理论是一个和个人信息处理行为有关的个

|第4章| 认知风格与信息检索行为整合框架

性理论，具有信息科学的特征。它至少揭示了与信息行为的以下关联：首先，认知风格和下述信息活动有关，包括信息获取、信息组织、信息表示、信息使用、信息评价等典型行为；其次，不同认知风格会表现出不同的信息行为方式，并且这种特征是内在的、稳定的、有规律可循的；第三，既然认知风格与信息处理有关，那么个体在处理信息时表现出来的特点也反过来作为形成个体认知风格要考虑的因素。第三点是认知科学领域关心的问题，而前两点则是信息科学研究的课题，体现了随着信息科学对用户的关注加强，将认知科学、行为科学纳入到信息科学研究视野的趋势，同时它也是本书研究的基点。

4.1.2 个体差异——认知风格影响信息搜寻行为的主要根源

认知风格的研究经历了早期、增殖、沉寂和成熟等时期，而对个体差异的关注逐渐成为认知风格理论发展的主线。代表人物为 Sternberg 和 Riding，前者运用心理自控理论来解释思维风格，认为思维风格是个体心理自控差异的反映，个体在不同情况下针对不同任务会选用不同的认知风格（Sternberg & Grigorenko，1997）。Riding 和 Cheema（1991）则立足于具体的教育实践，对大量经验性研究进行了整合，探究影响认知风格形成的影响因素。这些因素诸如性别、家庭环境、学校教育、文化，在推动认知风格发展上作出积极贡献。认知风格的发展历程表明：认知风格是一种重要的个体差异变量。这个变量不直接体现一个人的智力或能力的高低，而是独立于人格特质，它能较好地预期人们的兴趣、偏好及绩效，并与人的行为密切相关。

承认个体差异是信息科学中以探究信息行为为目的研究的一个突破。与信息有关的活动是一种主观性很强，面向用户的活动，个体在其需求、价值判断和搜寻信息方式上表现出不同的特点。对信息系统的使用也是依赖环境变量的个人决策行为。Palmquist 和 Kim 的研究提出不同特征的个体对信息系统的反应是不同的，尤其是认知风格是一种影响信息系统使用绩效的因素（Palmquist & Kim，2000）。检索专家 Saracevic 在研究个体差异与信息检索关系时曾断言："由各种测量工具所得出的个人在决策时组织、表述、搜索和检索信息时表现出极大的不一致，很明显，个体在决策时的差异即使不是最主要的也在很大程度上影响了信息检索的效率。"因而，信息搜索研究中不可忽视个体差异问题。然而，Saracevic（1991）也指出"我们仍然缺少一个理论框架来解释个体差异与信息搜索之间的关系"，Ford，Miller 和 Moss 也表达了对这一研究的需求（Ford, et al., 2003）。

认知风格理论的出现，正好符合这一研究需求，为信息科学研究个体差异提供了理论支撑，以认知风格作为个体差异变量的信息搜寻行为研究成为信息科学中的重要方向。

4.1.3 认知风格维度

从 20 世纪 40 年代起，有学者开始对认知风格展开研究，各种各样的认知风格模型相继被提出并在感知和注意、学习和记忆、问题解答和决策制定、语言处理、演绎推理、博弈、谈判等领域得到广泛应用。其中较有影响的有：场依存-场独立模型、拘泥型-变通型模型、广视型-狭视型模型、齐平化-尖锐化模型、复杂型-简约型模型、聚合思维型-发散思维型模型等几十个认知风格模型（李浩然和刘海燕，2000）。Riding 和 Cheema 以 30 多个认知风格模型为研究对象，分析了每个认知风格模型的描述、风格模型之间的关联，评估的方法及对行为的影响，认为这些模型提出的认知风格标签是"相同维度的不同名称"。两人还用因子分析法证实了这个假设的合理性，其结果是已有的认知风格结构被归结到两个基本的认知风格维度：整体-分析（wholist-analysis）和言语-表象（verbal-imagery）（Riding & Cheema，1991），如图 4-1 所示。

图 4-1 认知的维度

整体-分析风格维度主要与学习者的认知组织相联系，表示个体倾向于把信息组织成整体还是部分。言语-表象风格维度主要与学习者的心理表征有关，表示个体在思维时借助于言语还是心理表象来表征信息。由于用户搜索信息行为实际上也是用户组织信息的方式和网站组织信息方式的相似度匹配过程，是一个更受认知方式影响的过程，因此整体-分析风格维度更与用户信息检索行为相关。从这个维度划分的认知风格有：场依存-场独立、熟虑-冲动、聚合-发散、齐平化-尖锐化、整体-序列。这些认知风格虽然标签不同，但在对应类型特征上有很多相似性。

|第 4 章| 认知风格与信息检索行为整合框架

场依存和场独立认知风格表现出的不同特性是心理学家关注的焦点。Goodenough、Messick、Witkin、More 等人通过实验和调查的方法研究了两者的不同。Witkin 等人指出"当呈现一个具有支配作用的场的时候，比较场独立的个体倾向于克服场的组织，重新构建它，而场依存的个体倾向于依附于给定的场的组织"（Witkin et al., 1977）。Godenough（1976）指出"一个在知觉情境中表现出分析型的个体，在其他知觉和问题解决情境中也倾向于分析型，具有整体型风格的个体在其他情境中也倾向于使用外在的参照物。"这里所指的整体－分析型与场依存－场独立型相似。总结前人研究，场依存－场独立两种类型在生理、认知、人际活动、病理、社会心理方面的不同可用表 4-1 表示。

表 4-1 场依存 – 场独立认知风格类型的比较

认知风格类型	生理	认知	人际活动	病理学	社会心理
场依存	一侧化效应一般	认知改组能力差	利用别人的信息，社会性定向	易冲动，易受紧张刺激影响，难于有效将理智与情感生活分离	要求服从权威及外在压力家庭环境、稳定性、密集型社会环境下易形成
场独立	一侧化效应更强	认知改组能力强	利用自身标准，较少考虑他人意见，非社会性定向	较少冲动，善于表达自己情感，善于自我调节和自我控制，抵御干扰	鼓励性家庭环境、游动性、松散型社会环境下易形成

注：一侧化效应指大脑左右半球具有不同的机能，分工承担认知功能。认知改组能力指打破原先已组织好的知识结构，重新组织新的知觉单位。

4.2 融合认知风格理论的信息检索模型

认知风格不是一个孤立的概念，从其诞生起，一些研究者就从不同学科背景研究认知风格。认知心理学家认为人类的大脑是一个信息处理机，信息通过一系列有序的处理阶段进、出大脑，这些处理阶段可以用模型的方法加以描述。认知风格具有信息科学本质的特征引导许多学者从信息加工的背景下开始构建认知风格模型，这方面所取得的成就又反过来推动了对信息搜索过程的研究。

4.2.1 信息加工背景下的认知风格模型

信息加工背景下的认知风格模型揭示的是认知风格与信息加工处理之间的本质联系，虽然大多数由认知心理学家提出，但是借助这些成果能帮助我们更深入地了解信息处理过程中的认知特征，从而推动对人类信息活动规律的研究。本研究所述 Witkin 的场独立/场依存模型、Kagan 的概念速度模型（Kagan & Messer, 1975）、Miler 的分析/整体信息加工模型（Rozenwajg & Corroyer, 2005）等也是具有信息加工倾向的认知风格模型。而最有影响的是 Curry 的洋葱模型和 Gregorc 的能量模型。

（1）Curry 洋葱模型

这是 Curry 于 1983 年在研究学习风格理论时提出的一个模型。洋葱模型由 3 层组成，处于最深层是"认知风格"，它是人最稳定、最不易改变的特征，在观察个体行为时只有通过许多学习材料才能发现；中层是"信息处理方式"，它是个体吸收信息时所用的智慧方法；最外层是"教学偏好"，它是那些易于观察、易被影响的测量层面，包括环境因素、情感因素、社会因素、生理因素、心理因素。洋葱模型的层次关系表明认知风格不直接与环境相互作用，但是因为其与中间层关联，因而会影响到个体信息处理方式。而个体信息处理方式在内外层的双重影响之下，既受认知风格的制约，又受外层各种因素的影响，它比最外层稳定，但仍可以被改变。

（2）Gregorc 能量模型

Gregorc（1979）在研究学习风格时提出了能量模型，将信息的加工分为空间和时间两个维度，这两个维度上的信息利用是有差别的。空间上的利用指获取和表达信息的感知模型，即具体—抽象型；时间上的利用指排列和存储信息的方式，即有序-随机型。在此基础上，将个体分为 4 种认知风格类型：①具体-有序型，这种人注重事实和具体事物，通过感知来验证其假设。②抽象-有序型，这种人偏爱逻辑分析，并通过预先设置的方案来验证假设。③具体-随机型，这种人偏好直觉思维，验证想法时只依靠个人经验，很少采纳外在证据。④抽象-随机型，这种人注重自身感受和情绪体验，以主观因素作为验证假设的标准。该模型对认知风格维度的划分完全是基于人类信息处理加工的特点。

4.2.2 基于认知风格的信息搜索过程模型

20 世纪 70 年代，以 Dervin, Belkin, Taylor, Kuhlthau 等人为代表的学者

相继提出了从用户认知角度来研究信息搜索过程,将触角伸向用户心理研究,从而为认知风格理论在信息搜索中的引入打开了大门。作为最先提出以使用者为中心观点的 Dervin 意义建构模式,从本质上讲是一种信息搜寻过程中的认知观,承认信息的搜寻是一个包含内部认知的过程,信息的构建不仅仅是个体智力的结果,还受外界环境和情感因素的影响,这些因素共同包含在个体认知对信息的反应中。但是在 Dervin 的模型中并没有具体指明这些认知因素是什么。后来 Tailor 在研究中发现,理解用户信息利用环境的关键是找出不同群体信息搜寻和信息利用行为的差异性和相似性,Kuhlthau 借鉴了许多其他学科的理论与方法,尤其是心理学、认知科学的成果,关注搜索过程中各个阶段的思想、感情和行动变化,并突出强调心理情感的作用,重视人机之间的交互过程(柯青等,2008)。从信息搜索朝着用户中心发展的脉络可以看出"认知"、"个体差异"、"交互"似乎成为这一发展方向的焦点,但仍没有一个合适的概念或理论来引导研究。

随着图书情报界对以用户为中心研究的深入,学者逐渐发现"认知风格理论"能够适应信息检索向用户认知发展。首先它来源于认知心理学,既包含认知的特点,又吸收了心理学的精华;其次,它既强调了个体之间的差别,又指出不同类群的规律性、一致性;再次,这一概念本身就具有交互的含义,个体总是在和外界信息系统的交互中才表现出一定的认知风格。因而,认知风格能恰当地代表信息搜索研究中的用户特性,将其吸纳到研究视野中成为众多学者认可的选择。

4.2.3 融合认知风格的信息搜索模型

将认知风格作为影响信息搜索行为的因素来构建信息搜索过程模型是学者们研究的思路。除了前述众多学者在提出的各种信息搜索模型中吸纳认知风格变量外,构建面向学习过程的信息搜索模型以及构建融合认知风格的检索交互模型也成为研究的趋势。

(1)面向学习过程的信息搜索研究

一部分学者提出信息搜索的过程实质是一个学习的过程,通过信息搜索的方式来获取文献、信息和知识,从而提高自己的学习能力和知识储备。这个思想要追溯到人们对信息需求的研究中,早期"基于问题的学习"理论提出,到贝尔金的"知识非常态"理论都认为:针对某一问题的解决、面对某种问题的情境对于学习和科研是至关重要的。Dervin 在其 Sense-making 模式中,提出信息需求是由差距和不连续性导致的,要缩小或消灭这种差距和不连续性,从而产生了信息搜索行为。而学习是缩小知识差距的一种行为。因而从信息搜索和学习的功能来看，两者都具有缩小差距的效用，是一对相似的行为。

实质上，人们是在同各种各样信息系统的交互过程中不断发展所需要知识的，这种交互过程也是个体不断自我学习、自我探究的过程。人们从浩瀚的信息资源中独立自主地探寻自己所需要的知识和技能，并运用已有的知识储备对要解决的问题进行辨别、分析、综合和推论，从而实现了新知识的构建和积累，学习的过程自始至终伴随着信息搜索行为。因而从学习过程的分析中也能探究出用户信息检索过程规律。

学界主要研究了用户在超文本环境下的认知学习和信息检索问题。基于超文本技术的 Web 是一个典型的非线性环境，不同认知风格的用户在这种非线性环境下采用不同的学习策略。Reed 和 Oughton（1997）发现场依存者在搜索的初期阶段多采用线性思维，Andir 和 Stueber 在研究学生超媒体课程学习模式时发现，场依存者相比场独立者较偏好线性引导（Andir，1996），Liu 和 Reed（1994）在研究学生的认知风格对学习策略的影响时发现场独立型倾向于利用索引工具自由地从一个节点跳至另一个节点，而场依存型倾向于从头到尾的遵循顺序。

（2）面向认知风格的检索交互模型

"信息迷航"是用户在与超文本系统交互时最易发生的问题之一，信息迷航的产生是网络信息资源自身特点导致的一个难以避免的现象。许多学者在解释信息检索过程时将其视为一个问题解决活动，在研究认知风格和个体搜索信息成功率关系时发现，场独立者因为具有较强的解决问题的能力，在搜索时表现更有效率，用时更短。此外，场独立者在超媒体环境中运用导航更为熟练，相比之下场依存者因为承受太多的认知负荷，所以极易在超文本空间迷航。Ford，Chen 及 Kinley 等学者提出的信息检索交互模型中都关注了认知风格变量。

英国谢菲尔德大学信息研究部的 Ford（2009）及其研究团队提出了基于个体差异、搜索特征、搜索策略和搜索难度的感知（sensitising）模型，该模型考察的是用户的认知风格和不同的网络信息搜索策略之间的关系（图 4-2）。Ford 通过实证研究发现，有丰富搜索经验的男性分析型和言语型认知风格的用户对 5 个搜索任务中的两个很敏感，并且能成功完成。在该发现的基础上，Ford 建立了被他称为"敏感"（sensitizing）的概念模型，这个模型描述了认知风格、搜索经验、性别如何影响搜索者对搜索策略的调整。这个模型之所以被 Ford 称为"敏感性"模型，是因为它建立在 Ford 对搜索行为的理解上，即 Ford 认为能顺利完成搜索任务者是出于对搜索任务的"敏感"。

| 第 4 章 | 认知风格与信息检索行为整合框架

虽然这个模型在不同的变量（认知风格、性别、搜索经验）与网络搜索行为之间提供了重要的信息，但是有些关系并没有阐释清楚。主要有两点：①模型中并没有清楚说明模型的不同部分是如何作用的，如认知风格跟搜索策略之间的关系；②该模型只包含了网络搜索行为因素中的一小部分如以单个词或短语为使用习惯的查询变换和浏览。另外模型的网络搜索方面仅仅包括了低层次部分，如成功的搜索经历，对网络搜索行为的高层次部分如查询重组和导航模式却没有作出探讨。

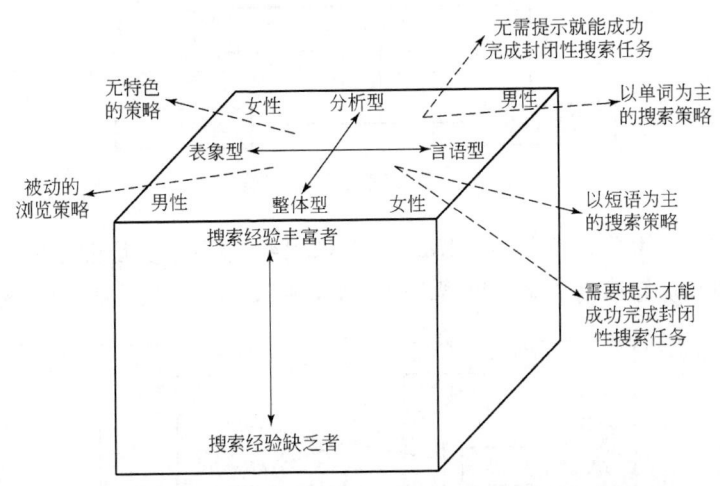

图 4-2　基于个体差异、搜索特征、搜索策略和搜索难度的敏感模型

资料来源：Ford，2009

Chen（2002）提出一个研究不同认知风格用户与非线性系统交互的模型，如图 4-3 所示，其中相关概念如下：①场独立/场依存。来自于 Witkin 的认知风格划分理论。②内部/外部引导。研究表明，场独立者偏好按照自己的方式使用系统，场依存者却对作出抉择深感困惑。这可能是由于场独立者是按照内在的目标操作的，而场依存者是依靠外部线索操作。因此，一个灵活的非线性路径对场独立者是有用的，系统要多提供路径、让其自由选择，并能自主地决定操作策略。相反，固定的线性路径的模式对于场依存者是适用的，他们偏好被引导操作过程。③积极/消极策略。研究表明，场独立者会采用一切可能的积极方法找到相关线索来完成任务，相反，场依存者采取消极策略，偏好利用最明显的线索来完成任务而不管是否相关，这也是导致场依存者易于迷航的原因。④超媒体学习。该模型表明，场依存和场独立个体在和超媒体学习时表现出不同的行为特点，场独立者偏好灵活的非线性网络结构，能独立学习，场依存者从固定的线性结构中得到较高的效率，易于迷航。

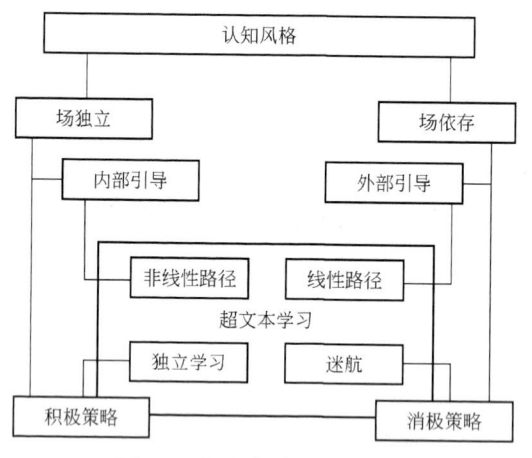

图 4-3 超文本学习认知模型

澳大利亚昆士兰科技大学的 Kinley 等（2014）在基于实证的基础上提出了网络搜索行为和认知风格关系的模型，如图 4-4 所示。该研究选取了 50 名被试作为

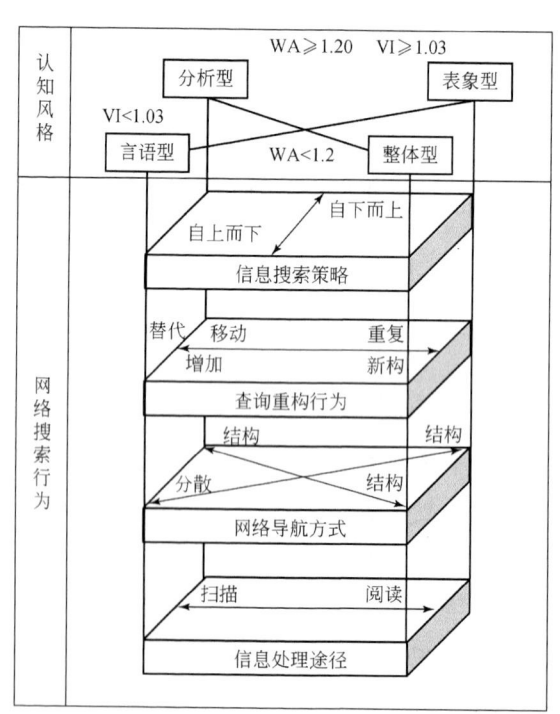

WA 为整体-分析；VI 为言语-表象

图 4-4 Kinley 网络搜索行为和认知风格关系的模型

资料来源：Kinley et al., 2014

研究对象，首先对这 50 名被试进行认知风格的测试，为方便研究，将认知风格的整体-分析型、言语-表象型认知风格维度各分为两个维度，而非 3 个维度。该研究认为认知风格对网络搜索行为的 4 个方面有不同程度的影响：信息搜索策略、查询表达式重构、网络导航模式、信息处理途径。该研究认为认知风格对网络搜索行为的影响表现在四个不同的方面，而这 4 个方面中的信息搜索策略和查询表达式的重构在某种程度上存在交叉和重合，查询表达式的重构就是信息搜索策略的调整过程，而用户在网络导航模式和信息处理途径中的影响也存在息息相关的联系，在用户选择节点时，同时就是进行信息的处理过程，所以信息的处理过程是伴随着网络导航模式的，而不可以认为信息处理过程是网络导航模式的下一个阶段。

4.3 认知风格与信息搜寻行为整合研究框架

信息搜寻过程是一个不断发展的历史性活动，也是一个受各种社会因素影响的社会问题。认知风格与信息搜寻的整合研究既有历史渊源，又有现实需要，既有理论依据，又有实证支持。对于一个涵盖多个学科的研究领域，建立自身的理论框架，以解释和预测该领域的一系列核心问题对促进研究至关重要。笔者尝试提出一个整合认知风格与信息搜寻的理论框架（图 4-5），以期为感兴趣的同行抛砖引玉，作为开展研究的基础。

对该理论框架简要说明以下几点：①将信息搜寻过程分为信息需求的形成、实施查询、查询结果处理和评价 4 个阶段，并且是一个周期重复的过程，而认知风格理论融合到每一阶段中，实际上构成了研究的 4 个分支。该理论框架列举了每一研究分支围绕着认知风格要研究的一些关键问题。②理论框架重点关注认知风格对信息搜寻过程的渗透和影响，至于信息搜寻过程本身的研究在图书情报界已经是一个相对成熟的研究领域，因而在框架中没有再详细说明。③对认知风格理论的研究是立足于当前心理学、教育学等学科对认知风格研究的既有成果，同时强调要在信息搜寻的情境下对认知风格维度进一步研究，增强理论的适用性。④该理论框架强调实证研究的必要性。通过广泛的实证研究和用户参与才能找出认知风格这一变量对信息搜寻的影响程度，而不仅仅停留在粗线条的理论描述上。

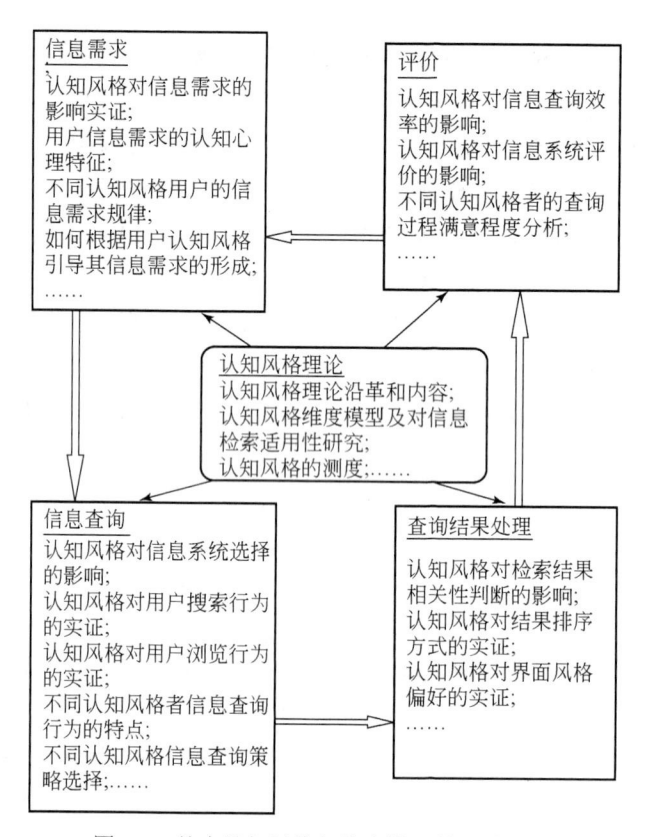

```
┌─────────────────────┐           ┌─────────────────────┐
│ 信息需求            │           │ 评价                │
│ 认知风格对信息需求的│           │ 认知风格对信息查询效│
│ 影响实证；          │           │ 率的影响；          │
│ 用户信息需求的认知心│           │ 认知风格对信息系统评│
│ 理特征；            │◄──────    │ 价的影响；          │
│ 不同认知风格用户的信│       │   │ 不同认知风格者的查询│
│ 息需求规律；        │       │   │ 过程满意程度分析；  │
│ 如何根据用户认知风格│       │   │ ……                  │
│ 引导其信息需求的形成│       │   └─────────────────────┘
│ ……                  │       │              ▲
└─────────────────────┘       │              │
         │                 ┌──┴──────────────┴──┐
         │                 │ 认知风格理论        │
         │                 │ 认知风格理论沿革和内│
         │                 │ 容；                │
         │                 │ 认知风格维度模型及对│
         │                 │ 信息检索适用性研究；│
         │                 │ 认知风格的测度；…… │
         ▼                 └─────────────────────┘
┌─────────────────────┐           ┌─────────────────────┐
│ 信息查询            │           │ 查询结果处理        │
│ 认知风格对信息系统选│           │ 认知风格对检索结果  │
│ 择的影响；          │           │ 相关性判断的影响；  │
│ 认知风格对用户搜索行│           │ 认知风格对结果排序  │
│ 为的实证；          │──────►    │ 方式的实证；        │
│ 认知风格对用户浏览行│           │ 认知风格对界面风格  │
│ 为的实证；          │           │ 偏好的实证；        │
│ 不同认知风格者信息查│           │ ……                  │
│ 询行为的特点；      │           └─────────────────────┘
│ 不同认知风格信息查询│
│ 策略选择；……        │
└─────────────────────┘
```

图 4-5 整合认知风格与信息搜寻的理论框架

总之，认知风格与信息搜寻整合研究的理论框架将围绕着研究人类认知风格这一个体特征如何影响信息搜寻过程这一中心问题开展，以促使人类的信息搜寻行为更加科学、合理，提高信息利用的效率，进而推动人类在信息社会中的全面发展和进步。

4.4 小 结

本章从概念角度诠释认知风格具有信息科学的本质特点，指出对个体差异的关注是认知风格与信息搜寻行为的共同焦点，并提出依据认知风格维度模型对信息用户分类的可行性，以及从认知风格视角构建信息搜寻过程模型的观点。本书尝试构建了认知风格与信息搜寻行为整合研究的理论框架，从而为两者的融合提供一个可以借鉴的思路。

第 5 章　基于元分析的场独立-场依存认知风格对信息搜寻绩效影响

互联网是全球最大的信息系统，人们不仅能便利的从互联网上获得各种日常生活需要的信息，而且互联网也成为人类接受知识和学习的重要场所。然而对用户 Web 搜索行为研究表明，用户存在着各种各样的个体差异，不同用户因为其性别、年龄、经验、背景、认知等不同而具有不同的信息搜寻行为、偏好和绩效，给 Web 界面的设计和信息服务带来挑战。为了应对挑战，用户研究成为信息行为研究一个重要的分支，吸引了诸如图书情报学、计算机科学、心理学、管理学等众多学科研究各种个体差异及其影响效应。

人类的认知活动存在着巨大的个体差异，无论是感觉、直觉、记忆、思维还是其他认知活动，都呈现出不同的方式和水平，从而体现出不同的认知风格，这种认知风格是否对用户信息搜寻绩效产生显著影响，不同的实证研究得出了不一致的结论。例如 Hammoud 等（2009）的研究发现认知风格对超文本环境下信息搜寻时间的主效应不显著，而 Lee 等的研究则发现认知风格对信息搜寻时间绩效产生显著影响，场独立明显比场依存需要更多的时间来搜寻信息（Lee，2009）。Chanlin 的实验发现认知风格对用户在超本文环境下信息搜寻成绩没有显著相关性（Chanlin，2008），Egly 的研究则证实认知风格对用户信息检索成绩有显著影响（Egly & Wescourt，1981）。这些不同结论使得在探析认知风格和信息搜寻绩效之间关系的问题上一直都没有形成清楚的认识，在用户信息检索界面的设计上也缺乏明确的指导。因此，本部分的研究目的是探索认知风格对超文本信息搜寻绩效是否存在显著效应关系。借鉴在医学、心理学、教育学等领域应用广泛的元分析方法，国内文献也将其称为后设分析、整合分析、综合分析或荟萃分析。根据 Glass 的定义"元分析是对大量的单独研究结论进行统计分析以达到综合研究结论的一种定量研究方法，应用元分析使得综合研究过程克服了定性分析的随意性而更为科学严谨，从而使得文献的回顾和积累更为有意义。"元分析不需要研究者采集原始数据，而是在对他人研究中的数据再分析基础上，采用定量分析的方式获得综合效应，使得科学研究更具继承性和严谨性（Glass，1976）。

5.1 相 关 研 究

本书在研究中使用的元分析方法是一种将许多定量实证研究结论进行统计意义上的综合和分析的一种量化研究方法（Rosenthal & Dimatteo，2001，Wolf，1986）。Olkin 认为该方法较之其他的定性文献综述方法更具严谨性和科学性，在社会行为研究中，元分析也是一种被广泛应用的综合研究方法（Olkin，1985）。许多一流的图书馆学、情报学期刊均倡导在学科重要问题的研究中使用元分析方法（Eden，2002）。本节首先回顾图书馆学、情报学领域元分析应用现状，接着对各种认知风格维度进行综述，其中主要分析本书研究中使用的场独立-场依存维度，最后本章重点评述认知风格对用户信息搜寻绩效的影响。

5.1.1 元分析在图书情报领域的应用

20 世纪 90 年代起，随着实证分析方法在信息科学领域的应用，学者们开始意识到在图书馆学、情报学领域（LIS，library and information science）引进元分析方法。Trahan（1993）和 Salang（1996）较早探讨了元分析用于解决图书馆学、情报学问题的适用性。Ankem 随后在期刊 *Library & Information Science Research* 详细介绍了 LIS 学科如何应用元分析方法，然而他发现在 LIS 领域，该方法的应用极为有限，远远落后医学、心理学和商业管理领域（Ankem，2005）。Saxton 也同样表示担心，因为他通过检索数据库仅找到 51 篇元分析论文主题与 LIS 领域有关，其中仅 21 篇发表在 LIS 期刊上。尽管元分析在 LIS 应用现状不容乐观，但是学者还是对其前景抱有希望。Hjørlan 在给 JASIST 期刊主编的信中写道"不幸的是，我们作为对信息搜集具有专业技能的群体不能够对元分析尽一份力或者在我们的专业中使用这项技术"（Hjørlan，2001）。21 世纪以来，学者们一边倡导用元分析来研究核心图书情报问题的可行性，一边探索元分析在图书情报界的应用流程。

Ankem（2005）总结元分析方法的两个优点为能得到更为精确的结论和能增强结果力度。Saxon（1997）认为元分析的好处是通过合并大量的研究来获得对研究问题更好的理解。Bornmann 等人则将元分析的优点归纳为 5 个方面：获得更普遍的效应关系，获得更为可靠的结论，获得更为清晰的效应关系，获得更系统的信息以及获得更为一致的结论（Bornmann et al.，2011）。

| 第 5 章 |　基于元分析的场独立-场依存认知风格对信息搜寻绩效影响

众多图书馆学、情报学界学者都在探索如何在本学科充分利用这一具有优势的研究方法，并通过实践展示了元分析的流程。Trahan（1993）归纳了共同的步骤：首先要有一个研究主题，围绕该主题已有大量的实证文献；然后是一个详尽的文献搜索过程来确定相关的符合要求的研究；接着是对相关研究分析和编码；计算每项研究的效应值；计算综合效应值；最后根据综合效应值解释结论。在 Saxton 的元分析研究中，他认为元分析需要三步：同质性检验，单个效应值和综合效应值计算以及显著性检验。效应值（effect size，ES）是元分析中最关键的概念（Saxton，1997），Nakagawa 和 Cuthill 从 3 个角度归纳了效应值的含义：①一种估计效应幅度（magnitude）的统计量，例如表示变量之间关系的相关系数。②从实际统计量中计算出来的数值，例如相关系数的具体数值。③从效应统计量中得出的关系的解释，例如中位数（Nakagawa&Cuthill，2007）。Kelly 和 Preacher（2012）在分别解释效应（effect）和值（size）后定义效应值为对所感兴趣问题呈现现象幅度的量化映射。文章认为效应值的计算主要依赖对原文献数据的获取程度，一般有 3 种：根据平均值、样本方差和标准差来计算（郑凤英，2001），例如 Glass 的估计值 Δ，Hedges 的估计值 g 或 d，反应比（response ratio）等；根据原文献的 2×2 列联表计算，如比率差（rate difference），相对比率（relative rate）；根据原文献的统计量，如方差分析 F 值或 t 检验结果转换为相关系数来计算（郑昊敏等，2011）。

如前所述，认知风格对用户信息搜寻绩效的影响效应关系在不同的研究中得到不同的结论。而元分析方法正是解决这一具有争议结论问题的有力手段。借助元分析的优势，从而能清楚揭示认知风格与信息搜寻绩效之间是否存在显著相关性以及影响效应程度。

5.1.2　场独立-场依存认知风格对信息搜寻绩效的影响

第一，认知风格最早被图书情报界所认识是 Davidson 的文档相关性判断研究（Davidson，1977），随后越来越多的与信息处理和使用有关的问题中提到了这个概念。近几年来，随着用户研究和信息行为逐渐成为图书馆学、情报学界的一个主流研究领域，认知风格越来越整合到信息行为的相关课题中（柯青和王秀峰，2011）。搜索国内外文献发现，认知风格不仅影响了用户的搜索策略、搜索行为，而且影响了用户对信息搜索的感知以及搜索绩效。例如，文章指出场独立-场依存型用户有不同的信息搜寻行为，场依存者在搜索主题型任务时通常会先搜索一个宽范围的主题，然后再逐步的缩检范围，对检索到的信息以阅读为主；场独立者则先会制定一个精确的信息检索策略，再逐步扩检，对检索到的信息以浏览为主（Kinley & Tjondronegoro，2010）。文章研究了不同认知风格用户对数字图书馆系统的满意度和可用性的态度。更多的研究者则相信认知风格会最终影响到用户的信息搜寻绩效（Frias-Martinez，2008）。

第二，以 Brunel 大学信息系统、计算和数学学院的 Frias-Martinez，Chen 等为代表的团队研究了不同认知风格者在不同的信息系统（如数字图书馆、Web 目录、网络学习等）中的使用行为。Frias-Martinez 等（2008）研究了 50 名具有场独立-场依存和言语-图像认知风格的被试使用图书馆目录系统时的行为差异和感觉差异。发现处于场独立-场依存认知风格维度中间范围的用户比两极认知风格类型能以更少的步骤和更快的速度完成任务，原因可能是中间范围的认知风格类型具备了场独立和场依存的双重特点，在信息搜寻时更擅长使用综合检索策略以适应界面。研究还发现对场依存型用户采用搜索方式和浏览方式获取信息的时间没有显著差异，而场独立型用户在采用搜索方式获取信息方面更为擅长，需要更少的时间和步骤。Frias-Martinez 等（2009）选择了 60 名被试，分析其场独立-场依存认知风格在使用自适应式和被动式两种数字图书馆时的感觉和绩效是否存在显著差异。结果表明中间类型认知风格者比两极认知风格者在完成任务时间和执行任务步骤方面具有更好的绩效，在自适应式界面时，场独立用户比场依存用户效率略高，然而，在被动式界面，场独立用户的绩效要比场依存用户高得多。之所以在绩效方面有差异，是因为在被动式界面，需要用户自己来选择界面功能，对场依存者来说是一大挑战，而对场独立者而言，他们倾向于用自身的内在参考来组织信息因而受界面影响较少（Frias-Martinez et al.，2009）。Chen 等（2005）以 57 个被试使用 Google，AltaVista 及 Lycos3 种不同类型的网站目录时，在结果排序的偏好、屏幕布局、用户绩效和使用偏好是否存在差异差异。结果为场独立型不易受界面结构和格式的影响，偏好采用主动的方式获取信息，注重信息空间细节。场依存型则相反，易受界面结构和格式的影响，采用消极被动的方式获取信息，注重信息空间全局。Lee 等（2009）则研究 65 名被试在网络学习项目的学习效果差异，发现场独立者导航时间更短，而场依存者因为有更多的重复访问行为，因而导航时间较长。

第三，Kim 的两项信息搜寻行为研究也和认知风格有关。Kim 和 Allen（2002）以 78 名学生被试，研究场独立-场依存认知风格在执行事实型信息搜索任务和主题型信息搜索任务时的搜索效率和搜索行动。搜索绩效的测量变量为查准率和查全率，搜索行动测量变量为平均搜索时间、平均浏览网站数量、平均书签数量、平均每项任务使用导航和检索工具的次数。结果发现认知风格对信息搜索行动和绩效无显著影响，同时还发现认知风格和任务特征对信息搜索行动和绩效的交互作用也不显著。Kim（2001）以 48 名本科生作为被试，以检索信息所花时间和访问页面数作为衡量信息搜寻绩效的指标，发现认知风格显著影响信息搜寻时间，场依存者总体来讲需要更多的时间来搜寻信息；认知风格对访问页面数无显著影响效应。

第四，20 世纪 80 年代，国内学者谢斯骏、张厚粲等人将场独立-场依存理论引入到国内后，随之也逐渐开展实证研究。浙江大学心理与行为科学系的张智君、江程铭等研究者集中研究了认知风格对信息搜寻行为的影响（谢斯骏和张厚粲，1988）。张智君等（2004）分析了超文本信息搜索中平均搜索时间，打开的平均节点数，重复节点数是否受认知风格影响，发现场独立-场依存者在这些信息搜索绩效指标无显著差异。认知风格是否影响网络学习成绩，以答对题目数目作为衡量绩效指标，同样没有发现认知风格对信息搜寻绩效有显著影响。许红敏（2011）研究了网络搜索情境下查询次数、查询长度、网页点击量、相关性判断是否受到信息用户的认知风格影响，结果表明场独立-场依存型认知风格对多种搜索行为均产生影响，表现了强烈的风格特征。周荣刚等（2003）研究了超文本导航下搜索时间、主观迷失感、学习效果是否与认知风格有关，发现认知风格对搜索时间、主观迷失感效应不明显，对学习效果具有显著效应，场独立性的学习效果优于场依存性。

第五，分析国内外研究认知风格和信息搜寻绩效关系的文献发现，这些成果呈现以下特点。①直接研究认知风格对信息搜寻行为的影响成果较少，在已有的研究中，大多是将研究被试置到超文本网络或信息系统实际应用情境中，例如网络课程、超文本学习等实验场景。随着信息技术的发展，用户所处的信息搜寻环境发生了很大的变化，从传统印刷型的线性环境，到光盘、数据库再到超文本技术构建的网络、多媒体系统，认知风格作为一个个体差异因素，无论信息搜寻所处的环境怎样变化，它的影响效应始终存在。然而，从目前的研究来看，因为超文本信息组织方式与人类的大脑认知模式的交互更为密切，认知风格的效应作用更为明显，所以大量的研究集中在探讨认知风格对超文本环境下信息搜寻的影响。而从用户的任务来看，用户的学习过程是一个和信息搜寻过程关联密切的活动，无论是网络课程还是网络信息检索，本质上都需要从超文本信息系统提供的各种界面和组织结构中找到目标信息来完成知识的内在吸收。Witkin 及其同事在提出场独立-场依存认知风格理论时曾指出，场独立-场依存认知风格代表了学习中的一个重要因素，学习活动是研究场独立-场依存认知风格的行为差异的典型场景。②认知风格对信息搜寻绩效是否有显著影响，不同的研究因为研究情境、研究样本、研究方法等不同而得出不一致的结论。许红敏也发现了在这个领域存在某些研究结果不一致的现象，例如对认知风格如何影响高级检索使用率的问题（许红敏，2011）。许多研究都支持认知风格对用户信息搜寻绩效产生显著影响，例如，Parkinson 和 Redmond 在 3 种信息组织环境：文本、CD-Rom 和网络，以 57 名学生作为被试，对给定的学习材料的学习效果，结果发现无论哪种情形下，认知风格都对学习效果有显著影响关系（Parkinson & Redmond，2002）。类似的结论还有 Cory（1994），Wang 等（2000），Ford 等（2002）的研究。另外，还存在大量的研究支持认知风格对用户的信息搜寻绩效无显著影响的结论。例如 Hammoud 等（2009）的研究发现认知风格对使用时间无显著影响，类似的结论还有 Chanlin（2008），Freeman 和 Tijerina（2000），Redmond 等（2003）研究。这些不一致结论使得认知风格对信息搜寻绩效的影响更为扑朔迷离。③越来越多的学者逐渐意识到认知风格和信息搜寻绩效之间的影响关系受到其他因素的交互效应。Kim（2001a，2001b）的研究发现认知风格和搜索经验交互作用显著影响了信息搜寻时间和访问页面数，即搜索经验调和认知风格和信息搜寻绩效之间的影响关系，对新手来讲，场独立的认知风格搜寻时间和访问页面数均少于场依存，而对经验丰富者而言，两种认知风格在搜寻时间和访问页面数上无显著差别。总体来说，认知风格的影响效应对新手来说比较明显，而对经验丰富者，这种效应几乎没有。Durfresne 和 Turcotte（1997）研究了线性和非线性结构信息组织方式下用户的绩效是否受认知风格的影响，发现信息组织结构调和认知风格和用户信息搜寻绩效之间的影响关系。Redmond 等（2003）发现在文本和带超链接的文本两种信息组织方式下，Witkin 的场独立-场依存认知风格不是一个预测学习成绩的显著因素。他解释为与以前的研究结论不同的原因是以前认为场独立绩效高的研究，学习环境是一些非结构化的信息组织，对于场依存来说，缺少学习中的必要辅助。国内学者张智君在研究认知风格对网上学习影响时没有发现认知风格对网上学习显著影响，而这可能与被试具有较高的网上学习和信息搜索经验有关。这些研究发现在一定程度上解释了为什么不同的研究结论会出现的原因，然而他们主要的将原因归咎于一些不可控因素（如被试本身的其他个体特征或者实验系统特征），对研究方案的技术性因素，例如实证时选择的样本量、测量工具以及实验场景等，很少有研究能分析其对研究结论的影响，不利于规范研究流程（张智君等，2004）。

总之，当前研究表明认知风格和信息搜寻绩效之间尚无一个清晰明确的关系，此外，还存在一些技术性因素导致了认知风格和信息搜寻绩效之间的影响关系的不确定性和模糊性。针对这些问题，本研究将借助元分析的优势，旨在研究下述问题：①场独立-场依存认知风格是否显著影响用户在超文本环境下的信息搜寻绩效；②这种影响关系是否受到研究者研究时的某些技术因素的影响。

5.2 方　　法

元分析使用目的是通过评价目前研究认知风格和信息搜寻绩效之间的文献，集成不同的研究数据和结论得到具有普遍性的结论。这种结论比单一的研究更具说服力，能清楚的揭示不同认知风格者是否存在信息搜寻绩效上的显著差异。本节说明数据采集和研究样本选择策略，研究样本的编码和元分析的具体流程。

5.2.1 数据收集和相关研究筛选

研究人员选取下列国内外学术数据库：ACM，Library literature，LISTA，Science Direct，Scopus以及中文CNKI学术数据库。采用关键词"cognitive style"与以下关键词组合检索："information seek""information search" "web" "hypertext" "hyper link"及相应的中文关键词组合检索策略，截至2014年1月从上述数据库中获得95篇研究论文。通过浏览文摘和内容的方式，我们发现这些研究对自变量认知风格有不同的划分维度（如场独立-场依存，言语-对象，整体-分析等），因变量也有不同的操作化定义，有从信息搜寻时间来衡量绩效，有从访问路径长度或点击数来衡量信息搜寻绩效，有从超文本阅读绩效来衡量绩效，还有从完成任务正确率来定义绩效。各研究采用不同的数据分析方法，包括均值标准差描述性分析、AVONA检验、t检验、Person相关系数或者Spearman相关系数。然而，元分析要求所有计算效应值的研究都是对同一主题，自变量和因变量采用相同的操作化定义，并且要求各研究报告合适的统计量以计算效应值（Ankem，2005），因而在确定元分析研究样本时，按照以下筛选标准。

1）去掉理论研究、综述性的论文，保留实证性研究论文。

2）保留将认知风格划分为场独立-场依存维度的论文，以及研究的因变量是关于时间绩效和成就绩效的论文。

3）保留采用单因素方差分析变量关系的研究或研究中提供了均值和标准差信息，以及报告了被试人数（含场独立人数和场依存人数）的研究。

经过人工筛选，大量的研究因为不符合上述筛选标准而排除在元分析框架外，最终获得 11 篇相关研究。尽管确定的元分析相关研究数量较少,但是鉴于学界对元分析研究数量的最低要求并没有一致认识,Ankem 认为没有一个标准要求元分析包括的研究数量,但是建议最少要 15 个(Ankem, 2005),而在元分析中广为引用的著作 "*Meta-analytic procedures for social research*" 的作者 Rosenthal 则认为元分析甚至只需要两个相关研究就可以实施(Rosenthal, 1991)。从图书馆学、情报学界发表的关于元分析应用的文献来看,相关研究数量一直都不甚理想,Chen 等利用元分析研究信息可视化问题时也仅仅获得 6 项研究成果(Chen & Yu, 2000)。研究主题的扩散性和变量测量标准的多样性影响了在图书馆学、情报学界实施元分析方法,Saxton(2006)和 Ankem(2005)等都曾表示研究报告结果的不统一使得缺少实施元分析必要的统计信息,同一变量不同的操作化定义也影响了整合不同研究的意义。但就本项研究而言,通过制定详尽的检索策略和严谨的文献挑选标准,获得的 11 项相关研究符合元分析的要求。

5.2.2 研究样本编码

元分析需要对每一项研究充分抽取出报告的信息,这一过程采取开放编码的方式,列举各项研究提供的内容,逐渐完善和修改编码变量。

1)第一类编码变量是研究属性,例如作者(年代)、研究情境、被试群体、样本量(场独立人数:场依存人数),语种,出版物类型(期刊论文,学位论文,会议论文等)。通过这些信息的提取,可以了解学界对认知风格与信息搜寻绩效之间关系探讨的现状,在研究中使用的样本特征差异以及研究情境差异,以分析这些差异是否是导致认知风格与信息搜寻绩效之间存在不一致结论的原因。而对语种、出版物类型等书目特征的编码是为了克服"出版偏见"的影响,使得纳入元分析的研究样本全面、客观。"出版偏见"问题是常被提及的影响元分析应用的障碍,即结果显著的研究更容易发表而被发现,结果不显著的研究更不易发表而被忽视(He&King, 2008)。

2)第二类编码变量是变量属性。认知风格作为本书研究的自变量,所选择的是场独立-场依存维度,但是在认知心理学中如何测度,有不同的测量工具。较有代表性的如 Riding 的认知风格分析问卷(cognitive style analysis,CSA)和 Witkin 的镶嵌图形测验(group embedded figures test,GEFT),以及学者后来针对他们的改进。这些测量工具都能根据被试的反应将其划分为场独立型或者场依存型。因变量为用户在超文本环境下信息搜寻行为绩效,信息搜寻绩效在不同的研究情境下有不同的操作化定义，例如时间、准确性、成功率、有用性、满意度等。我们选取两个角度来衡量绩效。第一个指标为时间性指标，例如完成给定超文本信息搜寻任务所需要的时间长度，时间越短，表明时间绩效越高。另一个指标是从数量角度衡量的成就指标，例如给定的信息搜寻任务，能够正确完成的数目，数量越多，表明成就绩效越高。随着网络信息资源的丰富性与日俱增，兴起利用超文本或多媒体环境学习的新的教育方式。本质而言，用户超文本学习以及多媒体学习任务需要通过对网站或系统中提供的信息的搜寻和利用来实现，完成任务时间实际上意味着用户信息搜寻时间的长短，学习成绩的高低也意味着用户找到信息正确性。所以，我们的元分析增加了此类超文本学习情境，时间性指标是指完成学习任务所需要的时间，成就性指标指所取得的学业分数。总之，本研究将时间绩效定义为用户完成信息搜寻任务或者网络学习任务所需要的时间长度，成就绩效定义为信息搜寻正确任务完成数目或者学业成绩水平。

3）第三类编码变量是统计指标。为了计算出效应值，需要各研究能报告有关统计量，根据元分析的实施程序，我们主要从各研究中分析出 AVONA 方差分析 F 值或者能计算出 F 值的其他统计量，例如均值和标准差。

当笔者完成编码后，随即邀请一位研究生根据编码变量独立的对 11 项研究样本进行编码，此编码结果再和笔者的编码结果进行对比，以保证编码正确率，当出现不同的编码结果时笔者一起协商讨论后获得一致意见，最终完成研究样本的编码工作。

5.2.3 元分析程序

元分析流程在文献中有不同的描述，综合借鉴相关研究基础上，我们根据采集的研究和编码结果，遵照 Lipsey 和 Wilson 提出的元分析步骤（Lipsey & Wilson, 2001）。

第一，选择 Cohen 作为效应值（Cohen, 1988），根据每一项研究报告的方差分析 F 值，采用以下公式计算单个研究的效应值、标准误差（standard error, se）。

若统计量为 F 值为

$$d = \mathrm{ES} = \sqrt{\frac{F(n_1+n_2)}{n_1 n_2}} \quad (5\text{-}1)$$

标准误差为

$$se = \sqrt{\frac{n_1 + n_2}{n_1 n_2}} + \sqrt{\frac{d^2}{2(n_1 + n_2)}} \qquad (5\text{-}2)$$

式中，n_1，n_2 分别为研究中实验治疗组（treatment group）和控制组（control group）被试人数。

若研究中报告的是均值和标准差，还需要先转换为方差分析的 F 值，本书采用的是 Medcalc 软件的转换功能实现利用均值和标准差计算方差分析 F 值。

第二，计算每一项研究的权重 w，权重表明不同研究在决定总效应时的重要性不同。由计算公式式（5-3）和式（5-2）可知权重受单项效应值和样本量影响，效应值越大，权重越小，样本量越大，权重越大。

$$w = \frac{1}{se^2} \qquad (5\text{-}3)$$

第三，计算加权平均总效应值：

$$\overline{ES} = \frac{\sum w \times ES}{\sum w} \qquad (5\text{-}4)$$

第四，计算平均总效应值的标准误差：

$$se_{\overline{ES}} = \sqrt{\frac{1}{\sum w}} \qquad (5\text{-}5)$$

第五，对总效应值进行显著性 Z 检验，计算 95% 置信区间：

$$Z = \frac{\overline{ES}}{se_{\overline{ES}}} \qquad (5\text{-}6)$$

该公式的结果 Z 是一个标准正态变量，如果 Z 大于 1.96，则在 $p \leqslant 0.05$ 水平上是统计显著的（双尾检验）。

95% 置信区间为

$$\begin{aligned} \text{lower} &= \overline{ES} - 1.96 se_{\overline{ES}} \\ \text{upper} &= \overline{ES} + 1.96 se_{\overline{ES}} \end{aligned} \qquad (5\text{-}7)$$

该公式计算的置信区间如果不包括零，则总效应值在 $p \leqslant 0.05$ 水平上是统计显著的，反之，则统计不显著。

第六，采用固定效应模型进行同质性检验。元分析需要注意的一个重要问题是，计算单个效应值的平均总效应是否为同一个总体的效应值即称为效应值分布的同质性问题。同质性检验是计算 Q 值为基础：

$$Q = \sum(w \times ES^2) - \frac{\left[\sum(w \times ES)\right]^2}{\sum w} \tag{5-8}$$

式中，Q 是一个以 χ^2 分布的自由度 df=k-1 的数值（k 为元分析研究数目），通过查 χ^2 分布表找到对应的自由度 df，p=0.05 的数值 Q'，对比 Q 和 Q'，若 Q 小于 Q'，则表明元分析研究是同质的，否则就是异质的。异质结果说明存在一些调节变量影响了自变量和因变量之间关系，例如研究者的国别、文献类型、样本群体、研究场景等导致各研究结论的异质性。

元分析同质性检验发现各项研究之间呈异质性时，有两种处理方式。一是按照 Lipsey 和 Wilson 所描述的方法，需要对有可能引起效应值差异的各调节变量进行分组，采取类似于单因素方差分析的检验方法，计算各分组的 Q 值，从而判断是否组间存在显著差异。若组间存在显著差异，说明该分组变量是导致各项研究效应值出现显著不同的调节变量。另一种按照 Ankem 的建议，为了保证元分析的质量，要将引起异质性检验结果的研究从样本中剔除，重复第三步至第六步元分析步骤，直到各项研究呈同质性结果。

Lipsey 和 Wilson（2001）的计算过程如下：首先按照假设的中介变量对所有研究样本分组，分别根据公式 8 计算每组的 Q 值（Q_1，Q_2，...Q_j，j 为组别数）。然后计算组内 Q_w，自由度 df_w 以及组间 Q_b，自由度 df_b，公式为

$$\begin{aligned} Q_w &= Q_1 + Q_2 + \ldots + Q_j \\ df_w &= k - j \end{aligned} \tag{5-9}$$

$$\begin{aligned} Q_b &= Q - Q_w \\ df_b &= j - 1 \end{aligned} \tag{5-10}$$

分别通过查 χ^2 分布表找到对应的自由度 df_w，df_b，p=0.05 的数值 Q'_w，Q'_b。对比 Q_w 与 Q'_w，Q_b 与 Q'_b，若小于，则表明 p>0.05，无显著差异，若大于，则表明 p<0.05，有显著差异。

其中 n_1，n_2 分别为研究中实验治疗组（treatment group）和控制组（control group）被试人数，k 为研究样本数，j 为组别数。所有公式引自参考文献（Lipsey & Wilson，2001）。

5.3 结 果

5.3.1 研究样本编码结果

表 5-1 显示，11 项研究中中文研究 6 篇，英文研究 5 篇，研究认知风格与信息搜寻时间绩效的论文 9 篇，研究认知风格与信息搜寻成就绩效的论文 4 篇（有 2 篇论文对认知风格与时间绩效和成就绩效关系均研究）。研究时间跨度为 1994~2013 年，且包含期刊论文、会议论文和学位论文。我们检索出的相关研究包含了最主要的学术成果发表类型，从结果显著性来看，既有研究认为认知风格对绩效产生显著影响（如 Lee 等人），也有研究认为认知风格对绩效影响不显著（如张智君等）。可认为，本项研究能在一定程度上克服"出版偏见"，元分析具有信度和效度。

表 5-1 研究样本编码结果

作者（年代）	语种	出版物	情境	测量工具	被试	样本量	时间	成就
Cory（1994）	英语	会议论文	视觉搜索	Closure Flexibility Test	学生	150（75：75）	$F=7.659$, $p=0.006$	
Kim（2001a）	英语	期刊论文	网络搜索	GEFT	学生	48（24：24）	$F=6.382$, $p=0.015$	
周荣刚等（2003）	中文	期刊论文	超文本学习	GEFT	学生	65（35：30）	FD：$M=1120$, SD=392; FI：$M=1046$, SD=426	
张智君等（2004）	中文	期刊论文	超文本学习	认知方式图形测验	学生	90（45：45）	$F=2.138$, $p>0.05$	

续表

作者（年代）	语种	出版物	情境	测量工具	被试	样本量	时间	成就
江程铭等（2004）	中文	期刊论文	网络搜索	认知方式图形测验	N/A	62（31∶31）		$F=0.369$, $p=0.546$
康诚（2007）	中文	学位论文	多媒体学习	认知方式图形测验	学生	198（100∶98）		$F=9.659$, $p=0.002$
Lee 等（2009）	英语	期刊论文	超文本学习	CSA	学生	46（21∶25）	FD：$M=90.71$, $SD=5.7$; FI：$M=79.92$, $SD=3.6$	
Hammoud 等（2009）	英语	会议论文	超文本学习	CSA	学生	51（16∶15∶20）	$F=1.502$, $p=0.233$	$F=4.163$, $p=0.022$
许红敏（2011）	中文	学位论文	网络搜索	认知方式图形测验	学生	16（8∶8）	FD：$M=215.8$, $SD=88.74$; FI：$M=124.7$, $SD=40.75$	
Mohamad 和 Chong（2011）	英语	期刊论文	多媒体学习	N/A	学生	81（40∶41）		$F=3.386$, $p=0.075$
任晓远（2013）	中文	学位论文	超文本学习	GEFT	学生	30（15∶15）	$F=5.310$, $p<0.05$	$F=0.054$, $p=0.818$

注：Lee 等和 Hammoud 等的研究将认知风格划分为 3 组：场依存、场独立和中间型。前者分别报告了各组的均值和标准差，在编码时只采集 FD 和 FI 组对应的数据，后者报告了各组的均值和单因素方差分析结果；N/A 表示没有报告信息。

大多数研究都按照二分维度划分认知风格类型为场独立型和场依存型，且选择同等数量的场依存型认知风格者和场独立型认知风格者作为治疗组和控制组。Lee 等和 Hammoud 等的研究在利用认知风格工具测评被试时还划分出一个介于场独立和场依存认知风格之间的中间维度。认知风格维度的测量工具主要有 3 种：Riding 的认知风格分析（CSA），Witkin 的镶嵌图形测验（GEFT）及北京师范大学心理学系编制的认知方式图形测验。

所有研究均采用学生作为被试群体，但是实验场景和任务不同。大部分研究是将被试群体设定在超文本学习或者多媒体学习场景中,通过预定的学习任务或者目标来验证被试的认知风格是否影响了他们的学习效果。研究的样本量范围为 16 至 198(Mean=76,SD=54),各项研究的样本量存在较大差异。

本研究确定的认知风格维度为场独立-场依存,从报告的实验结果来看,大部分研究都是运用 one-way ANOVA 分析,两项认知风格对时间绩效影响的研究报告的是均值和标准差,需要转换为方差分析的统计量。在九项认知风格对时间绩效的研究中,有五项研究认为认知风格对时间绩效有显著影响($p<0.05$),有四项研究认为认知风格对时间绩效无显著影响($p>0.05$)。在四项认知风格对成就绩效的研究中,有两项认为认知风格对成就绩效有显著影响($p<0.05$),有两项研究认为认知风格对成就绩效无显著影响($p>0.05$)。

5.3.2 单项研究分析

每项研究的效应值计算是应用 Lipsey 和 Wilson 开发的效应值计算软件。表 5-2 是对 9 项研究场独立-场依存认知风格对超文本环境下信息搜寻时间绩效影响关系分别计算效应值、权重和置信区间。根据 Cohen 创立的一个可广泛用于评估效应值 d 大小的拇指规则(Cohen,1988),在行为科学研究领域,标准化均值差效应值的效应程度为:小($d \leq 0.2$),中($d=0.5$),大($d \geq 0.8$),可以看出各项研究认为认知风格对信息搜寻时间的影响效应在 0.15 到 1.09 之间变化,只有一项研究认为影响效应较小(江程铭的研究 $d=0.15$),3 项研究发现影响效应强(如许红敏的研究 $d=1.09$),五项研究认为影响效应中等程度(如 Cory 的研究 $d=0.45$)。值得注意的是,效应值的符号预示着这种影响关系的方向,计算表明 8 项认知风格对时间绩效的效应值为正值,即认为场依存者相对场独立者需要更多的时间来完成信息搜寻任务。在 9 项研究中,仅 Hammoud 等人的研究效应值为负,表明该研究认为场依存者相对场独立者需要更少的时间完成信息搜寻任务。

表 5-2 单项效应计算(认知风格-时间)

作者(年代)	ES(d)	权重 w	95%CI
Lee 等(2009)	1.0568	10.02	0.4377,1.6758
Hammoud 等(2009)	-0.5217	7.49	-1.238,0.1946
Cory(1994)	0.4519	36.63	0.1278,0.776
Kim(2001a)	0.7293	11.25	0.145,1.3136

第 5 章 | 基于元分析的场独立-场依存认知风格对信息搜寻绩效影响

续表

作者（年代）	ES（d）	权重 w	95%CI
周荣刚等（2003）	0.2704	16.00	−0.2195，0.7602
张智君等（2004）	0.3083	22.22	−0.1074，0.7239
许红敏（2011）	1.0888	3.48	0.0387，2.1389
任晓远（2013）	0.8414	6.89	0.0948，1.5881
江程铭等（2004）	0.1543	15.46	−0.3443，0.6529

不同研究因为样本量不同需要分别赋予不同权重，从权重计算结果来看，样本量最大的研究（n=150）权重最高（w=36.63），样本量最小的研究（n=16）权重最低（w=3.48）。从置信区间是否包含零也可以看出这些研究对认知风格对时间绩效之间的影响显著性关系存在不一致的结论，四项研究（即 Hammoud 等，周荣刚等，张智君等，江程铭等的研究）认为认知风格不显著影响时间绩效，此结论和研究样本编码表（表 5-1）依据 p 值判断结果一致。

同样，四项研究场独立-场依存认知风格对超文本环境下信息搜寻成就绩效影响关系分别计算效应值、权重和置信区间（表 5-3）。根据 Cohen 的拇指规则，可以判断各项研究认为认知风格对信息搜寻成就的影响效应在 0.08 到 0.85 之间变化，其中一项研究认为认知风格对信息搜寻成就绩效影响效应较小（任晓远的研究），二项研究认为有中等程度影响效应（Mohamad 和 Chong，康诚的研究），一项研究认为有强影响效应（Hammoud 等的研究）。四项研究的效应值均为正，表明均认为场依存者比场独立者在信息搜寻成就绩效方面具有更高的成就。

表 5-3　单项效应计算（认知风格-成就）

作者（年代）	ES（d）	权重 w	95%CI
Hammoud 等（2009）	0.8528	7.10	0.1171，1.5885
任晓远（2013）	0.0849	7.49	−0.6311，0.8009
Mohamad 和 Chong（2011）	0.4089	19.84	−0.0312，0.8491
康诚（2007）	0.4418	48.31	0.1598，0.7237

从权重计算结果来看，样本量最大的研究（康诚，n=198）权重最高（w=48.31），Hammoud 等的样本量较小（n=51），但单项效应值最大，所以权重最低（w=7.10）。从置信区间是否包含零也可以看出这些研究对认知风格对成就绩效之间的显著关系存在不一致的结论，任晓远以及 Mohamad 和 Chong 两项研究认为认知风格不

显著影响成就绩效，此结论和研究样本编码表（表 5-1）依据 p 值判断结果一致。

5.3.3 元分析结果

表 5-4 为利用元分析计算认知风格与时间绩效、成就绩效之间显著关系统计结果。表中列举了平均总效应值、标准误、显著性检验、置信区间和同质性检验。

表 5-4 元分析结果

项目	研究数量	样本总数	平均总效应值	标准误	显著性检验（Z-test）	置信区间 95%CI	Q 值（Q' 值）
认知风格-时间	9	558	0.42	0.09	4.8（$p<0.05$）	0.249，0.594	16.33（15.51）
认知风格-成就	4	339	0.44	0.11	3.97（$p<0.05$）	0.221，0.652	2.17（7.81）

从表 5-4 看出，认知风格和时间绩效、成就绩效的平均总效应值显著性检验结果都达到显著水平（$p<0.05$），表明不同认知风格类型在时间绩效、成就绩效上具有显著差异。而根据 Cohen 的拇指规则，认知风格和时间绩效、成就绩效之间是中度影响效应（$0.2<d<0.8$），且认知风格对时间绩效的影响效应（$\overline{ES}=0.42$）略低于成就绩效（$\overline{ES}=0.44$）。置信区间结果代表 95%的概率平均总效应值的范围，依据是否包含零同样可以证实认知风格和时间绩效，认知风格和成就绩效之间是否存在显著相关关系。认知风格对时间绩效的影响效应 95%的概率位于区间［0.249，0.594］，认知风格对成就绩效的影响效应 95%的概率位于区间［0.221，0.652］。同质性检验表明认知风格和成就绩效之间的影响效应呈同质性（$Q=2.17<Q'=7.81$），这种影响关系具有稳定性，不存在调节变量。认知风格和时间绩效的同质性检验结果为异质性（$Q=16.33>Q'=15.51$），表明在认知风格和时间绩效之间存在调节变量，例如研究问题的场景、研究样本特征、研究方法等都可能导致各项研究结论之间存在差异。

5.3.4 认知风格与时间绩效影响效应异质性分析

我们根据 Lipsey 和 Wilson 的建议，检验导致认知风格与时间绩效影响效应差异的调节变量。根据每项研究中提供的信息，假定以下调节变量可能导致研究结论的异质性：被试国别（西方、中国），出版物类型（期刊论文、会议论文、学位论文），研究场景（超文本学习、信息搜寻），测量工具（GEFT、CSA）。几乎所有研究样本都是以学生作为被试，所以样本群不作为调节变量，但是有的研究选择西方国别学生，有的是中国学生，所以被试国别作为一个调节变量以探讨文化差异是否带来应。虽然有研究报告在测量认知风格时使用的是北京师范大学心理系编制的认知方式图形测验，实为 Witkin 的镶嵌图形测验 GEFT 的修订版，也将此测量工具归于 GEFT 一类。在报告的测量工具中还有一例采用的是 closure flexibility test，不构成分组条件，故在检验测量工具的调节效应时将这一例研究剔除。

H_0：在调节变量（国别、出版物类型、研究场景、测量工具）各组间，效应值不存在显著差异；

H_1：在调节变量（国别、出版物类型、研究场景、测量工具）各组间，效应值存在显著差异。

各组别异质性显著性检验结果如表 5-5。

表 5-5 认知风格与时间绩效影响效应异质性分析

调节变量	类别	异质性显著分析
国别	西方	Q_b=0.46 df$_b$=1 $Q'_{0.05\,(1)}$=3.84 p>0.05
	中国	Q_w=15.87 df$_w$=7 $Q'_{0.05\,(7)}$=14.06 p<0.05
		Q=16.33 df=8 $Q'_{0.05\,(8)}$=15.51
出版物类型	会议论文	Q_b=3.44 df$_b$=2 $Q'_{0.05\,(2)}$=5.99 p>0.05
	期刊论文	Q_w=12.89 df$_w$=6 $Q'_{0.05\,(6)}$=12.09 p<0.05
	学位论文	Q=16.33 df=8 $Q'_{0.05\,(8)}$=15.51
研究场景	超文本学习	Q_b=0.24 df$_b$=1 $Q'_{0.05\,(1)}$=3.84 p>0.05
	信息搜寻	Q_w=16.09 df$_w$=7 $Q'_{0.05\,(7)}$=14.06 p<0.05
		Q=16.33 df=8 $Q'_{0.05\,(8)}$=15.51
测量工具	GEFT	Q_b=0.02 df$_b$=1 $Q'_{0.05\,(1)}$=3.84 p>0.05
	CSA	Q_w=16.26 df$_w$=6 $Q'_{0.05\,(6)}$=12.09 p<0.05
		Q=16.28 df=7 $Q'_{0.05\,(7)}$=14.06

由表 5-5 可知，所有异质性检验结果都发现在各组之间不存在显著差异，接受虚无假设（Q_b<Q'_b，p>0.05）。表明，在本书所采集的研究样本中，没有发现国别、出版物类型、研究场景和测量工具对研究结论差异起调节作用。无论研究在西方国家还是中国开展，研究属于会议论文、期刊论文还是学位论文，研究场景是超文本学习任务还是信息搜寻任务，以及认知风格的测量工具是 GEFT 还是 CSA，在各组之间都没有发现认知风格对时间绩效的影响效应呈现显著差别。

鉴于各项研究中所提供的信息并不能发现影响认知风格和时间绩效效应关系

的调节变量,故笔者按照 Ankem 的建议,删除研究样本中可能引起异质性结果的研究。根据表 5-2,我们首先删除效应值为负的 Hammoud 等研究。元分析结果如表 5-6 所示。

表 5-6　修正认知风格-时间元分析结果

项目	研究数量	样本总数	平均总效应值	标准误	显著性检验（Z-test）	置信区间 95%CI	Q 值（Q2值）
认知风格-时间	8	507	0.48	0.09	5.3（$p<0.05$）	0.30，0.66	9.25（14.06）

表 5-6 显示认知风格对时间绩效的平均总效应值为 0.48,属于中等影响程度,且结果具有显著性。而 $Q<Q2$ 反映了删除该项研究后,研究结果呈现出同质性,达到元分析对研究样本同质性要求。

5.4　讨　　论

虽然这一研究采用的是基于数据再分析的方法,取代对用户信息搜寻过程的实验研究,但是元分析的优点在于综合了多项研究的结论,比单一研究更为严谨,结论更为科学可靠。本节将依据元分析的结论,结合相关学者的分析,从原理上进一步讨论认知风格对信息搜寻绩效的影响机制。

5.4.1　场独立-场依存认知风格对信息搜寻时间绩效的影响

元分析结论证实场独立和场依存两种认知风格类型在信息搜寻时间方面有显著性差异,认知风格对超文本信息搜寻时间绩效有中等程度的影响效应。需要深入分析的是,场独立-场依存两种认知风格类型,谁更具有时间绩效优势?我们元分析选取的 9 项研究也给出了不同的结论,Hammoud 等和任晓远两研究都认为场依存者比场独立者花费更少的时间搜寻信息,因而场依存者时间绩效要高于场独立者;其余 7 项都认为场独立者的时间绩效高于场依存者。元分析结果显示认知风格和信息搜寻时间绩效之间是正效应,表明综合来看,支持场依存需要更多的时间搜寻信息,场独立具有更高的时间绩效。

许多学者的研究结论和本书的研究结论类似,例如 Kinley 和 Tjondronegoro（2010）对不同认知风格者的搜索行为研究实验中,发现在相同的时间内,场依存

| 第 5 章 | 基于元分析的场独立-场依存认知风格对信息搜寻绩效影响

者能进行的查询次数较少,场独立者进行的查询次数较多。认知风格显著影响了用户的信息搜寻时间,场依存比场独立需要更长时间完成一次信息查询。Witkin等人指出作为场独立型其行为上更具有任务导向性,因而在搜索的过程中会更关注与目标信息有关的元素,而忽视一些无关信息,不轻易会被周围环境所影响(Witkin et al.,1977)。所以,这一类用户具用较短的时间效率完成信息搜寻任务。反之,场依存型因为容易受外界环境影响,难以从复杂的界面元素中找到需要的信息线索并且能够清晰的制定访问路径,所以,他们需要更多的时间来获取信息。

  用户的信息搜寻行为是其认知风格的映射,而这种映射也正解释了场独立和场依存具有不同的时间绩效。Palmquist 和 Kim(2000)发现,场依存型经常使用"前进/后退"按钮,表现出线性搜索特点。场独立型经常使用搜索框、历史列表或者直接在浏览器中输入 URL 地址,表现出非线性搜索特点。前者行为表现出很多重复的页面访问动作,后者更为直接靠近信息目标,从时间上衡量,前者的重复行为无疑会消耗更多时间,带来较低的搜索时间绩效。许红敏(2011)也通过实验发现,认知风格通过影响用户对信任偏见还是质量偏见的倾向性,以及背景中提取信息的能力来影响对结果的相关性判断能力,并结合从文件页面中找到答案的能力来影响查询次数,进而影响整个搜索对话的持续时间。多样化是超文本系统的主要特征,既有包括按钮、标签、链接等形式的界面元素,又有文字、图像、声音、视屏等多种信息媒介。用户在这样的一个信息搜寻空间,面临着选择上的挑战。而场依存型相比场独立型,因为其易于受外界环境干扰的特点,往往不知道如何选择正确的信息线索,因而搜寻信息的难度更大。这一特性使得场依存者不得不花额外的时间来访问一些无用的链接来最终确定目标,这就解释了为什么在超文本环境下,场依存的信息搜寻时间更长。

5.4.2 场独立-场依存认知风格对信息搜寻成就绩效的影响

  同样,元分析结论证实场独立和场依存两种认知风格类型在信息搜寻成就方面有显著性差异,认知风格对超文本信息搜寻成就绩效有中等程度影响效应。在4 项研究样本中,仅 Hammoud 等的研究发现在学习成绩上,场依存学生成绩显著高于场独立学生的成绩,其余 3 项研究都得出场独立者的成就绩效高于场依存者的成就。元分析结果显示认知风格对信息搜寻成就绩效的影响效应为正值,表明综合来看,支持场依存者的成就绩效高于场独立者。

  这个结论和其他许多研究结论存在明显不同,大量的研究都认为在搜索信息的准确性方面和效率方面场依存者逊于场独立者。例如周荣刚发现场独立被试问题回答的平均成绩要高于场依存倾向的被试，并且这种差异达到显著，其可能原因为场独立者比场依存者能识记更多的节点，从而有助于更好的理解文本所要表达的含义，这就能理解场独立者比场依存者有更好的网络环境下的学习效果。然而，本研究中选取的四个样本经过元分析后得出了相反的结论，可能原因是样本具有一些特质，四项研究中有两项研究没有发现认知风格对成就绩效产生显著影响，另两项研究虽然发现存在显著关系，但是康诚认为场依存者比场独立者有更高成绩时，实际上均值无很大差异（21.9：20.3）（康诚，2007）。

事实上，也有学者支持上述结论：Messick 曾指出，场依存者更倾向于采用被动式的或非策略性的学习方式，他们与场独立者拥有同样的认知建构技能，只是这些技能在没有明确线索激发时处于内隐状态，一旦被激活同样能够参与到信息加工过程中去。由于场依存者对外界信息环境更加敏感，当有明确信息提示存在的情况下，场依存者能够对文章关键信息进行定位，同时借助对细节信息的注意优势建立意义表征；而场独立者的注意资源过多分配在体现文章结构组织的标题导航区域，对局部信息的感知不足（Messick，1994）。Tannenbaum 也发现当学习材料高度结构化时，场依存者反而有更好的成绩（Tannenbaum，1982）。

5.4.3 研究过程对认知风格与信息搜寻绩效关系的调节效应

虽然元分析证实了认知风格对信息搜寻时间绩效产生了显著影响，然而同质性检验则发现这种显著影响受到一些因素的影响，意味着认知风格可能和某些变量交互作用，对信息搜寻绩效产生显著效应。在以往的研究中，学者们将注意力集中到一些不可控的外界因素，例如信息系统的组织结构、信息内容的确定性及用户的搜索经验等。而本书研究则关注了研究过程中的一些可控的技术因素是否带来了结论上的差异。

在本研究所采集样本中，同质性检验没有发现国别、出版物类型、研究场景和测量工具对研究结论差异有调节效应。无论是国外学者还是国内学者，都倾向选择学生作为实验被试，然而学生的认知风格会受到东西方文化差异的影响。在九项研究样本中，有四项是在西方国家实施，五项在中国实施，结论表明认知风格和信息搜寻时间绩效之间的显著关系不受到被试者所在国别的影响，克服了文化差异。

出版物类型表明该项研究成果是否是正式出版，由于出版偏见的存在，有显著性检验结论的研究更易发表在正式期刊上，无显著性效应的研究不易发表在正式刊物，而常出现在诸如会议论文、学位论文等媒介上。元分析要克服出版偏见问题，就需要分析出版物类型是否对认知风格和信息搜寻时间绩效之间的关系产生影响。九项研究样本中，会议论文和学位论文分别两项，期刊论文五项，结论表明无论研究成果发表在哪种出版物类型，认知风格对信息搜寻时间绩效的影响效应无显著差异，在出版这一主题研究成果方面，无明显的出版偏见问题存在。

前文虽然分析了基于网络的学习和基于网络的信息搜寻活动的相似性，但是这两者并不完全等同。网络学习除了包含信息搜寻活动的基本行为外，还有一个信息吸收利用的过程，所以将网络学习时间完全映射为信息搜寻时间还要用同质性检验。九项研究中，四项将研究情境设定为网络信息搜寻，五项将研究情境设定为超文本学习，结论表明无论是网络信息搜寻还是超本文学习，认知风格对信息搜寻时间或者学习时间上的影响效应无显著差异，验证了网络学习和信息搜寻活动在研究认知风格对信息搜寻时间绩效关系上具有同质性。

认知风格测量工具是否影响研究结论也曾引起学者们的关注，许多学者、在综合比较两种主要的认知风格测量工具（CSA 和 GEFT）后，能找到理由选择其中某一种（Frias-Martinez et al.，2008；Hammoud et al.，2009）。两种测量工具虽然都能将用户分为场独立或者场依存认知风格维度，但是分别是基于不同的测评方法和计分标准的。9 项研究中，6 项研究是采用 GEFT 或者基于 GEFT 修订的图形测试工具，两项研究是采用 CSA 测量工具，还有一项研究采用其他测量工具。结论显示采用 GEFT 测量组和采用 CSA 测量组在认知风格和信息搜寻时间绩效上无显著差异。表明，虽然两种测量工具的原理不同，但是在判断认知风格类型上是同质的，不影响对场独立-场依存认知风格和信息搜寻时间绩效关系的研究。

5.5 小　　结

随着信息行为领域越来越强调以用户为中心的信息搜索行为研究，用户认知风格作为一个重要的认知心理特征，大量的研究都在探索具有不同认知风格的用户是否在信息搜寻行为和绩效方面有显著性差异。针对当前研究结论的不一致性，本书利用元分析整合数据定量分析的特点，选择了场独立-场依存认知风格维度作为自变量，信息搜寻的时间绩效和成就绩效作为因变量，对符合元分析框架的 11 项研究样本计算平均总效应、显著性检验以及同质性分析。

1）场独立型和场依存型在信息搜寻时间绩效和成就绩效方面有显著性差异，

认知风格对信息搜寻时间绩效和成就绩效有中等程度的影响效应。

2）场独立型比场依存型需要更少的时间搜寻信息，表现为较高的效率；场依存型比场独立型在完成信息搜寻任务正确率要高，表现为较高的成绩。

3）认知风格和信息搜寻时间绩效之间的影响关系不受研究中的一些技术因素，如被试国别、研究场景、测量工具和发表期刊的影响。

本书在信息行为领域较早系统集成当前认知风格对信息行为绩效影响的实证研究成果，尝试提供一个具有普遍性结论的研究框架。随着信息行为领域越来越重视从认知角度来分析用户的行为，对这一研究方向会呈现更多实证研究。如何整合这些研究，本研究的元分析框架提供了一个可以借鉴的研究策略，有助于我们更好的理解实证研究结论差异。本研究的另一个贡献是发现实证研究中的一些技术因素，例如被试国别、研究场景、测量工具和出版物类型对研究认知风格和信息搜寻时间绩效之间的关系并无显著影响，表明研究此主题时不受此类因素的干扰，有助于指导今后的研究。

本研究以元分析的优势对认知风格是否影响超文本信息搜寻绩效给出一个明确可靠的结论。该结论表明用户的信息搜寻绩效，例如在搜寻时间，的确存在场独立型比场依存型更为高效的现象，但是在搜索准确性方面，场依存型相比场独立型具有更高的准确率。以往许多学者通过研究得出结论，似乎场独立者这种认知风格更具有优势，建议在界面设计中更要注意考虑场依存者。然而，我们的元分析表明，在超文本信息搜寻中，我们不能说作为人类的一个较为稳定的个性特征，哪种认知风格更适应超文本信息系统，而只有让 Web 信息界面能根据检索者的认知风格主动的调整界面，使得检索者的认知风格与信息检索界面更为适配，从而能更有效地实施搜索过程。

最后，尽管元分析方法具有整合不同研究结论的优势，使得研究结论更具严谨性，从而推动科学研究的继承发展。但是通过笔者的实践，还是对应用元分析方法的局限性表示担忧。首先，本研究选取的元分析研究样本数量偏少，虽然制定了较为完善的文献检索策略，但是根据元分析要求，有大量的研究因为不符合筛选标准而不能纳入到元分析框架。这一现象反映了图书情报学科对同一研究课题的文献缺少一个研究规范，在变量的定义、测量、研究方法以及研究结果的报告等方面都存在随意性和主观性，正是这些原因使得元分析遭遇了种种障碍，也影响了元分析的实施效果。为了更好推动认知风格与用户信息行为的结合，今后针对这一方向的实证研究应该在研究设计中仔细的考虑以下事项：①采用具有权威性和代表性的认知风格测量工具，例如 Riding 的认知风格分析问卷和 Witkin 的镶嵌图形测验都是在学界被广泛使用的测量工具。②对用户信息行为操作化定义的清晰的描述。③对研究场景、数据采集、数据分析方法的准确界定。④对研究结论的科学规范的汇报,包括提供准确而翔实的统计数据。虽然实证研究的开展并不是以能用于元分析作为目的,但是如果一项研究能做到上述要求,对读者而言,才能更准确的理解研究的内容,才会更有效的对比和综合实证结论,从而推动科学的继承和发展。

第6章 大学生用户的认知风格测试

6.1 测试工具

本研究所使用的认知风格测量工具来自新西兰奥克兰大学心理学院的 Peterson 教授，她在英国伯明翰大学的 Riding 教授所开发的认知风格测试（cognitive style analysis tests，CSA）基础上修改并开发了言语-表象认知风格测试（verbal imagery cognitive styles tests，VICS）和扩展版整体-分析认知风格测试（extended cognitive style analysis wholistic analytic tests，CSA-WA）。

CSA 包含两个子测验。第一个子测验用于测量言语-表象型认知风格，共有232题测试题目，其中言语型测试任务为116题，这116题以文字方式和图片方式呈现的题目各58题，58题中回答自然的、人造的和两者都有的题目数分别为26、26和6题。表象型测试任务为116题，这116题以文字方式和图片方式呈现的题目各58题，这58题中，回答大于、小于和等于的题目数分别为26、26和6题。具体测试过程见附录 A。

测试结果以 excel 表格形式记录了被试在每道题上的完成时间，通过言语题的完成时间（V）与表象题目的完成时间（I）的比值（V/I）来测定被试的认知风格类型。低比率反应时说明该被试完成言语题的时间少于完成表象题的时间因此属于言语型认知风格者，高比率反应时说明该被试完成言语题的时间多于完成表象题的时间，因此属于表象型，介于这两者之间的被认为是用言语和表象两种方式进行信息表征即双通道型。根据本书所用软件所有者 Peterson 教授的建议，V/I 的比率介于 0.8~1.0 的被试被认为是运用言语和表象两种方式进行表征的，即在认知风格上无任何偏向。V/I 的比率越接近于 0，被认为言语型认知风格，V/I 的比率越接近于 2 或者大于 2 被认为是表象型认知风格。

第二个子测验用于测量整体-分析型认知风格。所用测试题是判断一对图形是否相同或者一个图形是否包含在另一个图形中。其包括数道练习题和80道正式测试题，其中整体型测试任务有 40 题，这 40 题中有 20 题为原有 CSA 量表中的题目，有 20 题为新加题目；分析型测试任务为 40 题，这 40 题中有 20 题为原有 CSA 量表中的题目，有 20 题为新加题目。

测试结果以 excel 表格形式记录了两个子测试的反应时，整体型题目完成时间（W）和分析型题目完成时间（A）的比值（W/A），低比率反应时说明该被试完成整体测试题的时间少于完成分析测试题的时间，因此属于整体型认知风格者；高比率反应时说明该被试完成分析测试题的时间多于完成整体测试题的时间，因此属于分析型；介于这两者之间的被认为是用整体和分析两种方式进行信息组织即中间型。根据本书所用软件所有者 Peterson 教授的建议，W/A 的比率介于 0.97~1.25 被认为是中间型，而 W/A 的比率越接近于 0，被认为整体型认知风格，W/A 的比率越接近于 2 或者大于 2 被认为是分析型认知风格。

在 VICS 和 CSA-WA 的测试结果中以 excel 表格形式列出了个体在完成整体型、分析型、言语型、表象型上每道题的时间，完成题目的正确率，以及整体型和分析型、言语型和表象型题目完成时间的比值，这些数据将作为确定个体的测试结果是否有效的依据。①通过反应时和答案的正确数目确定被试是否认真完成 VICS 和 CSA-WA 测试。所有的测试题目与被试的认知水平相比是再简单不过的，如果被试的正确率过低（低于 80%），很显然被试并没有很严肃地完成这项测试。如果反应时间非常短（少于 0.5s），同时正确率比较低，也说明被试为了完成测试任务而并未认真读题随手按了键盘上的数字键。如测试中发现 62 号被试在第一部分测试言语-表象型题目的反应时间分别为 0.219s、0.234s，第二部分测试整体-序列型的反应时间分别为 0.204s、0.212s，且其第一部分和第二部分的正确率分别为 46.1%和 47.5%，诸如此类的数据必须删去否则影响结果的可靠性。②通过反应时和答案的正确数确定被试是否有能力完成 VICS 和 CSA-WA 测试。如果反应时间过长且正确率过低，则表明被试不理解此次测试的要求，该被试作为无效样本处理。

6.2 测试样本特征

测试样本为南京晓庄学院的大学生志愿者。南京晓庄学院是公办本科普通高校，学校共设有普通高等学校本科专业 46 个，涵盖经济学、法学、教育学、文学、历史学、理学、工学、管理学、艺术学等九大学科门类，截至 2014 年 7 月全日制在籍学生15 700余人；还设有成人高等教育本专科专业36个，各类成人教育在籍学员近8500人。

本次测试共招募320名大学生参加认知风格测试，其中6号、121号被试只做了第一部分 V-I 测试，不知道还有第二部分测试需要完成，因此未完成第二部分 W-A 测试，13号被试无第一部分测试结果。228号被试因实在没有耐心完成312条题目测试，未产生测试结果，62号、297号、299号被试两部分测试的正确率皆低于80%，因此不予采用，157号被试第二部分正确率偏低，不予采用，169号、181号被试第一部分正确率偏低，不予采用，因而最终有效样本为310人。其中，男性91人，占29.35%，女性219人，占70.65%；在年龄方面，20~25岁是最主要的构成部分，其次是20岁以下人群；以大学一年级学生为主要群体，同时覆盖了其余3个年级阶段的学生；学生受教育层次以本二类学生居多，同时覆盖了本三以及转本类学生；学生的专业背景分布为12个专业。具体如表6-1所示。

表6-1 大学生用户认知风格测试正式样本构成

样本基本情况	类型	人数（人）	比例（%）
性别	男	91	29.35
	女	219	70.65
年龄	20岁以下	77	24.84
	20~25岁	232	74.84
	25岁以上	1	0.32
年级	一年级	136	43.87
	二年级	49	15.81
	三年级	95	30.65
	四年级	30	9.68
教育层次	本二	202	65.16
	本三	68	21.94
	转本	40	12.90
专业	物理教育	19	6.13
	化学教育	22	7.10
	小学教育	27	8.71
	财务管理	16	5.16

续表

样本基本情况	类型	人数（人）	比例（%）
专业	行政管理	27	8.71
	国际贸易	56	18.06
	数学精算	32	10.32
	汉语言文学	23	7.42
	电子信息	23	7.42
	软件工程	20	6.45
	环境艺术设计	29	9.35
	环境工程	16	5.16

6.3 测试结果与讨论

6.3.1 认知风格维度上正确率、反应时比率

被试在言语-表象认知风格和整体-分析认知风格维度两极反应时比率的均值、标准差、极大值和极小值的数据结果列于表6-2。

表6-2 认知风格的反应时比率描述性统计

认知风格	样本量	均值	方差	标准差	最大值	最小值
言语-表象认知风格	310	1.059	0.043	0.208	2.000	0.704
整体-分析认知风格	310	1.066	0.042	0.205	2.000	0.765

研究不同性别的大学生的认知风格是否存在显著性差异，以性别为自变量，利用单因素方差分析对个体在言语和表象任务完成时间比值的均值，个体在整体和分析任务完成时间比值的均值进行显著性检验具体数据列于表6-3。

表6-3 不同性别的大学生在两组认知风格维度上的描述性统计

认知风格	性别	N	均值	标准差	标准误	均值的95%置信区间 下限	均值的95%置信区间 上限	极小值	极大值
言语-表象认知风格	男	91	1.15	0.22	0.02	1.10	1.19	0.61	1.83
	女	219	1.04	0.20	0.01	1.01	1.07	0.66	1.84

续表

认知风格	性别	N	均值	标准差	标准误	均值的95%置信区间 下限	均值的95%置信区间 上限	极小值	极大值
整体-分析	男	91	1.13	0.18	0.02	1.09	1.16	0.77	1.92
认知风格	女	219	1.09	0.20	0.01	1.07	1.12	0.76	1.73

结果显示言语-表象型维度 $F(1, 308)=17.255$，Sig.=0.000<0.05，整体-分析型维度 $F(1, 308)=1.584$，Sig.=0.209>0.05。不同性别的大学生在整体-分析认知风格维度上不存在显著性差异，但在言语-表象认知风格维度存在显著性差异。产生这一结果的原因可能是男性和女性在信息加工方式上存在不同，许多研究也已证明了这点。Riding 和 Vincent（1980）研究了讲话速度和信息的组织方式。他们发现，7~15 岁的女孩与男孩相比，逐渐加快语速能使她们更多地减少对散文段落中距离较远的细节的回忆，而对位置相近的细节回忆的减少量则少一些。对此的一种解释是，女孩对记忆中相关信息的检索更全面。因此，当她们用较快的语速、更长的时间加工细节时，她们耗尽时间以完成加工。诸多研究表明，男性的信息加工速度比女性更快一些，但女性的加工可能更全面一些。

研究不同年级大学生的认知风格是否存在显著性差异，以被试的年级为自变量，利用单因素方差分析对个体在言语和表象任务完成时间比值、个体在整体和分析任务完成时间比值的均值进行显著性检验具体数据列于表 6-4。

表 6-4　不同年级的大学生在两组认知风格维度上的描述性统计

认知风格	年级	N	均值	标准差	标准误	均值的95%置信区间 下限	均值的95%置信区间 上限	极小值	极大值
整体-分析认知风格	1	136	1.11	0.18	0.02	1.08	1.14	0.83	1.66
	2	49	1.12	0.20	0.03	1.06	1.18	0.76	1.92
	3	95	1.08	0.19	0.02	1.04	1.12	0.77	1.61
	4	30	1.11	0.26	0.05	1.01	1.20	0.77	1.73
言语-表象认知风格	1	136	1.08	0.24	0.02	1.04	1.13	0.66	1.84
	2	49	1.01	0.18	0.03	0.96	1.07	0.61	1.42
	3	95	1.06	0.19	0.02	1.02	1.10	0.70	1.61
	4	30	1.14	0.22	0.04	1.05	1.22	0.76	1.62

结果显示言语-表象型维度 $F(3, 306)=2.415$，Sig.=0.067>0.05，整体-分析型维度 $F(3, 306)=0.558$，Sig.=0.643>0.05。分析结果表明被试言语-表象型维

度和整体-分析型维度在不同年级即年龄层次上不存在显著性差异。Riding（2003）也支持这一发现，他们以年龄分布在 21~61 岁的医院护士为研究对象，结果显示年龄与整体-分析风格和言语-表象风格之间的相关系数极低分别为 $r=0.00$ 和 $r=0.01$，这一研究结果至少说明在成年之后的个体中，年龄对认知风格几乎无影响，即认知风格是一种对个体而言相对稳定的属性。

研究不同专业（学科）的大学生的认知风格是否存在显著性差异，以学科为自变量，利用单因素方差分析对个体在言语和表象任务完成时间比值的均值，个体在整体和分析任务完成时间比值的均值进行显著性检验具体数据列于表 6-5。

表 6-5 不同专业（学科）的大学生在两组认知风格维度上的描述性统计

认知风格	专业（学科）	N	均值	标准差	标准误	均值的95%置信区间 下限	均值的95%置信区间 上限	极小值	极大值
整体-分析	教育学	68	1.15	0.20	0.02	1.10	1.20	0.83	1.66
	管理学	43	1.14	0.25	0.04	1.06	1.21	0.76	1.92
	经济学	56	1.08	0.18	0.02	1.03	1.12	0.77	1.47
	数学	32	1.07	0.18	0.03	1.00	1.13	0.80	1.61
	语言学	23	1.10	0.19	0.04	1.01	1.18	0.77	1.53
	电子、通信与自动控制技术	23	1.09	0.17	0.04	1.01	1.16	0.83	1.49
整体-分析	计算机科学技术	20	1.12	0.19	0.04	1.03	1.21	0.83	1.56
	艺术学	29	1.06	0.13	0.02	1.01	1.11	0.84	1.34
	环境科学技术	16	1.09	0.14	0.04	1.02	1.17	0.86	1.37
言语-表象	教育学	68	1.09	0.23	0.03	1.03	1.14	0.69	1.83
	管理学	43	1.06	0.22	0.03	0.99	1.12	0.66	1.59
	经济学	56	1.03	0.18	0.02	0.98	1.08	0.71	1.62
	数学	32	1.12	0.19	0.03	1.05	1.19	0.76	1.61
	语言学	23	1.06	0.18	0.04	0.98	1.13	0.70	1.44
	电子、通信与自动控制技术	23	1.07	0.23	0.05	0.97	1.17	0.66	1.50
	计算机科学技术	20	1.05	0.18	0.04	0.96	1.13	0.61	1.32
	艺术学	29	1.09	0.27	0.05	0.99	1.20	0.77	1.84
	环境科学技术	16	1.06	0.25	0.06	0.93	1.20	0.73	1.76

分析结果显示言语-表象型维度 $F(8,301)=0.602$，Sig.$=0.776>0.05$，整体-分析型维度 $F(8,301)=1.070$，Sig.$=0.384>0.05$。分析结果表明不同专业（学科）的被试在言语-表象型维度和整体-分析型维度都不存在差异。

研究不同教育层次的大学生的认知风格是否存在显著性差异，以被试的层次类型（本二、本三、专升本）为自变量，利用单因素方差分析对个体在言语和表象任务完成时间比值的均值，个体在整体和分析任务完成时间比值的均值进行显著性检验具体数据列于表6-6。

表6-6　不同受教育层次的大学生在两组认知风格维度上的描述性统计

认知风格	受教育层次	N	均值	标准差	标准误	均值的95%置信区间 下限	均值的95%置信区间 上限	极小值	极大值
言语-表象	本二	202	1.08	0.23	0.02	1.05	1.11	0.61	1.84
言语-表象	本三	68	1.07	0.18	0.02	1.03	1.12	0.66	1.61
言语-表象	升本	40	1.01	0.18	0.03	0.95	1.06	0.71	1.36
整体-分析	本二	202	1.11	0.20	0.01	1.09	1.14	0.76	1.92
整体-分析	本三	68	1.09	0.18	0.02	1.04	1.13	0.77	1.61
整体-分析	升本	40	1.09	0.19	0.03	1.03	1.15	0.77	1.47

分析结果显示言语-表象型维度 $F(2,307)=1.957$，Sig.$=1.143>0.05$；整体-分析型维度 $F(2,307)=0.620$，Sig.$=0.539>0.05$。分析结果表明不同受教育层次的被试在言语-表象型维度和整体-分析型维度都不存在显著性差异。

6.3.2　效度检验和信度检验

效度（validity）是指能够测到该测验所欲测（使用者所设计的）心理或行为特质到何种程度。信度（reliability）是指测验或量表工具所测得结果的稳定性（stability）和一致性（consistency）（吴明隆，2010）。效度分为内容、准则、结构三种类型，本研究重点考察结构效度，在本书研究中笔者通过对个体在言语和表象任务完成时间比值，个体在整体和分析任务完成时间比值的相关性来确定两组维度之间是否彼此独立，从而确定本研究所用测试题的结构效度，结果如表6-7所示。

表 6-7　言语-表象和整体-分析认知风格的相关性

项目		言语-表象	整体-分析
言语-表象	Pearson 相关性	1	0.035
	显著性（双侧）		0.534
	N	310	310
整体-分析	Pearson 相关性	0.035	1
	显著性（双侧）	0.534	
	N	310	310

两个维度间的 Pearson 相关系数为 $r=0.035$，根据统计学中所述$|r|<0.3$ 时（贾俊平，2013），说明两个变量之间的相关程度比较弱，可视为不相关，且两者之间的显著性检验 Sig.=0.534>0.05，即没有通过显著性检验，说明言语-表象和整体-分析两个认知风格维度是相互独立的，表明该测验具有较好的结构效度。

本研究信度主要考虑内在信度和外在信度。外在信度通过相同的被试在不同时间段的两次测试的结果的相关性来分析，由于第一次测试会使被试记住部分题目从而提高了解题的速度，为了避免或消除这种影响，本研究中将两次测试时间间隔设定为 3 个月。从而保证重测信度的准确性。

外在信度所选择的样本为之前参加过认知风格测试的 30 名大一学生，其中男生 15 人，女生 15 人，第二次测试日期距离第一次测试日期为 3 个月。外在信度和内在信度分析结果见表 6-8。

表 6-8　测试信度分析结果

认知风格	外在信度	内在信度
言语-表象	0.68	0.928
整体-分析	0.72	0.949

结果表明言语-表象型的外在信度为 0.68，整体-分析型的外在信度为 0.72，两者均高于 0.6，因而达到了统计意义上的信度要求。Cronbach α 系数分别为 0.928 和 0.949，本测试的内在信度达到统计意义上的信度要求。

6.3.3 大学生认知风格的测量结果

通过研究个体在言语和表象任务以及整体和分析任务上完成时间比值的变化趋势，并参照新西兰奥克兰大学心理学院的 Peterson 教授所提供的言语-表象和整体-分析认知风格测试指南（2005）中所规定的内容，即在言语-表象型认知风格维度测试中，用户的反应时比率小于 0.8 时为言语型认知风格，大于 1.0 时为表象型认知风格，介于两者之间为双通道型。在整体-分析型认知风格维度测试中，用户的反应时比率小于 0.97 时为整体型认知风格，大于 1.25 时为分析型认知风格，介于两者之间为中间型认知风格。从而得出下列测量结果，见表 6-9。

表 6-9 大学生用户的认知风格测量结果

认知风格类型		人数（人）	百分比（%）
言语-表象	言语型	25	8.1
	双通道型	103	33.2
	表象型	182	58.7
	合计	310	100
整体-分析	整体型	80	25.8
	中间型	174	56.1
	分析型	56	18.1
	合计	310	100

6.3.4 讨论

研究探讨了不同性别、不同年级、不同专业（学科）、不同层次的大学生被试的认知风格有无显著性差异。研究结果表明，不同性别的大学生在言语-表象这一认知风格维度上存在显著性差异，而在整体-分析认知风格维度上表现得毫无差异。性别对认知风格影响的差异这一研究结果与以往李力红（2007）和 Riding 的研究结果在某一认知风格维度有区别，他们的研究均认为，不同性别的被试在两个认知风格维度上并无显著性差异，但许多研究已表明，男性和女性在信息加工任务的方面确实存在差异。此外，不同年级、不同专业（学科）、不同层次的大学生在两组认知风格维度上均无显著性差异。这与以往的研究结果是一致的。Riding

等人曾经以 21~61 岁护士为研究对象，测试了他们的认知风格，发现年龄与言语-表象型和整体-分析型两组认知风格维度的相关性很低。说明了人的认知风格在一定年龄阶段内是稳定不变的。

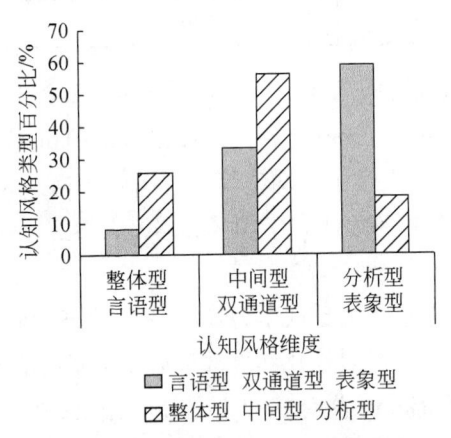

图 6-1 大学生认知风格对比图

认知风格测量工具的开发和利用多以英语为母语的国家为主，由于测量需要，非英文版本均已陆续呈现，如汉语、西班牙语、马来语等，这些非英文版本的测试结果与英文版测试结果有哪些区别和联系，本研究进一步作了简单分析。本研究所获量表为新西兰奥克兰大学心理学院的 Peterson 教授所研制，为了比较在中国背景下认知风格测量的结果，根据 Peterson 教授在测试指南中所提供的数据，将本研究与 Peterson 教授的研究结果作了跨文化比较，比较结果见表 6-10、表 6-11。

表 6-10 中国大学生与新西兰大学生在言语-表象维度的描述性统计

被试	N	均值（言语-表象）	标准差（言语-表象）
新西兰（2005）	376	0.99	0.408
中国（2014）	310	1.07	1.214

利用单一样本 t 检验对中国（2014）和新西兰（2005）大学生的言语-表象型认知风格进行分析，结果（df=309，t=-6.624，Sig.=0.000）显著性差异。从均值上来看，新西兰（2005）大学生的均值低于中国（2014）大学生的均值，结果表明在言语-表象型认知风格维度上，中国（2014）大学生比新西兰（2005）大学生更倾向于表象一端。

表 6-11 中国大学生与新西兰大学生在整体-分析维度的描述性统计

被试	N	均值（整体-分析）	标准差（整体-分析）
新西兰（2005）	276	1.25	0.307
中国（2014）	310	1.10	1.193

利用单一样本 t 检验对中国（2014）和新西兰（2005）大学生的整体-分析型认知风格进行分析，结果（df=309，t=-13.324，Sig.=0.000）显著性差异。从均值上来看，新西兰（2005）大学生的均值高于中国（2014）大学生的均值，结果表明在整体-分析型认知风格维度上，中国（2014）大学生比新西兰（2005）大学生更倾向于整体一端。

本研究结果与中国学者李力红（李力红，2007）研究结果相反，该学者使用英国学者 Riding 教授的量表，经过汉化和修改最后以可视化形式呈现，该学者将自己的研究结果与英国学者 Riding 教授 1982 年的研究结果进行了对比，得到的结果与本研究结果在两组认知风格维度都是相反的，李力红（2007）研究结果表明在言语-表象型认知风格维度上，中国大学生与英国被试相比，言语型认知风格表现得更为明显；而在整体-分析型认知风格维度上，中国大学生与英国被试相比，分析型认知风格表现得更为明显。这两个研究结论与本研究结论是截然相反的，主要原因在于使用量表不同，新西兰 Peterson 教授的量表在英国学者 Riding 教授的基础上进行了修改和添加。其次与之比较对象不同，英国学者 Riding 的研究对象的平均年龄范围为 12~16 岁，而国内学者李力红（2007）所调查对象为 17~25 岁的大学生，虽然在本研究中经检验年龄对认知风格没有影响，但也仅仅限于成年之后的大学生这一特定年龄阶段，中国大学生比英国未成年的初中学生要多经历至少 3 年以上高中学习阶段，在中国以言语材料的学习为主是学校教育的主要特点，并随着年级的提升知识分化明显，因此，在李力红（2007）的研究中，中国的大学生群体比英国的初中生群体更倾向于言语一端。而李力红（2007）认为从中外两种文化中的语言符号系统的特点来看，中国大学生与以英语为母语的国家的被试相比更应该体现表象型和整体型的认知风格特征，而本研究的结果正好验证了这一点。

6.4 小　　结

本研究利用 VICS 和 CSA-WA 的测试量表以大学生为样本进行测量后，进行的问卷效度检验表明，本量表因素结构清楚，具有很好的结构效度，这与新西兰 Peterson 教授的研究结果一致。本研究还进行了 VICS 和 CSA-WA 的测试量表的信度分析，言语-表象型和整体-分析型的外在信度分别为 0.68 和 0.72，内部信度在 0.928 和 0.949，表明该量表的外在信度和内部信度比较好。

从大学生认知风格的测试可看出，①认知风格的整体分布状况是：整体型用户占总数的 25.8%，中间型用户占总数的 56.1%，分析型用户占总数的 18.1%。言语型用户占总数的 8.1%，双通道型用户占总数的 33.2%，表象型用户占总数的 58.7%。②在测试结果基础上比较了性别、年龄、专业（学科）、不同类别大学生认知风格的差异，结果显示，言语-表象型认知风格维度在性别之间存在显著性差异，其他因素在其他认知风格维度均无显著性差异。③本研究还进行了新西兰大学生与中国大学生认知风格的跨文化比较研究，从中外两种文化中语言符号系统的特点来看，相比母语为英语体系的新西兰大学生，中国大学生更应该倾向于表象和整体的特征，而该测试的结果正好验证了这一点。

第7章 大学生网络信息搜索行为的调研

7.1 调研的背景和目的

了解用户信息行为的途径可以是多种方式，直接询问用户有哪些信息需求是十分有效的方法，但是这种方法并不总是可行的，因为用户有时并不清楚自己的需求，这时就需要我们借助一些其他方式来完成对用户的需求的了解，对用户信息需求动机和行为的分析就是其中的两条途径。因此，本次调研除了对用户进行问卷的直接询问外，还了解用户的信息搜索的动机，并了解用户在搜索不同类型的信息资源（购物类网站、学术资源类网站等）时的行为习惯，共同探讨用户的信息搜索的需求。此外，本次调研不拘泥于专业用户和专业学术资源数据库，而从日常生活的角度来了解用户对网络信息资源的选择和应用。

本次调研涉及网络信息资源的需求和行为习惯以及用户对信息资源的评价3个方面，其中，信息资源需求的调研内容，从信息搜索的广义范畴去考量，便于了解不同类型资源的需求情况，而对于行为习惯，则重点针对搜索行为。本次调研的目的在于，通过结构化调查问卷和数据的统计分析，初步揭示大学生用户的网络信息资源的需求和行为习惯的一般规律和特征，为后续的基于认知风格的行为研究提供前期研究支持。

7.2 问卷的设计与发放

（1）用户的自然、社会属性

信息搜索行为影响因素的相关研究表明，年龄、性别、家庭环境、专业教育以及用户认知等用户自然、社会属性会影响用户信息搜索行为。本次调研样本局限于大学生用户，年龄、学历和职业等一般自然、社会属性趋于一致，不具有比较意义。因此，这部分题目仅涉及性别、专业、认知风格3个属性，他们是可能

第7章 大学生网络信息搜索行为的调研

影响大学生信息搜索行为的因素。本次调研的大学生用户的专业有：国际贸易、物理教育、化学教育、小学教育、财务管理、环境艺术设计、数学精算、环境工程、汉语言文学、软件工程、电子信息、行政管理。这些专业所在学科门类根据《中华人民共和国学科分类与代码》中的 62 个一级学科或学科群来分，分别属于：教育学、经济学、管理学、艺术学、数学、电子、通信与自动控制技术、计算机科学技术、语言学、环境科学技术（表 7-1）。对于上网经验，理论上认为，每天上网时间越多，上网经验越丰富，因此，采用每周上网时间作为指标来衡量。

表 7-1 大学生用户的专业及所属学科人数一览表

专业	人数（人）	所属学科	总人数（人）	比例（%）
物理教育	19	教育学	68	21.94
化学教育	22			
小学教育	27			
财务管理	16	管理学	43	13.87
行政管理	27			
国际贸易	56	经济学	56	18.06
数学精算	32	数学	32	10.32
汉语言文学	23	语言学	23	7.42
电子信息	23	电子、通信与自动控制技术	23	7.42
软件工程	20	计算机科学技术	20	6.45
环境艺术设计	29	艺术学	29	9.35
环境工程	16	环境科学技术	16	5.16
总计	310	总计	310	100.0

（2）用户对网络信息资源的需求及表达

这组问题包括 7 个题目（第 3 题~第 9 题）。第 3 题了解用户对网络信息资源的需求程度，通过日常信息搜寻行为的发生频率来反映；第 4 题探查用户进行网络信息资源搜寻的动机；第 5 题了解用户所需网络信息资源的类型；第 6 题了解用户对英文资料的需求情况；第 7 题了解用户经常浏览的网站类型；第 8 题了解用户对自己信息需求表达的评价；第 9 题了解用户在信息搜寻过程中遇到困难时采取的措施。

（3）用户进行信息搜索的一般行为习惯

这部分包括 16 个题目：第 10~13 题测试用户在使用搜索引擎时的检索策略、使用习惯等，第 14 题了解用户在搜寻不到自己所需信息时的调整策略，第 15 题测试用户搜寻信息时的熟练程度，第 16 题了解用户使用百度地图的情况，第 17 题了解用户查找资料首选网站的情况，第 18 题了解用户接受信息素养教育或信息检索课的情况，第 19 题了解用户使用学术类数据时的情况，第 20 题了解用户使用布尔逻辑符号的情况，第 21~22 题了解用户在遇到"网络迷航"时的情况及采取策略。第 23 题了解用户使用购物类网站、搜索引擎类网站的个人偏好，第 24~25 题了解用户使用购物类网站的一些偏好情况。

（4）用户信息搜索行为的自我评价、体验对网络信息资源的评价

这部分包括 4 个题目，第 26 题了解用户搜寻信息结果的情感体验，第 27~28 题了解用户在信息搜寻过程中的障碍和困难及影响因素。第 29 题是一题开放题，试图了解用户对网络信息资源的评价。

问卷题目共 29 大题 31 小题，填答时间 15 分钟左右，题目设置单项选择题、多项选择题、开放性选项等多种题型。

问卷的发放工作与回收工作紧接在学生在机房测试过认知风格之后，样本分布在南京晓庄学院的 12 个专业，问卷共发放 320 份，回收 320 份，问卷回收率 100%，其中剔除认知风格测量无效的 10 个被试的问卷，因为后续问卷分析须考虑认知风格因素，其他问卷经数据输入 excel 中并导入到 SPSS 软件中，经缺失值判断和处理，如果变量和个案的缺失值都超过 10%，那么这个变量所对应的题目应该被删除，说明所调查的问题表述不明，相应的缺失值超过 10%的个案也应该被删除。经处理，259 号和 260 号被试的缺失值分别达 51%和 84%，删除这两名被试的数据，其余缺失值通过线性内插法进行替补。处理后问卷有效率为 96.25%。问卷高回收率和高有效率的原因是，问卷经现场发放且现场回收，同学们在做完认知风格测试填完问卷后方可离开机房。

7.3 数据的处理与分析

对 308 份有效问卷进行了统计分析，利用频数分析、交叉分析、多重响应、相关分析等方法对问卷数据进行处理和分析，以图形和表格形式呈现。

7.3.1 研究变量

为了揭示大学生用户对网络信息资源的需求和行为习惯，在掌握总体样本的基础上，设置了性别、专业（学科）、认知风格、上网经验等不同自变量。

（1）性别

本次调研的样本中女性样本偏多，男性样本少，两者比例为 219∶91 近似为 5∶2。这个比例跟样本所在学校为师范院校有关，南京晓庄学院为师范类院校，虽然非师范专业已经占了大多数，但是这类学校的女生与男生的比例通常在 5∶2 左右（图 7-1）。

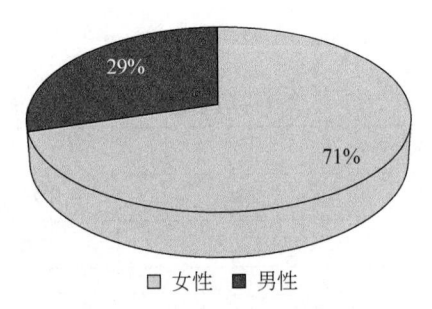

图 7-1 调查样本的性别分布

（2）学科门类

本次调研样本分布于南京晓庄学院的 12 个专业，根据教育部 2009 年最新学科分类与代码，将这 12 个专业进行归属划分，分别为教育学、经济学、管理学、艺术学、数学、电子、通信与自动控制技术、计算机科学技术、语言学、环境科学技术中去。样本的学科分布如图 7-2 所示。

（3）上网经验

理论上本次调研假设上网时间越长上网经验越丰富，因此采用每周上网时间作为衡量方法。根据中国互联网络信息中心（CNNIC）2014 年 7 月 21 日发布的"第 34 次中国互联网络发展状况统计报告"，截至 2013 年 12 月底，大专以上学历用户占了所有网络用户的 20.6%，学生依然是中国网民中最大的群体，占比 25.1%，大学生用户作为主要的网络使用者，调查发现有 80.7%的大学生每周上网时间超过 21 小时，即平均每天的上网时间达 3 小时以上。

（4）认知风格

参加问卷调查的 308 名大学生用户的认知风格数据如表 7-2 所示。

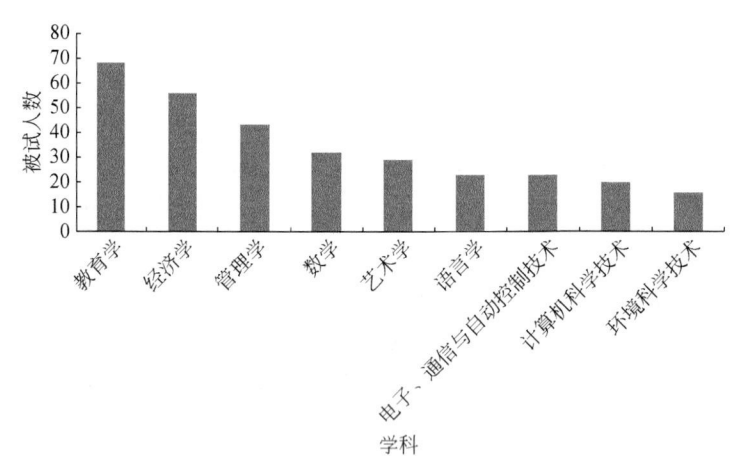

图 7-2 调查样本的学科分布

表 7-2 参加问卷调查的大学生认知风格表

认知风格类型		人数（人）	百分比（%）
言语-表象型	言语型	25	8.1
	双通道型	103	33.5
	表象型	180	58.4
	合计	308	100
整体-分析型	整体型	80	26.0
	中间型	172	55.8
	分析型	56	18.2
	合计	308	100

7.3.2 数据的处理方法

根据 7.3.1 节的研究设计，将调研结果整理编码，利用 SPSS20.0 统计软件进行分析，并根据数据分析目的的不同，选择不同的统计方法。将数据分析方法简述如下。

1）描述统计（descripitive statistics）是数据收集、处理、汇总、图表描述、概括与分析等统计方法（贾俊平，2012）。将大学生用户的个人背景信息、信息需求类型、主题和行为习惯等，运用频数分析、百分比、标准差等方法，了解样本的分布情况。该类统计方法用得最多，虽然仅得出一些描述性的结论，但已经可以揭示一些问题了。

2）推断统计（inferential statistics）是研究如何利用样本数据来推断总体特征的统计方法。主要使用 t 检验、单因素方差分析等方法，检验两个变量之间是否独立无关或者显著相关，检验不同学科、不同性别、不同上网经验和不同认知风格的大学生用户在信息需求程度、信息需求表达、信息查寻过程的评价等方面是否有显著性差异等。

7.3.3 大学生用户信息需求情况

（1）大学生用户的信息需求程度

针对大学生用户"在生活、学习中经常需要上网搜索一些信息吗？"的问题，调查结果表明，308 个大学生用户的信息需求程度的均值为 1.38。经常有信息搜索行为的人数为 201 人，百分比为 64.8%，有效百分比为 65%，而仅有 2.95%的大学生用户很少甚至从未发生过上网寻找信息的行为（图 7-3）。

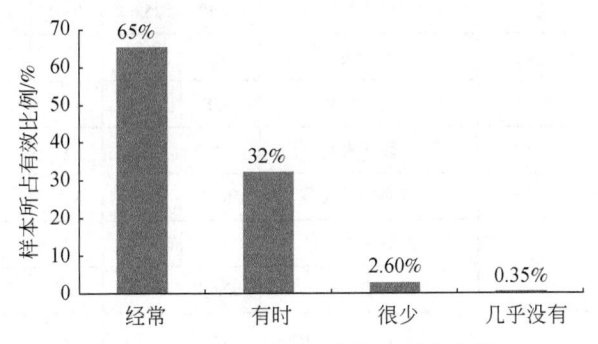

图 7-3 大学生用户对网络信息需求的程度

经独立样本 t 检验，男女大学生用户的信息需求程度没有显著差异（Sig=0.064>0.05）；经单因素方差分析中的方差同质性检验（Sig.=0.000），各学科方差不齐性，利用 Tamhane's T2、Dunnett's T3 检验方法，各专业（学科）学生对信息需求没有显著性差异（df=8，F-value=2.351，Sig.=0.018）。经单因素方差分析中的方差同质性检验（Sig.=0.000），各年级方差不齐性，利用 Tamhane's T2、Dunnett's T3 检验方法，各年级学生对信息需求没有显著性差异（df=8，F-value=2.566，Sig.=0.055）。经单因素方差分析中的方差同质性检验（Sig.=0.102），各学历层次方差齐性，利用 LSD、Bonferroni、Scheffe、S-N-K 等检验方法，各学历层次学生对信息需求没有显著性差异（df=2，F-value=0.653，Sig.=0.521）。

不同认知风格的用户其信息需求是否存在显著差异，经单因素方差分析中的方差同质性检验（Sig.=0.044），言语-表象认知风格维度内各类型方差不齐性，利用 Tamhane's T2、Dunnett's T3 等检验方法，言语-表象认知风格学生对信息需求没有显著性差异（df=2，F-value=0.673，Sig.=0.511）。经单因素方差分析中的方差同质性检验（Sig.=0.002），整体-分析认知风格维度内各类型方差不齐性，利用 Tamhane's T2、Dunnett's T3 等检验方法，整体-分析认知风格学生对信息需求没有显著性差异（df=2，F-value=1.687，Sig.=0.187）。表 7-3 列出了不同专业（学科）信息需求程度的比较。

表 7-3 不同专业（学科）信息需求程度之比较

学科类别	人数及所占百分比	经常	有时	很少	几乎没有	合计
教育学	人数（人）	31	33	3	0	67
	学科中的%	46.20	49.30	4.50	0.00	100.00
管理学	人数（人）	32	11	0	0	43
	学科中的%	74.40	25.60	0.00	0.00	100.00
经济学	人数（人）	42	13	1	0	56
	学科中的%	75.00	23.20	1.80	0.00	100.00
数学	人数（人）	18	13	1	0	32
	学科中的%	56.20	40.60	3.20	0.00	100.00
语言学	人数（人）	16	5	1	1	23
	学科中的%	69.60	21.70	4.40	4.30	100.00
电子、通信与自动控制技术	人数（人）	14	7	2	0	23
	学科中的%	60.90	30.40	8.70	0.00	100.00
计算机科学技术	人数（人）	14	6	0	0	20
	学科中的%	70.00	30.00	0.00	0.00	100.00
艺术学	人数（人）	22	7	0	0	29
	学科中的%	75.90	24.10	0.00	0.00	100.00
环境科学技术	人数（人）	12	4	0	0	16
	学科中的%	75.00	25.00	0.00	0.00	100.00
合计	合计人数	201	99	8	1	309
	学科中的%	65.00	32.00	2.60	0.40	100.00

第 7 章 大学生网络信息搜索行为的调研

（2）信息资源需求的类型

本研究调查的信息资源主要包括音频资源（MP3 等）、视频资源（电影、电视剧、娱乐节目）、超文本资源（如 Word 文档等、网络小说等）、图片资源（照片、剪贴画、壁纸等）、网络游戏（CS、三国杀等）、软件资源（常用软件）、其他。调研结果见表 7-4。

表 7-4 大学生信息资源需求情况表

信息资源类型	N	百分比（%）	个案百分比（%）
音频资源	160	18.5	51.9
视频资源	248	28.7	80.5
超文本资源	239	27.6	77.6
图片资源	66	7.6	21.4
网络游戏	39	4.5	12.7
软件资源	98	11.3	31.8
其他	15	1.7	4.9
合计	865	100.0	280.8

注：表中 280.8%表示平均每个被试选择了 2.808 个选项。

由表 7-4 可知，在调查问卷列出的 8 项信息资源中，大学生对视频资源的需求最多，达 80.5%；其次是学习资源，达 77.6%；第三是音频资源占 51.9%。通过单因素方差分析，信息需求在两类认知风格维度上不存在显著性差异。具体需求情况见表 7-5。

表 7-5 不同认知风格信息资源需求表

信息资源类型	言语表象认知风格			合计	整体分析认知风格			合计
	言语型	双通道型	表象型		整体型	中间型	分析型	
音频资源	12	56	92	160	45	90	25	160
视频资源	20	82	146	248	61	139	48	248
超文本资源	24	78	137	239	58	135	46	239
图片资源	8	26	33	67	24	30	12	66
网络游戏	1	12	26	39	10	23	6	39
软件资源	8	28	63	99	19	57	22	99
其他	3	2	10	15	5	10	0	15
合计	25	103	180	308	79	173	56	308

用独立样本 t 检验,以性别为分组变量,以信息资源需求为检验变量,分析结果如表 7-6 所示。

表 7-6　不同性别大学生的信息需求和差异性分析

信息资源类型	性别	人数（人）	百分比（%）	显著性
音频资源	男	44	48.4	0.415
	女	116	53.5	
视频资源	男	77	84.6	0.219
	女	171	78.8	
超文本资源	男	61	67.0	0.008
	女	178	82.0	
图片资源	男	21	23.1	0.649
	女	45	20.7	
网络游戏	男	26	28.6	0.000
	女	13	6.0	
软件资源	男	37	40.7	0.039
	女	61	28.1	
其他	男	5	5.5	0.743
	女	10	4.6	

注：表中的百分比为男生人数与男生总人数之比，女生人数与女生总人数之比。

由表 7-6 的分析可知，通过独立样本 t 检验，不同性别的大学生的信息需求在超文本资源、网络游戏、软件资源 3 个方面的需求存在显著性差异。表现为在超文本资源的需求方面（本研究所指超文本资源主要针对学生学习所需的各种资源），男生比女生对学习资源的需求要少，就目前中国高校本科生的学习现状来说，女生在大学阶段普遍比男生认真，且更注重学业。与之相反的，在网络游戏的需求方面，男生与女生的需求有显著性差异，表现在男生更热衷于网络游戏。同时在软件资源的需求方面，男生普遍比女生需求多，这可能与男性的动手操作能力较强有关，喜欢下载和安装一些软件进行尝试体验。

通过单因素方差分析，分别对不同认知风格、不同专业（学科）、不同年级和不同本科类别的信息需求进行显著性差异分析，结果显示均无显著性差异。

（3）网络信息搜索的动机

动机是直接推动一个人进行行为活动的全部动力（黄希庭，1997）。动机往往是内驱力和诱因共同作用的结果。对信息用户而言，其内驱力是在信息需求的基础上产生的内在推动力，而诱因是满足其信息需求的外在刺激物（邓小昭，2010）。

表 7-7 的结果显示，第一，大学生用户搜索信息的主要目的是为了学习所需，有 28.9%的用户选择了"学习所需"。第二，大学生搜寻信息的动机在于娱乐所需，为了打游戏，看电视剧等。第三是为了了网上购物而进行相关的信息搜寻活动。有 5.0%的用户仅仅是无聊时随便浏览所需。

表 7-7　大学生信息搜索的动机

	动机类型	N	百分比（%）	个案百分比（%）
搜寻信息的动机	学习所需	267	28.9	87.0
	娱乐所需	180	19.5	58.6
	生活所需	138	14.9	45.0
	社交需要	143	15.5	46.6
	网上购物所需	147	15.9	47.9
	无聊时随便浏览	46	5.0	15.0
	其他	3	0.3	1.0
总计		924	100.0	301.0

注：表中的 301.0%表示平均每个人选了 3.01 项。

进而，通过独立样本 t 检验，比较了性别在搜索动机方面的差异，不同性别的大学生的信息需求在娱乐所需、购物需要两个方面的动机存在显著性差异。表现为因娱乐所需而进行的信息搜索，男生比女生对娱乐所需进行搜索的动机更为强烈，而出于网络购物的需求而进行信息搜索方面，女生比男生对网络购物的需求比男生更为强烈，这大概可以由女性比男生更喜欢购物来解释，这对热衷于网络购物的男女大学生来说也不例外（表 7-8）。

表 7-8　大学生信息搜索的动机

搜寻信息的动机	性别	人数（人）	百分比（%）	显著性
学习所需	男	73	80.2	0.052
	女	194	89.4	
娱乐所需	男	61	67.0	0.044
	女	119	54.8	

续表

搜寻信息的动机	性别	人数（人）	百分比（%）	显著性
生活所需	男	35	38.5	0.145
	女	103	47.5	
社交需要	男	50	54.9	0.053
	女	93	42.9	
网上购物所需	男	35	38.5	0.034
	女	112	51.6	
无聊时随便浏览	男	14	15.4	0.886
	女	32	14.7	
其他	男	2	2.2	0.284
	女	1	0.5	

通过单因素方差分析，分别对不同认知风格、不同专业（学科）、不同年级和不同本科类别的搜索信息的动机进行显著性差异分析，结果显示均无显著性差异。

（4）信息需求表达能力的自我评价

关于"您在搜寻某些信息时是否能清楚表达自己的需求？"这一自我评价问题的回答，调查结果显示，均值为1.33，介于"经常能"和"有时能"之间，反映了大学生用户对信息需求表达能力的自我评价（图7-4）。其中68.5%的大学生用户认为自己经常能清楚表达自己的需求，29.5%的大学生用户自认为有时能清楚表达自己的需求，选择"很少能"和"基本不能"的用户只占了1.9%。

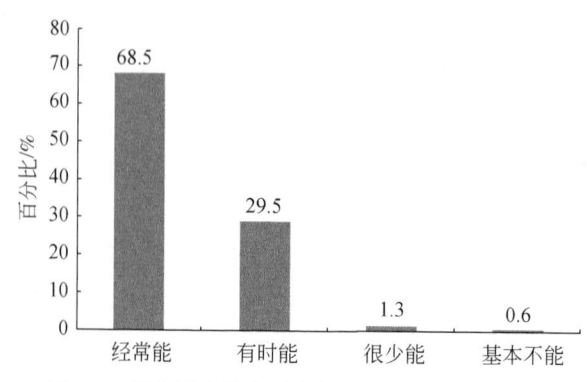

图7-4 学生用户信息需求的表达能力的自我评价

男女生在信息需求的表达能力的自我评价方面，经独立样本 t 检验，Sig.=0.10 大于显著性水平 0.05，因此接受 t 检验的原假设，认为男女生在信息需求的表达能力的自我评价方面不存在显著性差异。

经单因素方差分析，不同认知风格、不同专业（学科）、不同类别、不同年级在信息需求的表达能力的自我评价方面，均不存在显著性差异。

7.3.4 大学生用户信息搜索的行为习惯

（1）学生用户网络信息搜索的一般途径和渠道

通过图 7-5 可以看出，大学生用户搜寻信息的一般途径中，经常光顾的网站中高居榜首的为搜索引擎，排名第二的为购物类网站，排名第三的为社交网站，而高校中资源极为丰富的图书馆电子资源却很少有人问津。究其原因，可能是不管在校内还是校外，访问图书馆资源有些受限的缘故。

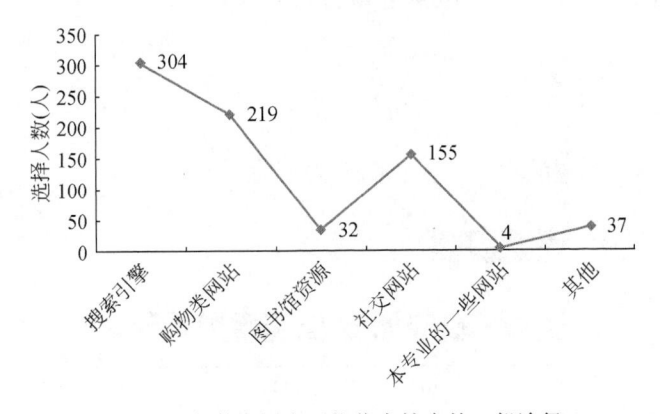

图 7-5 大学生用户网络信息搜索的一般途径

男女生在经常光顾的网站方面，经独立样本 t 检验，显著性差异主要表现在女生比男生更加喜欢光顾购物类网站。其中 Sig.=0.000 小于显著性水平 0.05，因此拒绝 t 检验的原假设。其他变量如专业（学科）、认知风格、年级、类别等未见有显著性差异。

（2）大学生用户使用搜索引擎的一般习惯

搜索引擎作为大学生信息搜寻的第一选择，大学生用户在使用搜索引擎时的现状如何，经调查，69.2%的大学生将百度作为优先使用的搜索引擎，其次是谷歌（图 7-6）。在使用搜索引擎时，39.3%的用户习惯输入两个关键词，25.3%的用户习惯性输入 4 个及 4 个以上关键词，22.45 的用户习惯输入 3 个关键词，只有 10.7%

的用户输入 1 个关键词。在问及用户是否用过搜索引擎的高级检索时，经常用的用户只有 4.2%，有使用、很少用、没用过的用户占了 95.8%。关于用户搜索引擎查询结果的查看习惯，84.7%的用户期望系统能依据内容的相关度进行排序，11.7%的用户期望按照内容的更新时间进行排序。用户查看的方式主要是点击认为最重要的信息（72.4%）而非查询结果排在前列的链接（25.3%）。用户查看检索结果的记录数一般为 6~10 条（58.1%）和 5 条及以下（30.5%），其原因在于，用户在 10 条记录内基本能找到自己所搜寻的信息，再者从用户心理角度来分析，用户没有耐心看完更多的记录数。在了解查询信息过程中一般需要几步能获取到所需信息时，29.9%的用户需要 1~2 步就能搜寻到所需信息，66.9%的用户需要 3~4 步才能获取到所需信息，3.2%的用户需要 5~6 步，没有用户需要 6 步以上。用户在一个网站搜索不到自己所需的信息时，通常的做法是，34.7%的用户经常会换一家网站再查寻，45.1%的用户有时会选择换网站另行查寻，13.0%的用户很少会选择换网站，还有 6.8%的用户不会换网站。

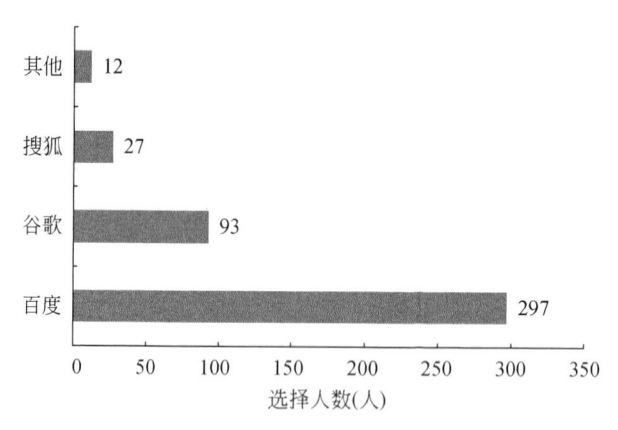

图 7-6 大学生用户经常光顾的搜索引擎

（3）大学生用户访问网络学术数据的一般习惯

本书的研究首先对大学生用户是否进行过系统的文献检索课程或信息素养课程的教育进行了调查，调查结果显示只有 28.4%的用户接受过这方面的学习，而 71.6%的用户未接受过。在查找学习所用资料时，即进行网络学术搜索时，用户首选的网站，52.6%的用户首选的是百度文库，其次是百度搜索引擎，只有 3.6%的用户会选择使用图书馆电子资源。将大学生用户是否受过系统的信息素养或信息检索课程的学习作为分类依据，将大学生分为两组，比较他们在进行网络学术资源检索时的首选网站是否存在显著性差异，结果显示，Sig.=0.008，小于显著性水平 0.05，因此两组大学生用户存在显著差异，具体表现为，没有接受过系统学习的用户更倾向于选择搜索引擎作为网络学术搜索的检索工具，而不是专业学术资源网站。在了解用户是否使用中国知网或者重庆维普资讯数据库查询系统时，现状不容乐观，27%的用户既未听说过更未使用过这两个数据库系统，33.6%的用户仅使用过中国知网，仅有 2.3%的用户使用过重庆维普资讯，13%的用户两者都使用过，24.1%的用户听说过这两个检索系统，但从未使用过。在问及是否使用过布尔逻辑符号与（and）、或（or）、否（not）时，1.6%的用户经常会使用，6.2%的用户有时会使用，20.1%的用户很少会，72.1%的用户从未听说过布尔逻辑符号，这个数据与 28.4%的用户接受过信息素养教育是基本一致的。

（4）大学生用户搜索信息时的迷航现象

迷航现象是指用户在浏览超文本文档时，对于遇到的一个个"链"需要决定是否沿链跟踪（毕强和杨文祥，2001）。网络用户在进行信息查找时，网络上的超文本虽然具有支持人类联想思维的特点，但其灵活的结构没有告诉用户一条明确的学习路线，因而也容易导致迷路现象（Niederhauser et al.，2000）。且网络信息资源的超文本组织结构具有灵活性、交互性强、自由度大等优点，但是也造成了用户 Web 迷航现象（柯青等，2014）。统计结果显示，3.9%的用户经常会出现"网络迷路"现象，51%的用户有时会出现"网络迷路"现象，37.7%的用户很少会出现"网络迷路"现象，7.5%的用户从来不会出现该现象。用户出现"网络迷航"时，会有一些心理上的感受，关于这一感受本研究调查结果如表 7-9 所示。经独立样本 t 检验和单因素方差分析，性别、认知风格、年级、专业学科等在网络迷航上均无显著性差异。

表 7-9 用户"网络迷航"感受

网络迷航的感受	N	百分比（%）	个案百分比（%）
焦虑	50	11.5	16.6
迷惘	63	14.5	20.9
很想回到原来"走"过的某一条"路"上去	159	36.8	52.6
不管它，顺着新的链接"走"下去	110	25.4	36.4
其他感受	51	11.8	16.9
合计	433	100.0	143.4

注：表中的 143.4 表示每个被试平均选择了 1.434 个选项。

（5）大学生用户对专有用途网站的访问

经调查，68.0%的用户在访问网络进行信息查询或购物时，是有自己的喜好的，如购物类网站偏好访问淘宝，搜索引擎类网站喜好访问百度等。9.8%的用户无偏好，仍有22.2%的用户视情况而定（图7-7）。经独立样本t检验和单因素方差分析，性别、认知风格、年级、专业学科等在访问网站的偏好方面均无显著性差异。

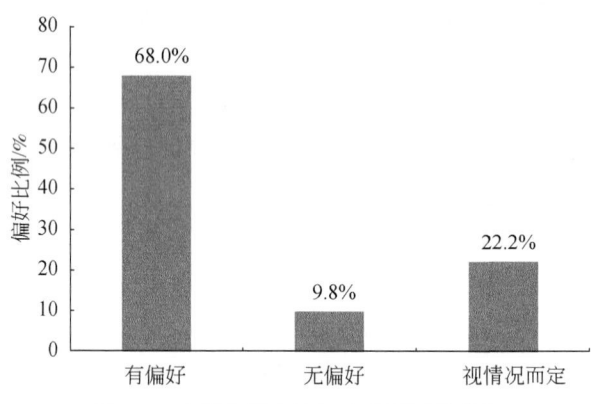

图7-7 大学生用户访问专有网站的偏好

（6）大学生用户对购物网站的访问

关于用户喜欢用什么样的方式浏览购物类网站这一问题，调查结果如图7-8所示，结果显示，67.2%的用户喜欢用关键词检索，16.2%的用户喜欢网站提供的导航体系，14%的用户喜欢网站提供的分类体系。

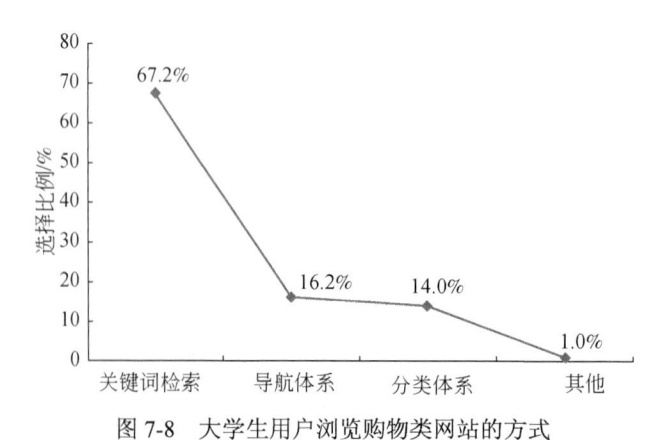

图7-8 大学生用户浏览购物类网站的方式

在进行购物类网站的浏览时，大学生用户是否喜欢按照相关性进行排序，如地点选择江浙沪，价格由低到高排列，调查结果表明，33.6%的用户经常会，38.1%

的用户有时会，18.2%的用户很少会，10.1%的用户完全不会。

（7）大学生用户网络地图网站的访问

关于是否经常使用百度地图进行导航这一问题的调查，结果如图 7-9 所示。29.2%的用户经常用，38.0%的用户有时用，26.0%的用户很少用，还有 6.5%的用户没用过（图 7-9）。有多名用户在使用其他导航一栏填上了高德地图。

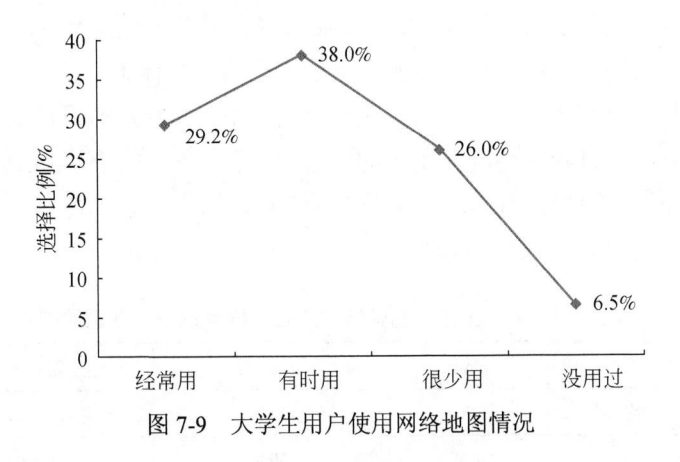

图 7-9　大学生用户使用网络地图情况

7.3.5　大学生用户信息搜索行为的评价

（1）大学生用户对网络信息搜索行为的自我评价

对于在网络上进行搜索信息是否能查全的这一问题，调查的用户中有 76.7%的用户对网络信息查全率还是比较满意的，有 23%的用户觉得有时能，3.0%的用户觉得还是很少能搜索到自己所需的信息。

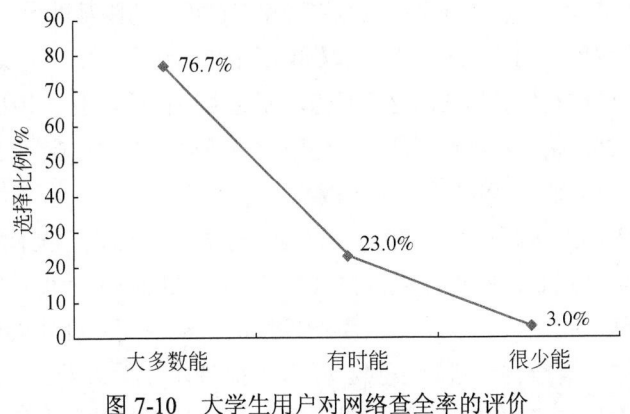

图 7-10　大学生用户对网络查全率的评价

对不同性别的大学生用户在网络信息查全率的评价进行了独立样本 t 检验，结果未见显著性差异（Sig.=0.159）。对不同专业学科的大学生用户在网络信息查全率的评价进行了单因素方差分析，结果也未见显著性差异（Sig.=0.122）。对言语-表象型认知风格的用户在网络信息查全率的评价上进行了独立样本 t 检验，结果未见显著性差异（Sig.=0.212）。对整体-分析型认知风格维度的用户在网络信息查全率的评价上进行了独立样本 t 检验，结果也未见显著性差异（Sig.=0.183）。

（2）大学生用户对网络信息资源搜索过程中的困难体验

大学生用户在进行信息搜索过程中认为遇到的最主要的困难是网站内容太多，纷繁复杂的条目经常会分散用户的注意力，其次是网站的分类比较混乱，再次是用户界面缺少引导。有 10.6% 的用户认为自己缺少搜索的技巧，有 4.5% 的用户认为没有什么困难（表 7-10）。

表 7-10　大学生用户在网络信息资源搜寻过程中遇到的困难

项目	N	百分比（%）	个案百分比（%）
网站内容太多	233	37.3	77.4
网站的分类混乱	192	30.8	63.8
用户界面缺少引导	92	14.7	30.6
缺乏搜索的技巧	66	10.6	21.9
没什么困难	28	4.5	9.3
其他	13	2.1	4.3
合计	624	100.0	207.3

注：表中的 207.30% 表示一个被试平均选择了 2.073 个选项。

对不同性别的大学生用户在网络信息资源搜索过程中的困难进行了独立样本 t 检验，结果认为在"网站内容太多，分散和影响了用户的注意力上"男女生存在显著性差异（Sig.=0.011）。女生更加认同这个观点，而男生则相反。进一步比较了不同专业（学科）、不同认知风格、不同年级的大学生用户的差别，结果均显示无显著性差异。

（3）影响用户查全率和查准率的因素

影响大学生用户进行网络信息搜索的因素有很多，在我们进行的调查中，位列前三位的因素分别是：网络速度太慢（31.8%）、系统响应速度（21.7%）、信息的新颖全面准确可靠性（16.5%）。对不同性别的大学生用户在影响用户查全率和查准率的因素这一调查内容进行了独立样本 t 检验，分析结果显示在检索界面的易用性上，男女生观点存在显著性差异，男生比女生更加认同检索界面的易用性影响了查全率和查准率（Sig.=0.018）。进一步比较了不同专业（学科）、不同认知风格、不同年级的大学生用户的差别，结果均显示无显著性差异。

7.4 小　　结

　　本次调研的目的在于，通过结构化调查问卷和数据的统计分析，初步揭示大学生用户的网络信息资源的需求和行为习惯的一般规律和特征及对网络信息资源的评价，为后续的基于认知风格的行为研究提供前期研究支持。本次调研主要调研了大学生用户网络信息搜索行为的三大方面 14 个小方面的内容：大学生用户的信息需求情况、大学生用户信息搜索的行为习惯、大学生用户信息搜索行为的自我评价、体验和对网络信息资源的评价。大学生用户的信息需求情况着重了解了大学生用户的信息需求程度、信息资源需求的类型、网络信息搜索的动机、信息需求表达能力的自我评价。大学生用户信息搜索的行为习惯包括大学生用户网络信息搜索的一般途径和渠道、大学生用户使用搜索引擎的一般习惯、大学生用户网络学术数据访问的一般习惯、大学生搜索信息时的迷航现象、专有用途的网站是否有偏好、大学生用户购物网站的访问、网络地图网站的访问。大学生用户对网络信息资源的评价主要包括以下：信息搜索行为的自我评价、体验和对网络信息资源的评价。

　　研究结果表明：①大学生对网络信息资源的需求十分强烈且大部分用户对自己的信息需求表达能力充满自信。大学生对资源的需求主要体现在视频资源、超文本资源及音频资源上。且不同性别的大学生对超文本资源、网络游戏和软件资源上存在显著差异，女生更倾向对超文本资源的需求，而男生更多选择网络游戏和软件资源。对于搜索动机，男生更倾向于娱乐所需，而女生倾向于购物所需。②大学生用户进行信息搜索时使用最多的是国内搜索引擎百度，在使用搜索引擎时，大部分用户未使用过搜索引擎的高级检索，用户希望检索系统依据内容的相关性进行排序以便查看，用户一般查看的检索结果的记录数为 6~10 条，大部分用户在使用搜索引擎时需要通过 3~4 步才能获取到自己所需的信息，大部分用户未经历过信息素养教育，未听说过布尔逻辑符号，大部分用户认为有时会在信息搜索时遇到"网络迷航"现象。很多用户在进行信息搜索或网络购物时，有自己偏好的网站如百度、淘宝网等。③大学生用户对信息搜索行为的自我评价比较高，认为网络信息搜索过程中遇到的困难主要来自网站内容太多，网站的体系分类混乱，用户界面缺少引导等，其中女生比男生更加认同网站内容太多而影响了用户的注意力导致检索效率不高，对网络信息资源的评价方面，大学生用户认为目前的网络速度太慢，系统响应速度和信息的新颖性全面可靠准确是影响信息查全和查准率的主要原因。

以上的调研中，虽未见不同认知风格用户在网络信息搜索行为中的显著性差异，但为认知风格与网络信息搜索行为的实证研究提供了一些前期支持。

第8章 基于用户认知风格差异的检索系统人机交互过程实验

8.1 研究设计

8.1.1 研究假设及模型

从已有文献调研结果看，尽管已有许多关于网络信息搜索和信息行为的模型，但是只有很少一部分是研究认知风格和信息行为之间的关系，且已经出现的认知风格与信息行为之间关系的研究也基本是利用 Witkin 的镶嵌图形测试（GEFT）所测的场依存-场独立认知风格，而这种认知风格维度测试的局限性已在本书进行了简单分析。为此，本研究试图研究用户的认知风格差异是否对信息检索人机交互过程产生影响（图 8-1），具体研究假设如下。

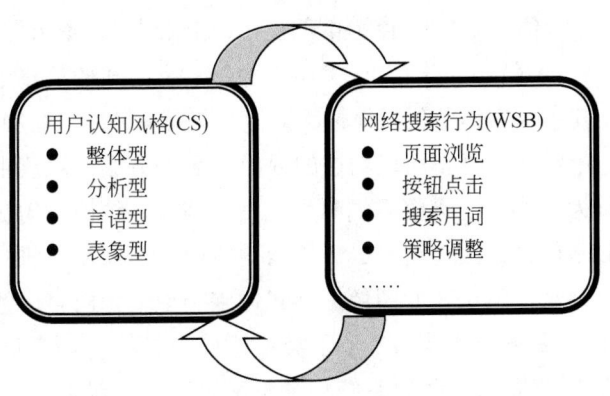

图 8-1 用户网络搜索行为和认知风格作用关系图

（1）认知风格维度对检索提问表达式调整的影响

检索提问表达式调整（query reformulation）反映的是界面和用户之间的深层

次交互作用（Rieh & Xie，2006）。通过网络获得有效的检索结果，需要有正确的策略。而在检索策略的诸多环节中，正确选择检索词尤为重要。华薇娜以检索题"近视眼手术治疗"为例，从常见的检索错误入手，从最初 27 篇论文的检索结果到最后准确查得 2000 多篇文献的过程，一步步推导出正确的检索词，用实例证明了检索词对实施成功检索的重大意义（华薇娜，2010a）。从该学者所列出的检索词变化可见作者精心选择检索词的过程（图 8-2）。

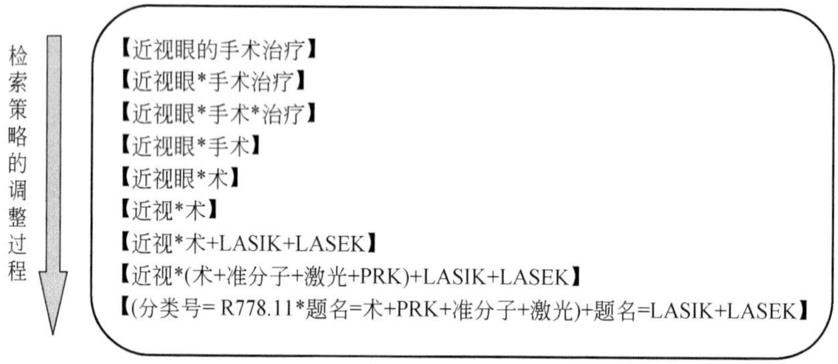

```
检索策略的调整过程
  ↓
【近视眼的手术治疗】
【近视眼*手术治疗】
【近视眼*手术*治疗】
【近视眼*手术】
【近视眼*术】
【近视*术】
【近视*术+LASIK+LASEK】
【近视*(术+准分子+激光+PRK)+LASIK+LASEK】
【(分类号=R778.11*题名=术+PRK+准分子+激光)+题名=LASIK+LASEK】
```

图 8-2　检索策略调整过程图

Jörgensen 和 Jörgensen（2005）分析文本信息搜索的提问式调整时，重点考察了三类调整行为：增加提问词（add）、减少提问词（eliminate）、改变提问词（change）。Rieh 和 Xie（2006）在以 Excite 搜索引擎的分析日志为研究样本时，提出了关于检索提问式在内容、格式和资源 3 个方面 9 个类型的行为模式：缩检、扩检、平移、同义词替换、术语调整、布尔逻辑符运用、错误纠正、资源类型格式的限定、网站域名限定。Yoon 和 Chung（2009）将图像搜索提问式的调整行为分为内容调整和格式调整，其中内容调整包括缩检、扩检、同义词替换、增加同义词、平移、要求格外结果、中断、重复使用已用过的提问式 8 个方面。赖茂生等（2009）将用户网络搜索行为查询式的调整方式分为七种：缩检、扩检、句法调整、改换检索工具、点击提示词、修改与调整、新检索。曹梅（2010）在研究用户图像检索需求的表达与调整时，将用户的图像提问式调整类型分为内容调整、语法和句法调整、资源范围调整 3 个大类 12 个子类：缩检、扩检、同义词替换、平移、中断恢复、重复先前提问、跟随系统相关搜索词、术语调整、使用操作符、更换检索入口重复检索、文件格式调整、图像范围限定。最终归纳出 4 个基本模式：逐步缩检模式、逐步扩检模式、平移、格式调整模式。根据已有研究结合本研究提出如下假设：

第 8 章 基于用户认知风格差异的检索系统人机交互过程实验

H_1：整体型和分析型认知风格用户在提交检索提问表达式时可能存在不同偏向。

H_2：言语型和表象型认知风格用户在提交检索提问表达式时可能存在不同偏向。

检索提问表达式调整过程中，不同认知风格者存在不同的信息加工方式。认知心理学认为知觉过程包含自下而上（Bottom-up）加工和自上而下（Top-Down）加工两种加工过程。关于这两个加工过程的具体概念在前文中已作了阐释。在不同的情况下，知觉过程对这两种加工也可有不同的侧重。对整体型认知风格者可能习惯或喜好自上而下的加工方式，而分析型认知风格者则习惯或喜好自下而上的加工方式（Riding，2003，）。Navarro-Prieto 等（1999）提出了自上而下、自下而上和混合模型等 3 种搜索策略。借鉴以往研究结果，本研究将用户的信息加工方式分为自上而下、自下而上和混合型。根据已有研究结合不同认知风格的特点本研究提出如下假设：

H_3：整体型认知风格用户在进行网络信息搜索时倾向使用自上而下的加工方式，而分析型用户则偏向使用自下而上的加工方式。

H_4：言语型认知风格用户在进行网络信息搜索时倾向使用自上而下的加工方式，而表象型用户则偏向使用自下而上的加工方式。

（2）认知风格维度对网络导航模式的影响

超文本方式与普通文本的区别之一在于它的非线性组织，能提供一种跳跃式扫读文本内容的手段；区别之二在于显示组织，它不仅显示对象，而且显示对象间的关系。超文本信息组织方式将网络上文本信息组织成某种网状结构，用户通过节点和链路从不同角度浏览和查询。目前互联网上绝大部分一次信息均采用这种组织方式（毕强和杨文祥，2002）。关于网络导航模式研究领域，国内外许多研究者都做过一些认知风格与网络导航、超文本、超媒体等之间关系的研究，有的研究结果与研究假设一致，有的则不然。Liu 和 Reed 发现认知风格会影响学习者导航策略的选择（Liu&Reed，1994）。Reed 等研究场依存和场独立者对线性浏览和非线性浏览的偏好（Reed et al.，2000）。美国威斯康星大学图书情报学院的 Kim 调查了不同认知风格的学习者利用网络导航寻找信息的策略情况。该团队在 2001 年继续研究了认知风格与网络搜索经验之间的关系。英国布鲁内尔大学信息系统和计算机学院的 Chen（2002）研究团队验证学习风格对超媒体学习的影响的研究。周荣刚等（2003）研究了场独立-场依存在网络导航中的节点选择、偏离最优路径等的偏好。江程铭等（2004）的研究未发现认知风格对网络搜索成绩的显著影响。

盖敏慧（2008）认为认知风格对用户迷失有影响，但不能单纯地认为场独立者不易迷失，或场依存者易于迷失，这与页面的布局、搜索任务的难度相关。根据已有研究结合本研究提出如下假设：

H_5：整体型和分析型认知风格用户在网络信息搜索时间、浏览网页数、点击数存在不同。

H_6：表象型和言语型认知风格用户在网络信息搜索时间、浏览网页数、点击数存在不同。

从认知信息加工论的角度看，编码和解码是一对逆过程，信息的组织者将思想用语言符号表达出来是编码的过程，而阅读者便是理解、接受信息的解码过程。整体型和分析型认知风格者具有不同的信息加工的特点，整体型认知风格者倾向注重整体而忽视细节，他们思维比较粗略，反应速度相对比较快，因此整体型认知风格者阅读速度较快，通常是通览全文并及时领会作者意图，但在阅读中易丢失一些细节信息。分析型认知风格者考虑问题比较细致入微，但他们反应速度相对较慢，因此分析型认知风格者阅读速度较慢，且迟迟不得全文要领（王雪梅，2004）。表象型认知风格者由于要通过所有表象的集合来构建某一概念或实物，因此表象型认知风格对细节的处理比较仔细，因此花的时间比较多，而言语型认知风格则相反。根据已有研究结合本研究提出如下假设：

H_7：整体型和言语型认知风格者对信息搜索结果的处理上以快速扫描浏览为主，很少花时间打开和阅读网页内容。

H_8：分析型和表象型认知风格者对搜索结果的处理上更愿意花时间来打开搜索结果并且花费一定的时间仔细阅读，从中提取自己所需要的信息。

（3）认知风格视角下的网络信息搜索行为模型

本研究以信息搜索行为理论和认知信息加工理论为理论基础，结合已有的文献研究结果，分析了不同认知风格类型的用户在检索提问表达式调整、网络导航模式中的不同表现，并提出了相应的研究假设，构建了如图 8-3 所示的基于认知信息加工过程以及与认知风格联系比较密切的知觉和表象加工过程的四个认知风格维度下的信息搜索行为模型。

认知心理学研究的范围主要包括感知觉、注意、表象等心理过程或认知过程，本书主要研究认知风格类型中的整体-分析型和言语-表象型维度，以及信息加工过程的知觉、表象两个部分。信息加工心理学认为知觉过程包含两种加工形式，其中知觉部分主要包括自上而下加工和自上而下加工，整体到局部的加工过程类似于自上而下的加工过程，这种类型即整体型，而局部到整体的加工过程类似于

| 第 8 章 | 基于用户认知风格差异的检索系统人机交互过程实验

自下而上的加工过程,这种认知风格类型即分析型。在表象这一认知过程中,表象与言语是两个相平行但有联系的认知系统。言语系统负责加工语言信息;表象系统则负责对具体信息进行编码、储存、转换和提取。如果被试在表征信息时习惯表象表征,那么该被试即属于表象型,如果被试在表征信息时习惯言语表征,那么该被试即属于言语型。

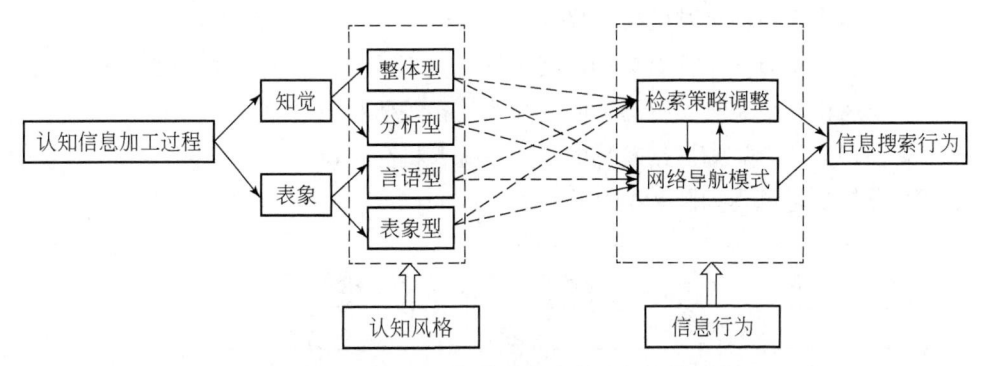

图 8-3 基于认知风格的信息搜索行为模型

在图 8-3 中,认知风格指向信息行为作用的 8 条虚线中,分别表示:整体型和分析型认知风格用户在提交检索提问表达式时可能存在不同偏向;言语型和表象型认知风格用户在提交检索提问表达式时可能存在不同偏向。整体型和表象型认知风格用户在进行网络信息搜索时倾向使用自上而下的加工方式,而分析型用户则偏向使用自下而上的加工方式。言语型认知风格用户在进行网络信息搜索时倾向使用自上而下的加工方式,而表象型用户则偏向使用自下而上的加工方式。整体型和分析型认知风格用户在网络导航模式中网络信息搜索时间、浏览网页数、点击数存在不同。表象型和言语型认知风格用户在网络信息搜索时间、浏览网页数、点击数存在不同。整体型和言语型认知风格者对信息搜索结果的处理上以快速扫描浏览为主,很少花时间打开和阅读网页内容。分析型和表象型认知风格者对搜索结果的处理上更愿意花时间来打开搜索结果并且花费一定的时间仔细阅读,从中提取自己所需要的信息。

8.1.2 实验目的和流程

本研究试图考察认知风格对网络信息搜索行为的影响作用并构建两者关系的模型。研究的主要目的是借助模型能更好地理解用户的认知风格如何影响网络搜索,希望通过该研究能给信息科学领域的研究者、信息系统的设计者、学者、教育者、培训者和图书馆馆员有所帮助，帮助他们更好地了解不同认知风格类型的用户所具有的不同搜索行为。具体来说，通过对用户与检索系统之间的交互过程实验，达到以下研究目的：

- 调查网络行为的特征。对用户网络信息搜索的不同搜索模式的相关文献的回顾，并进一步探明网络搜索行为的特征和用户为了满足自身的信息需求而不断调整的搜索模式。
- 从多个方面来探查认知风格和信息搜索行为之间的关系。因为关于认知风格和信息搜索行为之间的关系的相关研究相对较少。
- 构建基于认知风格差异的检索系统人机交互模型。

具体的实验流程如图 8-4 所示。

认知风格测试 → 网络搜索行为问卷 → 被试网络搜索行为实验 → 被试后测问卷

图 8-4 被试测试流程图

其中第一阶段认知风格测试和网络搜索行为问卷调查已经分别在前文第 6 章和第 7 章实施，本章将继续完成被试网络搜索行为实验和后测问卷调查部分。

8.1.3 实验样本

关于样本量的选取，抽样研究专家 Sudman 认为在进行与前人类似的研究时，可参考别人的样本量（曹梅，2010）。关于用户信息行为的实验研究样本量的选择方面，Palmquist（2000）以 48 名研究生为研究对象，考察了他们的认知风格和已有的在线数据库搜索经验对搜索行为的影响。Ford 和 Chen（2001）收集了 69 个研究生利用 AltaVista 搜索引擎进行主题性任务的搜索行为。Goodrum 等（2003）采集了 18 个被试共 71 个图像搜索过程，来分析图像检索过程中的状态转移。Chen 和 Macredie（2004）利用英国布鲁内尔大学的 61 名硕士研究生为研究对象，考察了他们的不同的认知风格对网络教学的不同表现。Graff（2005）以 58 名被试为研究对象，考察了他们在超文本浏览策略时的个体差异。Fukumoto（2006）征集了 20 个大学生作为被试，考察基于特定图像数据库的用户信息行为。朱明泉等（2006）在互联网信息搜索用户行为模型的探索性研究中，选择了 32 名被试参与了实验，这些被试是具有相似网络搜索经验的本科生或研究生。曹梅（2010）在网络图像检索的用户行为策略研究中，招募

第8章 基于用户认知风格差异的检索系统人机交互过程实验

了30名被试，89个搜索过程行为样本。Chen和Liu（2011）征集了65名本科学生作为被试，研究不同认知风格的被试在网络课程学习中的模式。Kinley等（2014）在研究认知风格与网络搜索行为关系的研究中，招募了50名志愿者作为研究被试。从以上信息行为研究样本量的选择来看，许多用户行为研究者样本量的选择在30~70人。本研究在参考前人研究所选择样本量的基础上，征集了42名在之前已经进行过认知风格测试的同学。被试的具体情况如表8-1所示。每位被试要求完成3个网络搜索任务。最后搜集到的有效样本数量为122个，另有4个搜索行为过程因为各种原因而没有保存或保存不完整，无研究参考价值。

表8-1 参加实验的样本构成（N=42）

样本基本情况	类型	人数（人）	比例（%）
性别	男	20	47.6
	女	22	52.4
	合计	42	100.0
年龄	20岁以下	3	7.1
	20-25岁	38	90.5
	25岁以上	1	2.4
	合计	42	100.0
年级	一年级	8	19.0
	二年级	18	42.9
	三年级	13	31.0
	四年级	3	7.1
	合计	42	100.0
专业	财务管理	2	4.8
	国际贸易	25	59.5
	电子信息	8	19.0
	软件工程	7	16.7
	合计	42	100.0

续表

样本基本情况	类型	人数（人）	比例（%）
整体-分析型认知风格	整体型	19	45.2
	分析型	23	54.8
	合计	42	100.0
言语-表象型认知风格	言语型	20	54.8
	表象型	22	45.2
	合计	42	100.0

8.1.4 实验任务

关于实验任务的设计，不同的研究者提出了自己的设计原则。根据 Rosenfeld 和 Morville 在《万维网的信息构建》一书中的论述，搜索任务的设计要遵循"由易到难，由少到多"的原则，具体如下：由简单到复杂、从明确搜索到穷尽搜索、从话题到任务、从假设情境到现实，尽管大多数的任务情境都是假定的，然而可以给出一些现实的背景，以鼓励用户进行角色思考（盖慧敏，2008）。赖茂生和屈鹏（2009）提出用户搜索任务确定的原则：与生活密切相关的任务、一些有价值的主题任务和搜索有一些难度的任务这三大原则。另外，由于个体注意力的稳定性有一定时间限制，研究表明，不同年龄阶段能保持稳定注意的时间是不同的，越小的儿童保持注意时间越短，随着自制力的发展，到了中学阶段，长时间地、稳定地集中注意的时间可长达 40 分钟（鲁忠义，2009）。因此本研究确定被试完成搜索任务的时间不宜超过 40 分钟，否则会影响搜索效果。本研究在以上几位学者所提原则的基础上提出本研究搜索任务设计的基本思想：搜索任务难度由易到难，由于用户搜索效能会受到原有知识水平的影响，为尽量避免或减少这种影响，本研究设计的任务是与日常生活息息相关，而非专业领域知识，完成搜索时间考虑在半小时左右，不超过 40 分钟，同时借鉴 Kim 关于事实性任务、解释性任务和探索性任务定义的基础上设计了三项搜索任务（Kim，2009）（表 8-2）。

| 第 8 章 | 基于用户认知风格差异的检索系统人机交互过程实验

表 8-2　搜索任务列表

事实性任务	春节的习俗是多种多样的。相传年兽害怕红色，怕火光和爆炸声，所以人们便有了贴红春联、红窗花、放爆竹、守岁等习俗。我国是一个有着 56 个民族的大家庭，每个民族都有自己的习俗，你知道哪个民族的习俗是装扮成老虎跳舞来欢庆春节？还有哪些少数民族有些什么春节习俗，列举 3~5 例
解释性任务	北京时间 2011 年 3 月 11 日，日本东北部海域发生里氏 9 级特大地震，引发海啸并导致核电站的泄漏事故，这一起灾难性事故引发了人们对核能和安全的思考，如何处理好核能和安全的关系，世界各国对核能是如何管理的
探索性任务	昆仑山在中华民族的文化史上具有"万山之祖"的显赫地位，古人称昆仑山为中华"龙脉之祖"。假期临近，你和几位同学相约去昆仑山旅行，你需要提前了解一下这个地区的地理位置、自然景观、自然异象，旅游的注意事项（如是否会有高原反应及如何预防）等？内容格式不限，图片、视频、文档均可

1）任务 1

事实性任务（a factual task）是一个关于事实的任务，如名字、名称等。事实性任务是经过验证和机构化的封闭性问题。它有确定或明确的答案，搜索的结果一般是已经命名的属性，如名词词组或者是名字、时间、位置、物体属性，以及一些短语或者句子，表示定义、分类、列表或一个标识。

2）任务 2

解释性任务（an interpretive task）是一个需要思考、理解和搜索的任务，解释性任务是相对开放的任务，但与探索性任务相比相对集中且有一定目标。解释性任务可能不止一个答案。搜索的结果是文章或段落的总结，描述、解释、对比、推理、估计、区别、讨论、关联、预测等等（Kim, 2009）。

3）任务 3

探索性任务（an exploratory task）能激发搜索者拓宽自己某个主题方面知识的渴望如促进学习或科学研究。探索性任务是完全开放式的，多方位的主题需求，它的答案很难用短语来表述，经常包括多个方面的概念，因为无法提前预知如何完成信息需求任务，它结构性的信息需求是含糊的，必须不断扩展搜索模式，进而进入到新的或未知的领域（Kim, 2009）。

任务 1 为事实性任务。该搜索任务比较简单，且有明确答案。由于简单的事实性任务很难反映用户的检索式构造变化等因素，因此在选择事实性任务时，确实有很大难度。所选择的题目一定不能仅仅通过一个检索词就能检索到，否则无法看出被试检索词的调整。且题目中出现的词或短语一定要避免直接可以搜索到，如果在搜索引擎上通过这个词一次性就能搜索到所需要的结果，那必须要换一个词。如任务 1,如果提示语中的"装扮成老虎跳舞"变成"跳虎节",那一个检索词"跳虎节"就可以搜索到所需要的答案,这个题目就无法体现被试调整检索词的情况。

任务 2 为解释性任务。解释性任务的答案可能不止一个,相对发散,但是与探索性任务相比却相对具体和明确。任务 2 是一个与生活息息相关的场景,以 2011 年日本地震引发海啸并引起核泄漏的事实为背景,探讨核能和安全的话题,搜索各国关于核能管理的规定。

任务 3 为探索性任务。探索性任务完全是开放式的,多方面的主题需求。如任务 3 中的昆仑山的地理位置(海拔高、横贯新疆、西藏,一直伸延至青海境内等)、自然景观、自然异象(死亡谷或地狱之门等),在这个地区旅游的注意事项,是否会发生高原反应,有哪些防护措施等多个主题。

8.2 数据采集和分析

本书的研究所采用的实验步骤为:①实验前准备工作。在实验开始前,要求被试做好实验前的准备工作,如将手机调至振动或关闭,并在完成任务的过程中不得中途离场接听手机或上卫生间,确有特殊情况,可个别举手示意。指导被试学会使用屏幕录像专家 V2011 进行录像,并设置统一的保存路径。在电脑的硬盘中建一个以自己的 ID 号命名的文件夹,在这个文件夹下再建 3 个文件夹,分别命名为任务 1、任务 2 和任务 3,最后每个任务的录像片段将保存在相应的文件夹下。②布置搜索任务。指导者提出各项搜索任务完成的要求,并将完成的搜索结果如文档、视频、音频等分别保存到相应的任务 1、任务 2 和任务 3 的文件夹中。③完成搜索任务。被试开始完成搜索任务,全场保持安静,如在完成过程中遇到电脑故障或软件使用障碍,举手示意,不得大声喧哗影响他人。

数据收集(data collection)利用屏幕录像专家 V2011 录制被试的网络信息搜索行为过程。采集的数据,提取以下字段作为观察日志(表 8-3)。对行为数据进行统计处理,分析网络信息搜索行为中特征要素,拟合行为模型等。

表 8-3 被试检索行为观察日志示例

ID 号	日期(年-月-日)	时间(时:分)	URL	搜索短语	QRT
05	2014-05-22	00:02	www.baidu.com	春节习俗	新
05	2014-05-22	00:03	www.baidu.com	春节习俗老虎跳舞	增加
05	2014-05-22	00:04	www.baidu.com	春节习俗有哪些	替换

| 第8章 | 基于用户认知风格差异的检索系统人机交互过程实验

续表

ID 号	日期（年-月-日）	时间（时：分）	URL	搜索短语	QRT
05	2014-05-22	10：36	www.baidu.com	日本地震	新
05	2014-05-22	10：39	www.baidu.com	地震核能	替换
05	2014-05-22	10：39	www.baidu.com	核能安全	替换
05	2014-05-22	10：42	www.baidu.com	安全核能	重复
05	2014-05-22	21：24	www.baidu.com	昆仑山旅行	新
05	2014-05-22	21：28	www.baidu.com	昆仑山	减少
05	2014-05-22	21：30	www.baidu.com	昆仑山死亡谷	增加

注：表中 ID 号是为每个被试所编的唯一号，时间是指所屏幕录像中的起止时间，并非实际时间。URL 是被试访问的网址，搜索短语是被试键入的查询短语。QRT 是 query reformulations type 指查询表达式重组类型。

8.3 信度效度分析

为了确保实验研究的质量，必须关注实验研究过程中的信度和效度问题。效度（validity）是指能够测到该测验所欲测（使用者所设计的）心理或行为特质到何种程度。研究的效度包括内在效度（internal validity）和外在效度（external validity）。信度（reliability）是指测验或量表工具所测得结果的稳定性（stability）和一致性（consistency）（吴明隆，2010）。

为了提高本研究实验的信度和效度，本研究主要采取了以下几个方面的措施保证效度和信度。

1）实验之前制定了详细的实验步骤和实验过程。被试所使用的实验仪器（电脑配置、浏览器的安装等）、搜集被试数据所使用的软件（屏幕录像专家 V2011），被试所参加的一系列实验过程和步骤都确保是相同的。这样减少外部因素干扰，确保实验设计的内在效度。

2）通过设计严格的实验操作控制方案，确保实验质量。如实验前的准备工作中，要求被试关闭手机或调至静音，对被试进行的屏幕录像专家 V2011 使用培训。指导被试创建文件夹和保存录像片段等，清空历史记录和收藏夹里的内容等，以保证实验结果不受其他相关因素的干扰和影响等。实验开始前，通过访谈来了解一些异常或需要了解的特殊问题，观察人员在不影响被试的情况对有关情况进行记录（尤其是异常情况）等，除前期对相关要求与问题进行一些必要的非暗示说明外，尽量不干预被试的实验行为，提供较为宽松的测试氛围等。

3）在数据的收集和分析中，使用定性和定量分析相结合的分析方法，两种分析方法互为补充，提高了数据分析的信度。通过手工统计和软件工具统计相结合的分析方法，增加了研究的信度。

4）被试的选择上，确保被试的性别均衡分布，被试的认知风格平均分布，以方便统计分析，确保被试分布在尽量多的专业（学科）中，从而保证被试选择的代表性，以确保被试的人口统计特征接近目标人群。

5）在进行正式测试之前，本研究利用设计的三个搜索任务进行了预测试，确保实验仪器、软件使用无障碍，确保搜索任务具有一定的搜索深度。

8.4　实验结论与讨论

8.4.1　不同认知风格用户检索提问表达式调整

（1）信息搜索行为视角

网络信息具有不可见性，但却在很大程度上左右着人们的社会生活与各项活动。用户根据信息搜索的需求，构造检索提问表达式，选择相应的检索工具和检索途径，试图从系统中搜索到自己所需的信息，但是检索结果往往并不能一次就尽如人意，这时用户就应该不断地调整检索思路，直至令自己满意的结果。这个过程就是检索提问表达式不断调整的过程（华薇娜，2009）。

不同的学者对检索过程中的调整行为进行了归纳，如 Jörgensen 和 Jörgensen（2005）提出三类调整行为：增加提问词（Add）、减少提问词（Eliminate）、改变提问词（Change）。Rieh 和 Xie（2006）提出 9 个类型的行为模式：缩检、扩检、平移、同义词替换、术语调整、布尔逻辑符运用等。赖茂生等（2009）将用户的网络搜索行为的查询式的调整方式分为 7 种：缩检、扩检、句法调整、改换检索工具、点击提示词、修改与调整、新检索。曹梅（2010）在研究用户图像检索需求的表达与调整时，将用户的图像提问式调整类型分为内容调整、语法和句法调整、资源范围调整 3 个大类 12 个子类，最终归纳出 4 个基本模式：逐步缩检模式、逐步扩检模式、平移、格式调整模式。本研究在借鉴以往学者研究的基础上，结合本研究的特点，为方便研究将查询提问表达式的行为调整分为 5 种：新表达式

第 8 章 | 基于用户认知风格差异的检索系统人机交互过程实验

(New)、增加(Add)、替换(Replace)、平移(Parallel Movement)、重复(Used Query)。具体详见表 8-4。

表 8-4 检索提问表达式调整分类示例

类型	解释	编码	示例
新表达式（new）	连续的两个表达式完全没有包含相同内容，第二个表达式是一个全新的表达式。	N	Q_i：昆仑山旅行 Q_{i+1}：高原反应症状
增加（add）	第二个表达式在第一个表达式的基础上增加了词组或短语。	A	Q_i：昆仑山旅行 Q_{i+1}：昆仑山旅行地狱之门
替换（replace）	第二个表达式中的部分词组或短语被第一个表达式的词组或短语替代。	R	Q_i：昆仑山旅游 Q_{i+1}：昆仑山死亡谷
平移（parallel movement）	在第一个表达式的基础上将短语或词组减少，变为第二个表达式。	P	Q_i：昆仑山旅行 Q_{i+1}：昆仑山
重复（used query）	第一个表达式与第二个表达式完全相同或表达意思完全相同，仅仅是词组或短语顺序有所变化。	U	Q_i：昆仑山 死亡谷 Q_{i+1}：死亡谷 昆仑山

注：表中的 N 是 new 表示新表达式，A 是 add 表示增加，R 是 replace 表示替换，P 是 parallel movement 表示平移，U 是 used query 表示重复先前表达式。Q_i 表示前一个查询表达式，Q_{i+1} 表示第 2 个查询表达式。

通过录像片段将每个被试的检索提问表达式按表 8-5 进行提取，为后续定量分析收集数据。

表 8-5 不同被试的检索提问表达式调整类型示例

ID 号	任务号	查询表达式	词组	CQ	CT	QRT
08	2	日本大地震	2	28	67	新表达式
08	2	大地震核反应	2	29	69	替换
08	2	核反应和安全	2	30	71	替换
08	2	各国核反应和安全	3	31	74	增加
08	2	德国核反应和安全	3	32	77	平移
11	3	昆仑山旅行	2	25	34	新表达式
11	3	昆仑山高原反应	2	26	36	平移
11	3	昆仑山高原反应症状预防	3	27	39	增加

注：CQ 是 cumulative query 表示累积表达式的个数，CT 是 cumulative terms 表示累积词组的个数，QRT 表示 query reformulations type 表示查询表达式的类型。

经统计，42 名被试所有查询表达式的类型数量等汇总如表 8-6 所示。总表达式为 454 个，其中 33%为新表达式比率，25%为在上一个表达式基础上的增加表达式百分比，13%为在上一个表达式基础上替换后的表达式数量百分比，16%为在上一个表达式基础上平移后的表达式数量，13%为重复提交的表达式数量。

表 8-6　检索提问表达式类型汇总

类型	数量	百分比（%）	最小值	最大值	平均值	标准差
新表达式	151	33	2	7	3.59	2.57
增加	112	25	0	6	2.67	2.10
替换	59	13	0	4	1.40	1.02
平移	72	16	0	9	1.71	1.21
重复	60	13	0	4	1.43	1.13
合计	454	100	0	9	2.16	1.61

将查询表达式的数量和认知风格类型建立交叉分布表，由表 8-7 中可看出不同认知风格类型选择查询表达式的数量。

表 8-7　认知风格和检索提问表达式交叉分布表

认知风格	新构	增加	替换	平移	重复
整体型（N=19）	78	38	21	28	28
分析型（N=23）	73	74	38	44	32
言语型（N=20）	68	54	31	51	26
表象型（N=22）	83	58	28	21	34

对表 8-7 中的数据进行均值和两独立样本 t 检验，检验结果见表 8-8。

表 8-8　不同认知风格检索提问表达式比较和两独立样本 t 检验

类型	统计量	整体型（N=19）	分析型（N=23）	言语型（N=20）	表象型（N=22）
新构	均值	4.105	3.174	3.400	3.773
	t 检验	−4.209**		−2.832**	
增加	均值	2.000	3.217	2.700	2.636
	t 检验	−5.279**		−2.021*	

第 8 章 | 基于用户认知风格差异的检索系统人机交互过程实验

续表

类型	统计量	整体型（N=19）	分析型（N=23）	言语型（N=20）	表象型（N=22）
替换	均值	1.105	1.652	1.550	1.272
	t检验	−1.956		−2.012*	
平移	均值	1.474	1.913	2.550	0.955
	t检验	−2.854		6.436**	
重复	均值	1.474	1.391	1.300	1.546
	t检验	−2.232		−1.874*	

*表示 $p<0.05$；**表示 $p<0.01$。

结合表 8-7、表 8-8 可以看出，整体型认知风格用户在提交查询表达式时比较积极主动，他们提交的表达式的数量比其他类型认知风格的用户都要多。表 8-7 中，整体型认知风格者新构表达式数量为 78 个，而分析型认知风格者新构表达式数量为 73 个。经表 8-8 的 t 检验结果，两者存在显著差异。在进行表达式调整时，大部分被试选择新的表达式，而分析型用户却偏向选择增加某一个或几个词组到原有的表达式中。表 8-7 中，分析型用户增加表达式为 74 个，而整体型用户为 38 个，且经表 8-8 的 t 检验结果，两者存在显著差异。

与表象型认知风格者相比，言语型认知风格偏向选择增加、平移和替代词组这样的表达式调整方式。表 8-8 中，言语型者在选择增加、平移和替代词组这三类表达式调整方式时，数量较多且经过 t 检验，与言语型认知风格者存在显著差异。另外，表象型认知风格似乎因为缺少语言表达能力而很少使用词组或短语来修改他们原有的表达式，这可能就是他们更多地使用新表达式和重复提交表达式的原因。表 8-8 中，表象型者倾向使用新表达式和重复提交表达式，且经过 t 检验，与言语型认知风格者相应表达式调整方式存在显著差异。

（2）认知信息加工视角

检索提问表达式调整过程中，从认知信息加工的角度来分析，不同认知风格的用户在信息加工时存在差异。信息加工策略（information searching strategies，ISS）指用户在进行网络搜索时获取信息的途径或方式。结合以往研究，通过本研究的屏幕录像所展示的行为片段分析可知，被试的信息搜索策略分为三类：自上而下策略、自下而上的策略、混合型策略。

A.自上而下的策略（top-down approach）

自上而下的策略指用户进行搜索时先了解一个主题的一般信息再逐渐搜索具

体的信息，这个过程是一个从一般信息的加工到具体信息加工的过程。如2号被试在完成任务1时，先输入"春节习俗 各民族"，第二次接着想了解其他少数民族的春节习俗，遂输入"春节习俗 少数民族"，第三次他还想了解更为具体的少数民族，他又输入"春节习俗 彝族 傣族 侗族"，该被试在输入表达式的过程中，从各民族——少数民族——彝族、傣族、侗族，各民族是一个一般概念，而少数民族是各民族的下位概念，彝族、傣族、侗族又是少数民族的下位概念。这个过程就是被试的一个自上而下的加工搜索策略的过程。

以下一些自上而下搜索策略的例子是通过屏幕录像片段得到的结果：

1）1号被试在完成任务3时，第一次提交表达式"昆仑山"，有很多搜索结果，被试想了解昆仑山地区的一些情况，遂点击了"昆仑山——百度百科"这条链接，接着被试在"昆仑山"搜索词的基础上又添加了"高原反应"使之变成"昆仑山 高原反应"，接着又将检索词变为"昆仑山 高原反应症状"想试图了解关于高原反应的更多信息。

2）4号被试在完成任务3时，先输入"昆仑山"，然后又添加检索词，将表达式变为"昆仑山旅行"，试图了解关于在这个地区旅行的情况。

B.自下而上的策略（bottom-up approach）

与自上而下的策略相反，自下而上的策略是指用户首先了解具体信息，然后再了解一般信息的搜索方式。他们在搜索结果的页面向下滚屏，不断寻找自己需要的信息，他们通过减少搜索词组来增加搜索结果（图8-5）。

[昆仑山徒步旅行高原反应症状治疗预防]
[昆仑山徒步旅行高原反应]
[昆仑山高原反应]

图8-5　被试自下而上策略示例

被试6号在完成任务2时，提交他的第一个查询表达式"日本大地震 核能 安全 各国管理"，被试看看搜索结果似乎不太满意，接着重构他的表达式"核能 安全 各国管理"，被试打开维基百科中关于"各国核能发展"的链接，接着又打开"各国对核能源安全利用的管理——北京法院网"的链接，被试似乎想要了解更多关于核能和安全的内容，他又把"核能 安全 各国管理"中的各国管理删去，最后的表达式变成了"核能 安全"，被试打开爱艺奇网站的一个关于"BBC之核能安全吗？"链接的纪录片在观看。

C.混合型策略（mix approach）

在进行网络搜索时，有些被试同时使用自上而下和自下而上两种搜索策略，下面这些例子即关于混合型搜索策略的录像片段。

被试 9 号在完成任务 3 时，提交第一查询表达式"昆仑山地区 高原反应 症状"，搜索结果中的权威内容很少，被试打开一个"360doc 个人图书馆"的网页，网页内容介绍的是关于"高原反应及症状"的有关内容，被试对此有些不太满意，即又提交第二查询表达式"昆仑山"，被试可能试图想了解关于"昆仑山地区"的一些情况，被试打开一些网页随即又提交了第三个查询表达式"高原反应 症状 治疗 预防"，试图了解关于高原反应的一些情况。在这个查询过程中，被试从查询式"昆仑山地区 高原反应 症状"到查询式"昆仑山"是具体主题到一般主题的了解，而从查询式"昆仑山"到查询式"高原反应 症状 治疗 预防"又是从一般主题的了解到具体主题的了解。

从上面这个录像片段可以看出，被试在使用混合型搜索策略时，往往是一种跳跃性的思维方式，而这种跳跃性思维的原因在于对搜索结果的不满意，如上例中被试试图想了解关于"昆仑山地区"的一些情况，但是搜索结果中很少有关于这个地区的一些介绍。在搜索无果的情况下，被试又回到了最初的想了解高原反应的情况，而提交了第三个查询表达式"昆仑山 高原反应 症状 治疗 预防"。

信息搜索策略被试人数分布如表 8-9 所示：

表 8-9　信息搜索策略被试的人数分布

信息搜索策略	被试人数（人）
自上而下策略	19
自下而上策略	14
混合型策略	9
合计	42

表 8-10　认知风格和信息加工策略交叉分布表

认知风格	自上而下策略 人数（人）	百分比（%）	自下而上策略 人数（人）	百分比（%）	混合型 人数（人）	百分比（%）	合计 人数（人）
整体型	11	57.8	3	15.8	5	26.3	19
分析型	6	26.1	13	56.5	4	17.4	23
言语型	11	55	5	25	4	20	20
表象型	7	31.8	10	45.5	5	22.7	22

由表 8-10 可看出，整体型认知风格的用户中，有 57.8%选择自上而下的信息加工策略，分析型认知风格的用户中，有 56.5%的用户选择自下而上的信息加工策略。言语型认知风格的用户中，有 55%的用户选择自上而下的信息加工策略，而表象型认知风格的用户有 45.5%的用户选择自下而上的信息加工策略。图 8-6 是认知风格和信息加工方式关系图。

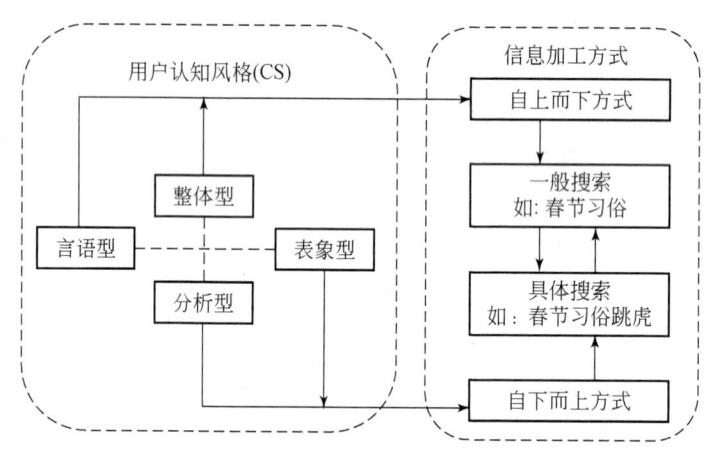

图 8-6　用户认知风格和信息加工方式关系图

8.4.2　不同认知风格用户信息搜索效率研究

人们经常会遇到在博物馆等大型展馆参观时，因缺乏方向感，完全迷失而找不到原来初始出发的位置的现象，这种现象被称为"博物馆现象"（毕强和杨文祥，2001）。人们在浏览网页时也会产生这种博物馆现象，被称为迷路或迷航，用户迷航时犹如身处迷宫，不知自己的位置以及如何到达目的地，同时因为情绪受挫，会失去耐心和信心，从而偏离搜索主题甚至放弃当前搜索任务（盖慧敏，2008）。为了使浏览者不在网站中迷失方向，网站设计中一般都有导航系统，即每个网页中至少有一个指向主页的链接。一般来说，有全局导航和局部导航两类导航系统（毕强和杨文祥，2002）。Juvina 和 Ostendorp（2004）和 Gwizdka 和 Spence（2007）将用户的导航模式分为结构性导航和分散性导航。周荣刚等提出评定迷失程度的指标为任务完成的时间、打开的页面数或节点数、重复打开页面数或节点数以及最优路径的偏离量等（周荣刚等，2003）。甘利人提出完成任务时间、打开节点数目、重复使用的节点数、最优路径偏离或最优路径相似度作为评价搜索绩效和迷失程度的指标（甘利人等，2008）。

第 8 章 | 基于用户认知风格差异的检索系统人机交互过程实验

由于本研究的网络搜索路径不存在最优路径,因此本书在借鉴以往研究的基础上,利用搜索时间、浏览网页数、打开节点数来考量不同认知风格者的搜索绩效水平,而不考虑用户的迷失程度。具体实验数据如表 8-11 和表 8-12 所示。

表 8-11 整体-分析型认知风格搜索绩效及两独立样本 t 检验

搜索任务	认知风格	搜索时间 平均值	t 检验	浏览网页数 平均值	t 检验	打开节点数 平均值	t 检验
任务 1	整体型	182.25	-1.092	4.77	-1.756	4.01	-1.275
	分析型	179.11		4.98		4.89	
任务 2	整体型	387.47	-4.092**	6.45	-3.492**	8.09	-2.692**
	分析型	279.06		8.98		10.97	
任务 3	整体型	482.76	-4.512**	10.13	-3.871**	9.33	-4.063**
	分析型	345.87		14.98		13.69	

*表示 $p<0.05$;**表示 $p<0.01$。

表 8-12 言语-表象型认知风格搜索绩效及两独立样本 t 检验

搜索任务	认知风格	搜索时间 平均值	t 检验	浏览网页数 平均值	t 检验	打开节点数 平均值	t 检验
任务 1	言语型	181.25	-1.078	4.67	-1.654	4.56	-1.355
	表象型	183.20		4.13		4.20	
任务 2	言语型	267.34	-4.765**	9.31	-2.778**	10.97	-3.010**
	表象型	392.07		8.01		8.01	
任务 3	言语型	389.06	-4.103**	13.88	-3.122**	14.01	-4.711**
	表象型	462.39		11.67		10.63	

*表示 $p<0.05$;**表示 $p<0.01$。

从表 8-11 和表 8-12 可以看出,整体型用户和表象型用户的搜索时间比分析型和言语型用户的搜索时间长,这点与前文假设 H7 和假设 H8 稍有区别,主要体现在整体型和分析型认知风格者的搜索时间。这点或许是由于样本抽取的随机误差造成的,或许是搜索任务的设计所造成的系统误差,有待未来作进一步研究。言语型和分析型用户的浏览网页数和打开节点数比整体型和表象型用户都要多。

Palmquist & Kim 的研究表明在网络搜索经验比较缺乏时，认知风格差异对此类人群有显著影响，而一旦具备了丰富的网络搜索经验，认知风格的差异对此类人群没有任何影响，即搜索经验会掩盖认知风格对搜索效果的影响（Palmquist & Kim, 2000）。因此本研究用户在完成解释性任务和探索性任务时，整体型和分析型之间、言语型和表象型之间存在显著性差异，但是在完成事实性任务时，并不存在差异。Kim 曾指出，网络信息搜索行为模式是由搜索者的认知方式来确定的，即不管搜索者使用什么搜索工具，解决什么难度的搜索任务，他的搜索行为模式都是一样的，体现了他的搜索行为习惯。也就是说，只有认知方式才是搜索行为模式的识别因素（Kim & Allen, 2002）。因此不同认知风格的用户在完成不同任务时的搜索时间和浏览网页数、打开节点数差异不是很大。

8.4.3 不同认知风格用户信息处理过程研究

信息处理过程（information processing approaches，IPA）指用户在网络搜索中所采用的查看、选择和处理信息的方法。通过考察被试的搜索过程可得出一些用户在网络搜索过程中如何处理信息的一些基本结论。这对于理解用户如何对搜索引擎的结果进行处理有着重要的意义。这些被试在选择和处理信息过程中有些什么相似之处和不同之处？

基于 42 名被试搜索行为的分析，从录像的日志分析和出声思维的记录，笔者发现所有被试处理信息的方式大概分为三类：扫描型、阅读型和混合型。这主要是通过观察被试在搜索页面上停留时间的长短来衡量。42 名被试中，有 12 名被试是扫描型，17 名被试是阅读型，13 名被试是混合型（表 8-13）。

表 8-13 信息处理方式被试的数量分布

信息处理方式	被试（名）
扫描型	12
阅读型	17
混合型	13
合计	42

（1）扫描型信息处理方式

扫描型是主要指用户为寻找信息扫描结果页面的浏览行为。在网络搜索实验

| 第8章 | 基于用户认知风格差异的检索系统人机交互过程实验

中，一些被试经常不停更换他们的查询表达式。他们有时一次性点击很多个链接，打开大量的结果页面，快速扫描这些页面，他们看这些页面时并不仔细给人感觉有些匆匆甚至草率，而且不停地在浏览器标签和打开的窗口之间跳转。以下是参加本次实验的被试搜索行为的屏幕录像结果分析。

1）2号被试完成任务1时，输入了他的第一个查询表达式"春节习俗"后未打开任何一个搜索页面结果即又进行了第二个查询表达式"化妆成老虎跳舞"的提交。

2）7号被试大多数时间都在调整她的查询表达式，似乎对自己向系统提交的表达式都不太满意，总是匆匆地看一下搜索结果并未打开任何页面。

3）10号被试在调整了她的查询表达式后，匆匆看了一下搜索结果，零星地打开少量几个的页面，然后不停地在浏览窗口和打开的页面之间跳转，大概花了一分钟的时间扫描了每个打开的页面。

4）26号被试输入一个查询表达式"昆仑山 高原反应症状"，她打开几个搜索结果没有太多阅读即保存上面的部分内容，该被试绝大部分时间在调整她的查询表达式，对搜索结果仅仅是匆匆看一下，并无阅读。

从上面的分析可以看出，被试中有部分人在处理搜索结果时，总是匆匆扫描结果页面，并未打开太多的页面，他们不停在调整自己的查询表达式，似乎对自己上一次所提交的查询式不太满意。

（2）阅读型信息处理方式

与以上的扫描型正好相反，阅读型信息处理方式指的是理解性搜索，在搜索时，用户仔细阅读每个搜索结果的页面，总是有选择性地打开很少的页面且阅读页面时花的时间相对要长一些。

通过观察参加本次实验的被试的一些搜索行为，可以看出，一些被试在处理信息时使用的是阅读型信息处理方式，他们每次尽量打开一个链接，在看这个页面时所花时间也比较久，看完后觉得不满意会及时关闭，再打开下一个链接。以下是参加本次实验的被试搜索行为的屏幕录像结果分析：

1）3号被试花了几分钟仔细阅读打开的网页，平均计算，该被试打开每个搜索结果阅读网页时间大概是2分钟。

2）8号被试在百度的搜索结果中仔细阅读，看了约1分钟后，她在同一个窗口打开一个关于昆仑山地区的页面，在阅读了3分钟后，将该页面的相关内容保存下来。

3）12号被试出声思维记录：经常我会有选择性地打开一些搜索结果的页面，而且我确定我能从这些页面中寻找到我需要的结果。

4）20号被试完成任务1时，提交查询表达式"春节习俗 老虎跳舞"，他仅仅打开两个网页，这两个网页是："春节习俗概述"和"跳舞是哪个民族的春节风俗？百度知道"。被试大概花了5分钟时间来阅读这两个搜索结果的页面。

（3）混合型信息处理方式

具有混合型信息处理策略指的是信息处理过程兼具扫描型和阅读型，在我们的实验中，一些被试在信息处理过程中同时采用匆匆扫描方式和仔细阅读方式这两种方式处理信息。一些被试同时在多个浏览窗口和他们搜索的不同阶段使用这种混合型信息处理方式。

1）18号被试最初在反复调整他的查询表达式。从录像分析来看，该被试一直在重复这样的搜索行为——构造一个表达式，匆匆浏览一下检索结果，觉得不满意，再构造一个表达式，但仍然是不打开任何搜索结果。但是某一时刻，他花了3分钟时间仔细阅读了一个结果的页面。

2）22号被试匆匆浏览一些页面，某一刻，她快速点击后退按钮，并打开百度百科的页面，之后大概花了1分钟的时间来仔细阅读百度百科上的内容。

3）27号被试在遇到一些搜索页面结果时，会改变经常匆匆浏览的习惯而专注于这个页面上的重点部分并阅读一些主要的内容。

由表8-14可看出，整体型认知风格的用户中，有47.4%的用户选择阅读型的信息提取方式，分析型认知风格的用户中，有52.2%的用户选择扫描型的信息提取方式。言语型认知风格的用户中，有65%的用户选择扫描型的信息提取方式，而表象型认知风格的用户有50%的用户选择阅读型的信息提取方式。图8-7是用户认知风格与信息提取关系图。

表8-14 认知风格和信息提取方式交叉分布表

认知风格	阅读型 人数（人）	阅读型 百分比（%）	扫描型 人数（人）	扫描型 百分比（%）	混合型 人数（人）	混合型 百分比（%）	合计 人数（人）
整体型	9	47.4	5	26.3	5	26.3	19
分析型	6	26.1	12	52.2	5	21.7	23
言语型	4	20	13	65	3	15	20
表象型	11	50	4	18.2	7	31.8	22

| 第 8 章 | 基于用户认知风格差异的检索系统人机交互过程实验

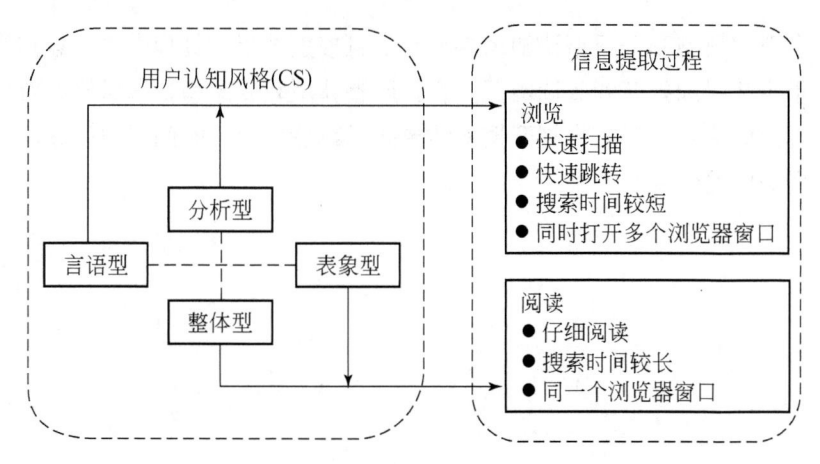

图 8-7 用户认知风格和信息提取关系图

8.5 小　　结

本章主要研究了用户的认知风格和网络搜索行为之间的关系，研究发现，用户认知风格会影响用户查询表达式的调整、用户的信息搜索效率和信息处理方式等。

从信息搜索行为视角研究发现在查询表达式的提交和调整过程中，整体型认知风格用户在提交查询表达式时比较积极主动，他们提交的表达式的数量比其他类型认知风格的用户都要多，在进行表达式调整时，大部分被试选择新的表达式，而分析型用户却偏向选择增加某一个或几个词组到原有的表达式中。与表象型认知风格者相比，言语型认知风格偏向选择增加、平移和替代词组这样的表达式调整方式，另外，表象型认知风格似乎因为缺少语言表达能力而很少使用词组或短语来修改他们原有的表达式，这可能就是他们更多地使用新表达式和重复提交表达式的原因。从认知信息加工视角研究发现整体型和言语型认知风格用户在进行网络搜索时倾向使用自上而下的加工方式，而分析型和表象型用户则偏向使用自下而上的加工方式。在网络导航中，从信息搜索行为视角研究发现整体型用户和表象型用户的搜索时间比分析型和言语型用户的搜索时间长，言语型和分析型用户的浏览网页数和打开节点数比整体型和表象型用户都要多。由于网络信息搜索行为模式是由搜索者的认知方式来确定的，因此任务类型不同，不同认知风格的用户在搜索时间和浏览网页数、打开节点数方面仍然遵循以上结论。言语型的用户在搜索过程中对搜索结果有些不耐烦，而且有时有挫败感。从认知信息加工视角研究发现言语型和分析型认知风格者对信息搜索结果的处理上以快速扫描浏览为主，很少花时间打开和阅读网页内容。而整体型和表象型认知风格者对搜索结果的处理上更愿意花时间来打开搜索结果并且花费一定的时间仔细阅读，从中提取自己所需要的信息。

第9章 基于用户认知风格差异的检索系统界面评估实例

回顾人机界面的发展历程，从第一代命令行人机界面开始，到1971年施乐公司推出的图形用户界面（GUI），直至网络界面盛行，有关界面设计问题一直是许多学科关注的焦点。界面反映的是人机之间的信息交流，而人的内部心理过程是人接受信息、编码和记忆、决策、变换内部认知状态、并把这种状态编译成行为输出，这一过程的顺利完成需要信息符号的有效引导。因此，研究人机之间的信息交流需要建立在研究人的认知心理过程基础之上才有实际意义。按照认知心理学的观点，人在获取信息时总是把所获取信息同以往的经验对比验证，只有与以往经验吻合的信息才会被接受。在通常的Web界面设计时，设计者更多的是考虑如何编程实现界面功能，而忽略了对用户认知特性的分析。因而，了解并遵循人类认知规律是进行网络界面设计的基础，对人机界面的设计有很强的指导意义。本章首先总结两种认知风格：场依存型（FD）和场独立型（FI）分别在Web检索中的特性，并以Google分类目录检索界面为实验对象，基于不同的认知风格在信息检索行为方面的差异为评价要素，评估Google分类目录检索界面是否适应用户的认知风格差异。

9.1 场依存-场独立认知风格在Web检索中的特性

Web信息组织采用非线性方式，与线性组织方式相比，不同认知风格用户表现出不同的搜索特性。Witkin在研究场依存-场独立者在Web检索中发现：场依存者在非线性信息空间中比线性组织的信息空间要花费更多的时间来完成检索任务，场独立者在非线性信息空间比线性信息空间花费更少的时间来完成检索任务。在线性信息环境下，若要求助用户指南，则场独立型比场依存型要用更长的时间，而在非线性信息环境下，场依存型要用更多的时间（Witkin & Goodenough，1997）。

这说明，在对网络信息组织结构不太明确的场合，场独立型比场依存型用户有更好的效率表现，而在诸如数据库这些信息组织结构很清晰的场合，场依存者检索效率更高。Riding 的认知风格分析（cognitive styles analysis）实验专门用来评估个体的场依存性。结果表明，场依存者倾向于建立一个层次式的全局图，因而也支持了 Witkin 的结论（Peterson et al.，2003）。Palmquist 和 Kim（2000）研究认知风格和 Web 信息搜索时发现场依存者对网页中提供的链接线索更为需要。Ford 和 Chen（2001）选取了两个具有不同导航方式的网站：深度优先导航和广度优先导航分别开展实证分析。结果表明：场依存者在广度优先导航系统中表现较好，而场独立者在深度优先导航系统中表现更出色。

上述分析表明，不同的认知风格类型在面对不同的网络界面设计风格时有不同的效率表现。当前的 Web 检索界面遵循的是"一站式"风格，无论是关键词式搜索引擎还是分类目录式搜索引擎大都是千篇一律的界面，针对不同认知风格的用户开发出最适配的检索界面还没有引起业界的重视，这也是导致当前搜索引擎查询效果不理想，用户很难满意的一个主要因素。Chen 和 Macredie 等（2002）建议，最有效的检索界面应适配不同认知风格的，他们在 1989 年～2001 年长达十余年的认知风格实证研究基础上，提出一个考虑到认知风格的学习模型，该模型认为：

场独立型倾向凭借内心感知来解决问题，而场依存型倾向寻求更多的外界帮助；场独立型倾向按自己的想法来组织信息，而场依存型偏好外界已形成的信息组织结构；场独立型偏好信息按照字母来组织，场依存型偏好用导航地图来组织全局信息。

此外，Shery 和 George 等人设计了相关实验，研究了认知风格与 4 个主要项目的关系，主要结论如下。

1）FD 和 FI 用户对于主目录的数目和详细程度有不同的偏好，FD 偏好网站有较多的主目录，有较少层次的子目录，即广度优先式；相反地，FI 偏好较少的主目录和较多层次的子目录，即深度优先式。不同认知风格用户对主目录的组织方式反应不同，FI 用户认为按照字母顺序组织主目录最有效，而 FD 用户偏好按照相关性组织主目录。产生此种现象的原因是 FI 用户在检索时采取积极主动的策略，按字母排列的目录能快速定位信息，FD 用户的检索过程消极被动，依赖外界提供的线索，按相关性排列的目录能减轻其认知负担。

2）FI 偏好检索结果按照字母顺序排序，FD 偏好检索结果按照相关程度排序。这个结果也反映出 FI 擅长感性认知和主动判断信息内在关联，FD 偏好被引导检索信息和获得外界帮助，FI 依靠自身理解主标题和子标题内容来判断结果相关性，FD 则依赖于系统提供的相关性。

3）FD 偏好检索结果页面先显示子目录名称，再显示检索结果信息。FI 偏好先看见检索结果信息，再看见网页所在子目录名。屏幕布局采取先显示子目录方式时，有利于 FD 掌握目录结构全局，先显示检索结果方式有利于 FI 直接达到其检索目的。

4）在主目录和子目录的关系问题上，FD 和 FI 也表现出不同的偏好。FD 认为主目录和子目录最好放在不同的页面上，FI 认为两者最好放在同一页面中。解释的原因是 FD 型易受外界干扰，若主目录和子目录放在同一网页上，内容的增多会让此类用户不知所措。相反，FI 是利用自身内在的知识结构来判断哪个目录是最合适的分类，大量的分类目录出现在同一界面上不影响其对分类的选择。这个结论说明，在检索界面设计时针对 FD 型要展示出清晰的网站目录结构，以克服内容繁多带来的认知负荷。

5）FD 和 FI 型对于界面的颜色表现出较一致的喜好，如背景都偏好白色等浅背景，文字用黑色等深色。这说明，颜色对比鲜明的界面有助于用户更高效率地发现信息。对于屏幕的风格，大多数用户都倾向于喜好简洁的检索界面，如 Google 只在其主页上显示必要的信息和工具，不包含太多装饰性元素。过多无关的内容会降低用户对网站服务商的信任度，而用户对网站的主观感觉将直接影响其信息检索绩效。

根据上述研究结论，总结出面向 FD/FI 认知风格差异的 Web 信息检索系统界面评估准则如表 9-1 所示。

表 9-1　FD/FI 型 Web 信息检索系统界面评估准则

评估准则	场独立（FI）	场依存（FD）
检索结果排列方式	按字母排列	按照相关程度排列
目录排列方式	按字母排列	按照相关程度排列
目录的数目和层次	层次多，每层目录数少	层次少，每层目录数多
主目录和子目录是否在同一页面	在同一页面	不在同一页面
检索结果和结果所在子目录的显示	先显示结果，再显示结果所在子目录	先显示结果所在子目录，再显示结果
背景和文字的颜色搭配	白底黑字，高对比	白底黑字，高对比

9.2 实验对象：Google 分类目录检索界面

自 1998 年 Google 以来问世，目前已收录全球 70 多个国家和地区的 35 种语言的 81.6 亿个网页、21.9 亿幅图片以及 10 亿条留言，提供基本检索、高级检索和分类检索三种检索方式，可检索出网页、网站、音频、图片、新闻组、电子出版物等各种类型的网上信息。Google 检索界面简洁方便，一直是许多搜索引擎争先效仿的对象，以 Google 作为实证研究对象具有一定的代表性。

Google 基于"open directory"思想，推出了分类目录检索功能。"open directory"由世界各地的义务编辑人员审核挑选网页，并依照网页的性质及内容进行分门别类。Google 利用这个分类架构来设计 Google 的网页目录，其网页分类目录界面如图 9-1 所示。

Arts	Home	Regional
Movies, Music, Television,...	Consumers, Homeowners, Family,...	Asia, Europe, North America,...
Business	**Kids and Teens**	**Science**
Industries, Finance, Jobs,...	Computers, Entertainment, School,...	Biology, Psychology, Physics,...
Computers	**News**	**Shopping**
Hardware, Internet, Software,...	Media, Newspapers, Current Events,...	Autos, Clothing, Gifts,...
Games	**Recreation**	**Society**
Board, Roleplaying, Video,...	Food, Outdoors, Travel,...	Issues, People, Religion,...
Health	**Reference**	**Sports**
Alternative, Fitness, Medicine,...	Education, Libraries, Maps,...	Basketball, Football, Soccer,...
World		
Deutsch, Español, Français, Italiano, Japanese, Korean, Nederlands, Polska, Svenska,...		

图 9-1　Google 网页目录检索界面

9.3 实验测试路径

Google 提供目录分类浏览和基于检索词的查询两种检索途径，后者可以将搜索范围限于某个目录，也可在整个网站内搜索。选取测试的路径是 "Computers-Internet-Internet Marketing"，得到如图 9-2 所示的检索结果界面。

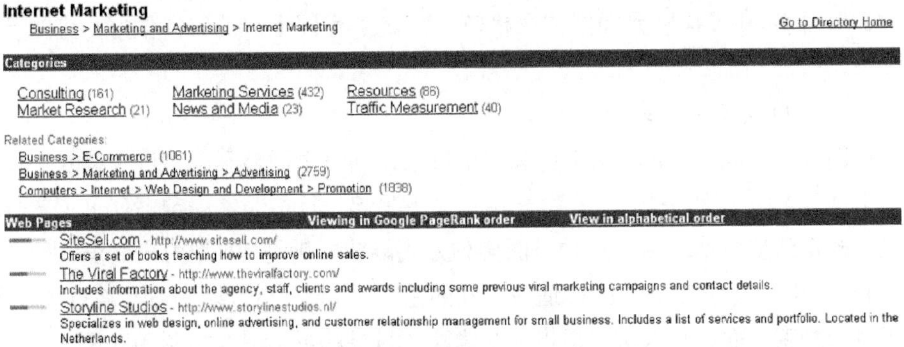

图 9-2　Google 目录分类检索测试路径（http：//www.google.com/Top/Busines/Marketing and Advertising/ InternetMarketing/）

从检索结果界面提供的内容来看，包括本子目录"InternetMarketing"所在的目录信息 Busines>MarketingandAdvertising>InternetMarketing，子目录下的分类，相关目录信息以及该目录下收录的网站列表。在该目录下基于检索词的查询选取"Information Management"作为检索词，得到检索结果界面如图 9-3 所示，该界面各检索记录包括：含有该检索词的网站标题、该网站所在目录信息、描述及网址。

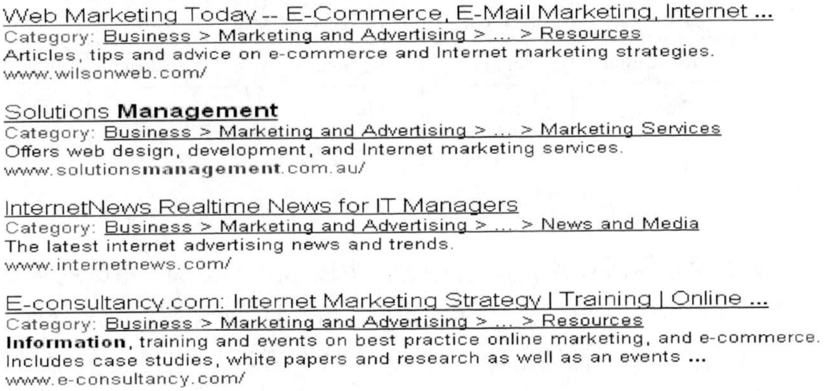

图 9-3　Google 目录检索下的关键词查询结果页面

9.4　检索界面评估结果

（1）界面整体风格

Google 检索界面的背景颜色以白色为主，文本的颜色以黑、蓝为主，整个界面非常简约。按照认知风格理论，不同类型的用户都偏好白底黑字、高对比度的页面。因而 Google 检索界面整体风格较好满足了不同用户的习惯偏好，有助于信息获取。

（2）主目录和子目录排列

由图 9-1 可知 Google 的主目录和子目录在同一页面显示，主目录按照字母顺序由上至下，由左到右排列，在每一主目录下另起一行按照常用频率列出了部分子目录。根据认知风格理论，这种界面排列方式能较好满足 FI 型用户要求，而不太适合 FD 型用户偏好。针对 FD/FI 适应不同的主目录和子目录排列方式，需对 Google 分类目录检索界面进行改进，提供一个隐藏子目录的灵活界面如图 9-4 所示。

Arts	Business	Computers	Games
Health	Home	Kids and Teens	News
Recreation	Reference	Regional	Science
Shopping	Society	Sports	World

(a) Google 主类和子类排列

Arts	Business	Computers	Games
Hardware Internet Software		……	
Health	Home	Kids and Teens	News
Recreation	Reference	Regional	Science
Shopping	Society	Sports	World

(b) 鼠标放到某个主类上

图 9-4　隐藏子目录的灵活界面

FD 型偏好检索界面只展示主类目录名，因此在图 9-4（a）中改进原有界面，只把 16 个主目录列出，适应 FD 型用户需要。用户将鼠标放置到某一个主目录上时，此主目录下的子目录随即出现，如图 9-4（b）所示。子目录灵活显示的方式适应 FI 型用户偏好，主、子目录显示在同一页面上，以便获得更多关于目录信息的要求。FD 型偏好目录层次少，每层层次多，FI 则相反。依据这一特性，改进的界面也能满足两种类型用户的要求。对 FI 型来讲，主目录只有 16 个，而当用户将鼠标移到某一个主目录时，能显示该目录下子目录的信息，有助于 FD 型用户获 得关于网站目录结构全局的信息。

（3）命中网站的排序方式

认知风格理论表明：FD 型用户偏好命中网站按照相关程度排序，FI 偏好命中网站按照字母排序。Google 网页目录中收录的相关网站是通过 PageRank 技术分析，依照其重要性先后排列，并透过网页介绍中的横线长度来标明此网页的重要程度（图 9-2）。因此，Google 检索界面较适合 FD 型用户需要，对 FI 型用户较难满足。笔者的测试发现，Google 提供了一种灵活的方式解决这一问题。在图 9-2 中，网页的排列次序除了按照 PageRank 排列外（Viewing in Google PageRank Order），还提供了一个按照字母顺序排列的可选功能项，通过点击此功能（Viewing in Alphabelical Order），发现网页的排列次序立刻发生了改变（图 9-5）。这说明，Google 在设计界面时考虑到认知风格与检索结果排序的关系，使 FI/FD 型都能根据个人偏好选择适宜的显示方式。

（4）检索结果的表示方式

每条检索记录所属子目录如何表示，FD 和 FI 也有不同偏好。FD 型倾向于先看到检索记录所属的子目录信息，再看到检索结果，FI 相反。从图 9-3 所示的利用 Google 检索"information management"的结果界面看，Google 先显示结果信息，再显示结果所在目录信息，因而较为适应 FI 型用户。针对 FD 型用户，如何改进检索结果的表示方式值得研究。Hobs 提出多框架的思想可资借鉴，界面上划分左右框架，左边框架显示目录信息，右边框架显示检索记录信息。FD 型用户可通过查看左边框架中目录信息了解可用资源情况，FI 型用户则直接点击右边框架的检索记录信息，打开命中网站，此时左边框架中的目录信息保持不变（图 9-6）。

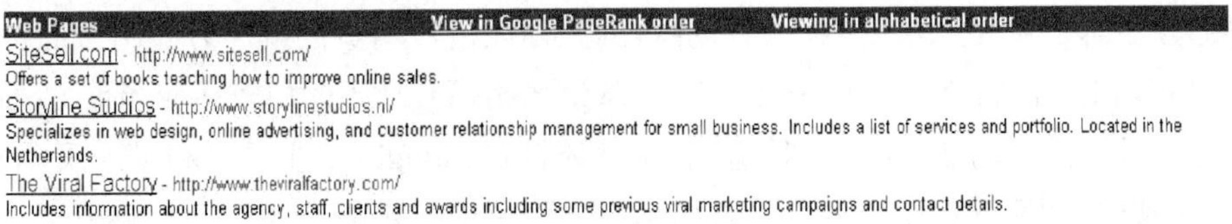

图 9-5　Google 检索结果按照字母顺序排列

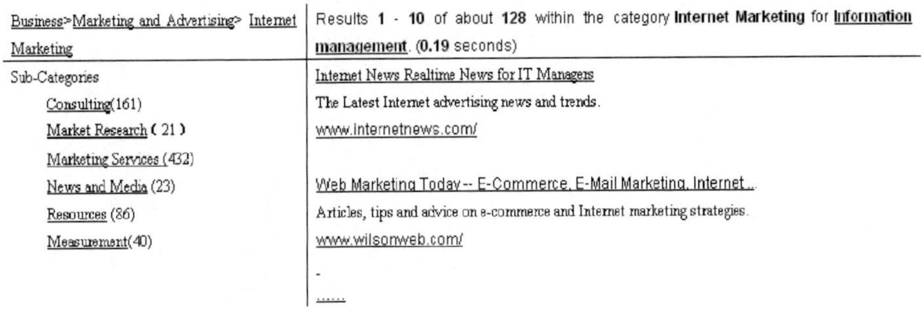

图 9-6　根据框架思想改进的检索结果表示页面

(5）相关目录显示

Google 网页目录的基本内容是依托 open directory 技术，再由 Google 自己的技术加强完成的。全世界各地的义务编辑人员审核挑选网页，并依照网页的性质及内容进行分门别类，因而不可避免地存在网页归于不同目录的交叉情况。为此，Google 提供了相关目录（related categories）显示功能（图 9-2）。按照认知风格理论，FD 型用户偏好系统提供相关目录信息，FI 型用户偏好根据自身知识结构来判断结果的相关性。因而，Google 的相关目录显示功能考虑到 FD 型用户的特点，对 FI 型用户是一个冗余功能。一个平衡的改进方法是将此功能设为"可选项"，FD 型点击"显示相关目录"时获得相关信息，FI 型点击"隐藏相关目录"时不显示相关目录，而是将检索结果按照字母顺序排列。

9.5 小　　结

本章研究了两种认知风格：场依存型和场独立型分别在 Web 检索中的特性，并以 Google 的分类目录检索功能为例，测试了 Google 检索界面是否适应两种认知风格。结果表明：认知风格与用户在 Web 环境下的信息检索效率有很直接的关系，不同认知风格用户对于检索记录的排序方式、检索结果的内容安排、目录结构、屏幕风格等方面都表现出不同偏好。作为搜索引擎的代表 Google 在界面设计时部分考虑了认知风格因素，如在屏幕的整体风格、网页的排序方式两方面都考虑到 FD/FI 型的特性。总体来看，FI 型认知风格用户比 FD 型较适应当前 Google 的网页目录检索功能。基于此种情况，本章还针对 Google 的主目录和子目录排列、检索结果的表示方式以及相关目录显示三方面提出初步的优化思路，提出了一个灵活的界面方案以适应不同认知风格要求。

第 10 章 结　　语

10.1　研究工作及结论

本书围绕着用户的认知风格差异是否影响了其与信息检索系统的交互行为这一中心议题，多角度、多途径的对相关问题展开理论和实证研究，形成了一个融合认知风格理论与信息检索行为研究的系统成果。本书主要工作与结论如下。

1）提出一个整合认知风格与信息搜寻的理论框架。该框架的主要思想为：①将信息搜寻过程分为信息需求的形成、实施查询、查询结果处理和评价 4 个阶段，并且是一个周期重复的过程，而认知风格理论融合到每一阶段中，实际上构成了研究的 4 个分支。该理论框架列举了每一研究分支围绕着认知风格要研究的一些关键问题。②理论框架重点关注认知风格对信息搜寻过程的渗透和影响，至于信息搜寻过程本身的研究在图书情报界已经是一个相对成熟的研究领域，因而在框架中没有再详细说明。③对认知风格理论的研究是立足于当前心理学、教育学等学科对认知风格研究的既有成果，同时强调要在信息搜寻的情境下对认知风格维度进一步研究，增强理论的适用性。④该理论框架强调实证研究的必要性。通过广泛的实证研究和用户参与才能找出认知风格这一变量对信息搜寻的影响程度，而不仅仅停留在粗线条的理论描述上。

2）以元分析的优势对认知风格是否影响超文本信息搜寻绩效给出了一个明确可靠的结论。场独立型和场依存型在信息搜寻时间绩效和成就绩效方面有显著性差异，认知风格对信息搜寻时间绩效和成就绩效有中等程度的影响效应；场独立型比场依存型需要更少的时间搜寻信息，表现为较高的效率；场依存型比场独立型在完成信息搜寻任务正确率要高，表现为较高的成绩；认知风格和信息搜寻时间绩效之间的影响关系不受研究中的一些技术因素，如被试国别、研究场景、测量工具和发表期刊的影响。

3）对大学生用户的认知风格进行了测试，测试结果显示，①整体型用户占用户总数的 25.8%，中间型用户占用户总数的 56.1%，分析型用户占用户总数的 18.1%。言语型用户占用户总数的 8.1%，双通道型用户占用户总数的 33.2%，表象型用户占用户总数的 58.7%。②在此基础上比较了性别、年龄、专业（学科）、不同类别大学生认知风格的差异，结果显示，言语-表象型认知风格维度在性别之间存在显著性差异，其他因素在其他认知风格维度均无显著性差异。③本研究还进行了新西兰大学生与中国大学生认知风格的跨文化比较研究，从中外两种文化中的语言符号系统的特点来看，相比母语为英语体系的新西兰大学生，中国大学生更应该倾向于表象和整体的特征，而本研究的结果正好验证了这一点。

4）发现认知风格对网络信息搜索行为的影响主要体现在行为过程的两个方面：检索提问表达式的调整和网络导航模式。通过定性和定量研究，从信息搜索行为和认知信息加工两方面进行了分析。结果显示，①从信息搜索行为视角研究发现在查询表达式的提交和调整过程中，整体型认知风格用户在提交查询表达式时比较积极主动，他们提交的表达式的数量比其他类型认知风格的用户都要多，在进行表达式调整时，大部分被试选择新的表达式，而分析型用户却偏向选择增加某一个或几个词组到原有的表达式中。与表象型认知风格者相比，言语型认知风格偏向选择增加、平移和替代词组这样的表达式调整方式，另外，表象型认知风格似乎因为缺少语言表达能力而很少使用词组或短语来修改他们原有的表达式，这可能就是他们更多地使用新表达式和重复提交表达式的原因。从认知信息加工视角研究发现整体型和言语型认知风格用户在进行网络搜索时倾向使用自上而下的加工方式，而分析型和表象型用户则偏向使用自下而上的加工方式。②在网络导航中，从信息搜索行为研究发现整体型用户和表象型用户的搜索时间比分析型和言语型用户的搜索时间长，言语型和分析型用户的浏览网页数和打开节点数比整体型和表象型用户都要多。由于网络信息搜索行为模式是由搜索者的认知方式来确定的，因此任务类型不同，不同认知风格的用户在搜索时间和浏览网页数、打开节点数方面仍然遵循以上结论。言语型的用户在搜索过程中对搜索结果有些不耐烦，而且有时有挫败感。从认知信息加工视角研究发现言语型和分析型认知风格者对信息搜索结果的处理上以快速扫描浏览为主，很少花时间打开和阅读网页内容。而整体型和表象型认知风格者对搜索结果的处理上更愿意花时间来打开搜索结果并且花费一定的时间仔细阅读，从中提取自己所需要的信息。

5）分析了认知风格理论与 Web 检索界面评估之间的关系，研究了两种认知风格：场依存型和场独立型分别在 Web 检索中的特性，并以 Google 的分类目录检索功能为例，采用实证研究方法测试了 Google 检索界面是否适应两种认知风格。结果表明：认知风格与用户在 Web 环境下的信息检索效率有很直接的关系，不同认知风格用户对于检索记录的排序方式、检索结果的内容安排、目录结构、屏幕风格等方面都表现出不同偏好。作为搜索引擎的代表 Google 在界面设计时部分考虑了认知风格因素，如在屏幕的整体风格、网页的排序方式两方面都考虑到 FD/FI 型的特性。总体来看，FI 型认知风格用户比 FD 型较适应当前 Google 的网页目录检索功能。基于此种情况，本书还针对 Google 的主目录和子目录排列、检索结果的表示方式以及相关目录显示三方面提出初步的优化思路，提出了一个灵活的界面方案以适应不同认知风格要求。

10.2 研究结论应用

结合上述研究发现，本书从用户的认知差异角度，提出为改善用户与检索系统的交互体验的若干建议。

(1) 针对用户认知风格差异开展信息检索教育

信息检索技能不仅仅是一项专业技能，越来越多的人意识到随着搜索引擎、网络检索系统的界面的不断友好，掌握基本的信息检索技术逐渐成为当代人们理应具备的一项素质。这项素质的一个重要培养方式是开展信息检索类课程教育。目前大多数高校的信息素养教育课程的承担者基本都是本校的图书馆老师承担，而图书馆里能胜任教学工作的老师往往有限。面对庞大的不同专业的高校学生群体，有的高校往往只能以一两门公共选修课的形式来进行信息检索教育，很多高校就只能偶尔进行图书馆专题培训或者请数据库商偶尔来做个讲座，这些难以实现适合学生个体差异需要的长期性实践指导。

对于个体而言，认知风格是不易改变的，但是从定义上讲，学习策略和教学策略是动态的、可以改变的。鼓励和培训个体有助于形成一个能够促进有效学习的学习策略储备库。鼓励个体形成风格意识，是形成学习策略储备库的第一步，也是"教学设计"的第一步。利用认知风格分析系统进行的个体评估，为个体认知风格意识软件包和有效教学软件包等项目的开发提供了基础。这些项目为开发个体的学习策略储备库提供了一个平台。这种方法是建立在意识和理解学习、教学或培训中的个体风格的基础之上的。另外一种旨在进一步形成学习策略储备库的方法，是提供基于认知风格的旨在促进学习的"干预"。这种策略通过在学习项目中采用分组、分步、分水平呈现材料等形式，把个体的特征融入到区别化教学中去。

对于教育工作者而言，制定适合不同认知风格个体的教学目标，通过灵活多变的课堂教学模式，使不同认知风格的个体都能在学习中获得极大的成就感和满足感，从而达到学习效果的最优化。①教师讲授与小组合作相结合，赖丁和里德（Riding &Read，1996）采用个案法研究了认知风格和工作偏好的关系。结果发现，整体型认知风格者喜欢集体工作，而分析型认知风格者则喜欢个体工作。同一个班集体中存在学生性别、认知风格等方面的差异，同一个教学模式是不能满足所有个体的需求。中国学生所经历的基本是以教师讲授为主的集体授课模式，而小组合作的课堂形式可以作为集体授课模式的补充，这两种授课模式可以适合不同认知风格的学生，作为教育工作者可以综合两种教学模式的优势，选择性考虑在何时采用何种教学模式并合理安排课堂教学，从而达到既能考虑个体认知风格差异又培养学生自主学习能力的最佳效果。②课堂和课后相结合。针对个体认知风格的差异，通过灵活而全面的教学方式来发展他们的认知风格。当然仅靠教师课堂的讲授式是不能满足信息检索这门课程的要求的，教师所起作用并不是教学过程中的全程灌输，而是学习中引导作用，教师是引路者，也就是我们常说的授人以"鱼"还是"渔"的问题（华薇娜，2010b）。

（2）面向不同认知风格的信息检索系统优化

本书用实验发现不同认知风格的用户在检索提问表达式的调整、信息搜索效率以及信息处理过程方面都存在不同程度的差异。同时，以启发式评估方法对Google检索界面对不同认知风格者的适应性进行测试。通过这两方面研究，进一步揭示了认知风格是一个影响用户检索行为的重要变量，检索系统若要改进用户的交互体验，需要针对不同的认知风格用户提供个性化的界面形式。总结认知风格对信息检索行为的影响如下：

场独立型认知风格用户偏好检索结果和目录按照字母顺序排列，目录的层次多，而每层目录数目较少的结构；主目录和子目录最好能同时显示在同一个页面；在结果页面上先显示结果，再显示结果所在子目录；偏好白底黑字高对比的界面配色。

场依存型认知风格用户偏好检索结果和目录按照相关程度排列，目录的层次少，而每层目录数目多的结构；主目录和子目录最好不在同一页面上显示；在结果页面上先显示结果所在子目录，再显示结果；偏好白底黑字高对比的界面配色。

整体型认知风格用户在提交查询表达式时比较积极主动，他们提交的表达式的数量比其他类型认知风格的用户都要多；在进行表达式调整时，大部分被试选择新的表达式。在进行网络搜索时倾向使用自上而下的信息加工方式；完成信息搜索时间相比较长；对搜索结果的处理上更愿意花时间来打开搜索结果并且花费一定的时间仔细阅读，从中提取自己所需要的信息；

分析型用户偏向选择增加某一个或几个词组到原有的表达式中；偏向使用自下而上的信息加工方式；浏览网页数和打开节点数相比较多。对信息搜索结果的处理上以快速扫描浏览为主，很少花时间打开和阅读网页内容；

言语型认知风格偏向选择增加、平移和替代词组这样的表达式调整方式；在进行网络搜索时倾向使用自上而下的信息加工方式；浏览网页数和打开节点数相比较多；对信息搜索结果的处理上以快速扫描浏览为主，很少花时间打开和阅读网页内容；

表象型认知风格很少使用词组或短语来修改他们原有的表达式；偏向使用自下而上的加工方式；整体型用户和表象型用户的搜索时间比分析型和言语型用户的搜索时间长；对搜索结果的处理上更愿意花时间来打开搜索结果并且花费一定的时间仔细阅读，从中提取自己所需要的信息；

上述不同认知风格用户信息检索交互行为差异即可以作为理解用户信息检索行为的重要理论基础，又可作为评价信息检索系统适应用户认知风格的准则，推动信息检索理论和实践的发展。

参 考 文 献

毕强, 刘甲学, 张海涛. 2001. 超文本浏览中的博物馆现象及其分析. 情报学报, 20（6）: 663-669.

毕强, 宋绍成, 杨达. 2003. 超文本信息环境用户认知活动的模式及其影响因素. 图书情报工作, （12）: 77-81.

毕强, 杨文祥. 2002. 网络信息资源开发与利用. 北京：科学出版社.

曹梅. 2010. 网络图像检索的用户信息行为研究. 南京：南京大学博士学位论文.

陈伟. 2012. 科研情境下学术用户信息搜寻行为研究. 南京：南京农业大学硕士学位论文.

邓小昭, 等. 2010. 网络用户信息行为研究. 北京：科学出版社.

丁韧. 2013. 网络信息搜索行为研究——以我国高校学生为例. 武汉：武汉大学出版社.

方清华. 2007. 信息检索过程模型的认知分析. 情报杂志, 26（1）: 54-56.

冯颖, 甘利人, 乔德义. 2011. 学生认知方式影响数据库检索策略学习的实验研究. 图书情报工作, 55（8）: 34-39.

甘利人, 白晨, 盖敏慧. 2008. 网络用户导航迷失研究及其实验探索. 情报理论与实践, 31（6）: 864-884.

甘利人, 李恒. 2006. 科技用户信息搜寻过程中的问题解决机制解释. 情报学报, 25（4）: 441-450.

盖敏慧. 2008. 网络用户导航迷失研究：以黄山旅游网站为例. 南京：南京理工大学硕士学位论文.

顾立平. 2008. Web2.0 环境中的学术信息检索行为. 图书情报知识, （6）: 69-74.

顾立平. 2010. 创建与使用在 web2.0 搜索信息的型人——从问卷调查、深度访谈与追踪观察的心理与社会分析推导创新服务. 图书情报知识, （2）: 10-23.

华薇娜. 2009. 网络信息检索策略的设计与实施的探讨——基于网络数据库信息检索各环节的实例分析. 图书馆论坛, 28（6）: 111-114.

华薇娜. 2010a. 网络信息搜集过程中正确选择检索词的个案分析——以检索近视眼手术治疗的期刊论文为例. 情报理论与实践, 33（7）: 67-70.

华薇娜. 2010b. 信息检索"教"与"学". 南京：南京大学出版社.

黄希庭. 1997. 心理学. 上海：上海教育出版社.

贾俊平, 等. 2012. 统计学（第五版）. 北京：中国人民大学出版社.

贾俊平, 等. 2013. 统计学基础（第二版）. 北京：中国人民大学出版社.

参考文献

江程铭, 张智君, 任衍具. 2004. 文本结构和个体认知风格对网上信息搜索绩效的影响. 人类工效学, 10（1）：4-6.

蒋玮. 2012. 不同认知风格的消费者的 WEB 页面复杂度偏好研究. 合肥：合肥工业大学硕士学位论文.

康诚. 2007. 信息呈现方式与学习者的认知风格、空间能力对多媒体环境下学习效果的影响. 兰州：西北师范大学硕士学位论文.

柯青, 王秀峰. 2011. 认知风格与信息搜寻行为整合研究. 情报理论与实践, 34（4）：35-39.

柯青, 王秀峰, 孙建军. 2008. 以用户为中心的研究范式——理论起源. 情报资料工作,（4）：51-55.

柯青, 王秀峰. 2014. Web 导航模型综述——信息觅食理论视角. 现代图书情报技术, 30（2）：32-40.

赖丁, 雷纳, 庞维国. 2003. 认知风格与学习策略--理解学习和行为中的风格差异. 上海：华东师范大学出版社.

赖茂生, 屈鹏, 李璐, 等. 2009. 网络用户搜索的语言使用行为研究--实验设计与搜索价值. 情报理论与实践, 32（2）：95-98.

赖茂生, 屈鹏. 2009. 网络用户的查询与点击行为研究. 情报理论与实践, 32（3）：85-88.

李浩然, 刘海燕. 2000. 认知风格结构模型的发展. 心理学动态, 8（3）：44.

李晶, 张侃. 2007. 认知风格对导航的影响. 人类工效学, 13（1）：46-47.

李力红. 2007. 认知风格的理论与实证研究. 长春：东北师范大学出版社,

李志义, 容金凤. 2012. B2C 电子商务中用户认知信息检索模型的分析--以当当网和卓越网为例. 图书情报工作, 56（12）：144-147.

鲁忠义. 2009. 心理学. 北京：科学出版社.

任晓远. 2013. 熟悉程度、学科性质与认知风格对超文本学习绩效的影响. 济南：山东师范大学硕士学位论文.

孙在全. 2011. 基于用户认知的信息检索研究. 郑州：郑州大学硕士学位论文.

王甦, 汪安生. 2001. 认知心理学. 北京：北京大学出版社.

王广新, 单从凯. 2005. 认知风格理论视野中的超媒体学习. 中国远程教育,（02）：26-29.

王雪梅. 2004. 整体-分析型认知风格对 EFL 阅读能力的影响及教学对策. 外国语言文学, 21(3)：33-37.

吴明隆. 2010. 问卷统计分析实务. 重庆：重庆大学出版社.

谢斯骏, 张厚粲. 1988. 认知方式--个人格维度的实验研究. 北京：北京师范大学出版社.

许红敏. 2011. 认知风格和空间能力对网络搜索行为的影响. 杭州：浙江大学硕士学位论文.

杨秀丹, 李皓. 2010. 基于认知观的信息检索基础理论研究. 图书情报工作, 54（24）：60-65.

叶俊杰, 刘业政, 蒋玮. 2012. Web 环境下认知风格对商品信息关注度的影响研究. 图书情报工作, 56（6）：95-101.

张厚粲, 郑日昌, 宋合义, 等. 1981. 认知方式图形测验-场依存性特征的测量工具. 中国心理学会第三次会员代表大会及建会 60 周年学术会议（全国第四届心理学学术会议）文摘选集（下）, 北京：中国心理学会：60-61.

张新民, 化柏林, 罗卫东. 2007. 认知信息检索研究的发展与展望. 图书情报工作, 51（10）：6-9.

张妍妍. 2010. 以用户搜索行为为导向的信息检索课实践教学设计. 图书情报工作, 54（13）：75-78.

张艳. 2007. 基于用户认知风格的手机信息构建研究. 上海：上海交通大学硕士学位论文.

张智君, 江程铭, 任衍具, 等. 2004. 信息呈现方式、时间压力和认知风格对网上学习的影响. 浙江大学学报（理学版）, 31（2）：228-232.

张智君, 任衍具, 朱伟. 2004. 导航线路和个体认知风格对超文本搜索绩效的影响. 应用心理学, 9（2）：16-20.

郑凤英, 彭少麟. 2001. Meta 分析中几种常用效应值的介绍. 生态科学, 20（1-2）：81-84.

郑昊敏, 温忠麟, 吴艳. 2011. 心理学常用效应量的选用与分析. 心理科学进展, 19（12）：1868-1878.

周荣刚, 张侃, 李怀龙. 2003. 背景信息导航帮助和认知风格对超文本使用的影响. 心理科学, 26（4）：642-645.

朱婕, 靖继鹏, 窦平安. 2005. 国外信息行为模型分析与评价. 图书情报工作, 49（4）：48-51.

朱明泉, 张智君, 任衍具. 2006. 互联网信息搜索用户行为模型的探索性研究. 浙江大学学报：理学版, 33（4）：475-480.

Allport G W. 1937. Personality：a psychological interpretation. New York：Holt & Co.

Andris J. 1996. The relationship of indices of student navigational patterns in a hypermedia geology lab simulation to two measures learning style. Journal of Educational Multimedia and Hypermedia,（5）：303-315.

Ankem K. 2005. Approaches to meta-analysis：a guide for LIS researchers. Library & Information Science Research, 27（2）：164-176.

Badilescu-Buga E. 2013. Knowledge behavior and social adoption of innovation. Information Processing & Management, 49（4）：902-911.

Bariff M L, Lusk E J. 1977. Cognitive and personality tests for the design of management information systems. Management Science, 23（8）：820-829.

参 考 文 献

Bartlett F C. 1933. Remembering: a study in experimental and social psychology. Cambridge: Cambridge University Press.

Bateman J. 1998. Changes in relevance criteria: a longitudinal study. Proceedings of the American Society for Information Science & Technology, 35 (1): 23-32.

Belkin N J. 1993. Interaction with texts: information retrieval as information seeking behavior. Information Retrieval, (93): 55-66.

Belkin N J, Croft W B. 1987. Retrieval techniques. Annual Review of Information Science & Technology, 22 (1): 109-145.

Belkin N J, Vickery A. 1985. Interaction in information systems. London: British Library, Library and Information Report.

Belkin N J, Oddy R, Brooks H. 1982. Ask for information retrieval. Journal of Documentation, 38: 61-71 (Part 1); 145-164 (Part 2).

Belkin N J. 1978. Information concepts for information science. Journal of Documentation, 34: 55-85.

Belkin N J. 1990. The cognitive viewpoint in information science. Journal of Information Science, 16 (1): 11-16.

Belkin N J, Cool C, Stem A, et al. 1995. Cases, scripts and information-seeking strategies: on the design of interactive information retrieval systems. Expert Systems and Applications, 9 (3): 379-395.

Benbasat I, Taylor R N. 1978. The impact of cognitive styles on information system design. MIS Quarterly, (2): 43-54.

Borlund P, Ingwersen P. 1998. Measures of relative relevance and ranked half-life: performance indicators for interactive IR. In: Croft W B, et al. (eds.), Proceedings of the 21st Annual International ACM SIGIR Conference on Research and Development in Information Retrieval. New York: Association for Computing Machinery: 324-331.

Borlund P, Ingwersen P. 1997. The development of a method for the evaluation of interactive information retrieval systems. Journal of Documentation, 53 (3): 225-250.

Borlund, P. 2000. Experimental components for the evaluation of interactive information retrieval systems. Journal of Documentation, 56 (1): 71-90.

Borlund, P. 2003. The IIR evaluation model: a framework for evaluation of interactive information retrieval systems. Information Research An International Electronic Journal, 8 (3): 289-291.

Bornmann L, Mutz R, Hug S E, et al. 2011. A multilevel meta-analysis of studies reporting correlations between the h index and 37 different h index variants. Journal Of Informetrics, 5 (3):

346-359.

Boulding K E. 1971. The Image. Michigan: Michigan University Press.

Bowler L. 2010. Talk as a metacognitive strategy during the information search process of adolescents. Information Research, 15 (4): 3.

Bowler L. 2008. The metacognitive knowledge of adolescent students during the information search process. Canadian Journal of Information & Libraryence Revue Canadienne Desences De L Information Et De Bibliotheconomie, 31 (3-4): 272-272.

Brookes B C. 1977. The developing cognitive viewpoint in information science. Journal of Informatics, 1 (2): 55-62.

Byron S M, Young J I. 2000. Information seeking in a virtual learning environment. Research Strategies, 17 (4): 257-267.

Barry C L. 1994. User-defined relevance criteria: an exploratory study. Journal of the American Society for Information Science, 45 (3): 149-159.

Chanlin L J. 2008. Individual differences in computer-mediated communication for web-based learning. Journal of Educational Media & Library Sciences, 45 (4): 505-524.

Chen C, Yu Y. 2000. Empirical studies of information visualization: a meta-analysis. International Journal of Human-Computer Studies, 53 (5): 851-866.

Chen S Y, Ford N J. 1998. Modelling user navigation behaviours in a hyper-media-based learning system: an individual differences approach. Knowledge Organization, 25 (3): 67-78.

Chen S Y, Liu X. 2011. Mining students' learning patterns and performance in web-based instruction: a cognitive style approach. Interactive Learning Environments, 19 (2): 179-192.

Chen S Y, Macredie R D. 2004. Cognitive modeling of student learning in web-based instructional programs. International Journal of Human-Computer Interaction, 17 (3): 375-402.

Chen S Y, Magoulas G D, Dimakopoulos D. 2005. A flexible interface design for web directories to accommodate different cognitive styles. Journal of the American Society for Information Science and Technology, 56 (1): 70-83.

Chen S. 2002. A cognitive model for non-linear learning in hypermedia programmes. British Journal of Educational Technology, 33 (4): 449-460.

Chen S Y, Macredie R D. 2002. cognitive styles and hypermedia navigation: development of a learning model. Journal of the American Society for Information Science and Technology, 53 (1): 3-15.

Choi Y. 2010. Effects of contextual factors on image searching on the web. Journal of the American

参 考 文 献

Society for Information Science and Technology, 61 (10): 2011-2028

Chowdhury S, Gibb F, Landoni M. 2011. Uncertainty in information seeking and retrieval: a study in an academic environment. Information Processing & Management, 47 (2): 157-175.

Cohen J. 1988. Statistical Power Analysis for the Behavioral Sciences. Hillsdale, NJ: Erlbaum.

Cole C, Cantero P, Ungar A. 2000. The development of a diagnostic-prescriptive tool for undergraduates seeking information for a social science/humanities assignment: part III enabling devices. Information Processing & Management, 36 (3): 481-500.

Cole C, Cantero P, Sauvé D. 1998. Intelligent information retrieval: diagnosing information need: part II uncertainty expansion in a prototype of a diagnostic IR tool. Information Processing & Management, 34 (6): 721-737.

Cole C. 2001. Intelligent information retrieval: part IV. Testing the timing of two information retrieval devices in a naturalistic setting. Information processing & management, 37 (1): 163-182.

Cole C. 1998. Intelligent information retrieval: diagnosing information need: Part I. The theoretical framework for developing an intelligent IR tool. Information processing & management, 34 (6): 709-720.

Cook D A. 2008. Scores from riding's cognitive styles analysis have poor test-retest reliability. Teaching and Learning in Medicine, 20 (3): 225-229.

Cory K A. 1994. Effective video screen displays: cognitive style and cuing effectiveness. ACM SIGCHI Bulletin, 26 (1): 51-55.

Cosijn E, Ingwersen P. 2000. Dimensions of relevance. Information Processing & Management, 36 (4): 533–550.

Díaz A, García A, Gervás P. 2008. Usercentred versus system-centred evaluation of a personalization system. Information Processing & Management, 44 (3): 1293–1307.

Dervin B. 1983. An overview of sense-making research: Concepts, methods and results, Paper presented at the annual meeting of the International Communication Association, Dallas, TX, May.

Davidson D. 1977. The effect of individual differences of cognitive style on judgments of document relevance. Journal of the American Society For Information Science, 28 (5): 273-284.

De Mey M. 1977. The cognitive viewpoint: its development and its scope. Communication & Cognition, 10 (2): 7-23.

Ding Y, Chowdhury G, Foo S. 1999. Mapping the intellectual structure of information retrieval studies: an author co-citation analysis, 1987-1997. Journal of information science, 25 (1): 67-78.

Donald O C. 2012. Looking for Information: a Survey of Research on Information Seeking, Needs and Behavior. England: Emerald Group Publishing.

Dufresne A, Turcotte S. 1997. Cognitive Style and its Implications for Navigation Strategies. Artificial Intelligence In Education: Knowledge and Media in Learning Systems: 287-293.

Eden D. 2002. From the editors: replication, meta-analysis, scientific progress, and AMJ's publication policy. Academy of Management Journal, 45 (5): 841-846.

Egly D G, Wescourt K T. 1981. Cognitive style, categorization, and vocational effects on performance of REL database users. ACM SIGSOC Bulletin, 13 (2-3): 91-97.

Ellis D. 1989. A behavioural approach to information retrieval system design. Journal of Documentation, 45 (3): 171-212.

Ellis D. 1990. New Horizons in Information Retrieval. London: Library Association.

Fields A M. 2005. Self-efficacy and the first-year university student's authority of knowledge: an exploratory study. The Journal of Academic Librarianship, 31 (6): 539-545.

Flexer B K, Roberge J J. 1980. IQ, field dependence-independence, and the development of formal operational thought. The Journal of General Psychology, 103 (2): 191-201.

Ford N, Chen S Y. 2001. Matching/mismatching revisited: an empirical study of learning and teaching styles. British Journal of Educational Technology, 32 (1): 5-22.

Ford N, Eaglestone B, Madden A, et al. 2009. Web searching by the "general public": an individual differences perspective. Journal of Documentation, 65 (4): 632-667.

Ford N, Miller D, Moss N. 2001. The role of individual differences in Internet searching: an empirical study. Journal of the American Society for Information Science and Technology, 52 (12): 1049-1066.

Ford N, Miller D, Moss N. 2005. Web search strategies and human individual differences: cognitive and demographic factors, Internet attitudes, and approaches. Journal of the American Society for Information Science and Technology, 56 (7): 741-756.

Ford N, Wilson T D, Foster A, et al. 2002. Information seeking and mediated searching. part 4. cognitive styles in information seeking. Journal of the American Society for Information Science and Technology, 53 (9): 728-735.

Ford N, Wood F, Walsh C. 1994. Cognitive styles and searching. Online Information Review, 18 (2): 79-86.

Ford N, Miller D, Moss N. 2003. Web search strategies and approaches to studying. Journal of the American Society for Information Science & Technology, 54 (6): 473-489.

Ford N. 2000. Cognitive styles and virtual environments. Journal of the American Society for

参 考 文 献

Information Science, 51 (6): 543-557.

Freeman V S, Tijerina S. 2000. Delivery methods, learning styles, and outcomes of physician assistant students. Physician Assistant, 24 (7): 43-50.

Frias-Martinez E, Chen S Y, Liu X. 2009. Evaluation of a personalized digital library based on cognitive styles: adaptivity VS adaptability. International Journal of Information Management, 29 (1): 48-56.

Frias-Martinez E, Chen S Y, Liu X. 2008. Investigation of behavior and perception of digital library users: a cognitive style perspective. International Journal of Information Management, 28 (5): 355-365.

Fukumoto T. 2006. An analysis of image retrieval behavior for metadata type image database. Information Processing & Management, 42 (3): 723-728.

Glass G V. 1976. Primary, secondary, and meta-analysis of research. Educational Researcher, 5 (10): 3-8.

Goodenough D R. 1976. The role of individual differences in field dependence as a factor in learning and memory. Psychological Bulletin, 83 (4): 675-94.

Gold K M, Blackman S. 1978. Cognitive Style: Five Approaches and Relevant Research. New York: Wiley.

Goodrum A A, Bejune M M, Siochi A C. 2003. A State Transition Analysis of Image Search Patterns on the Web. International Conference on Image and Video Retrieval. Springer Berlin Heidelberg: 281-290.

Graff M. 2005. Individual differences in hypertext browsing strategies. Behaviour & Information Technology, 24 (2): 93-99.

Gregorc A F. 1979. Learning/teaching styles: potent forces behind them. Educational Leadership, 36 (4): 234-236.

Grochow J. 1973. Cognitive Style as a Factor in the Design of Interactive Decision-Support Systems. Massachusetts: MIT.

Gwizdka J, Spence I. 2007. Implicit measures of lostness and success in web navigation. Interacting with Computers, 19 (3): 357-369.

Hammoud L, Love S, Brinkman W P. 2009. Does Cognitive Style Affect Student Performance on a Web-Based Course. European Conference on Cognitive Ergonomics: Designing beyond the Product—Understanding Activity and User Experience in Ubiquitous Environments. VTT Technical Research Center of Finland.

Harrison A W, Rainer R K. 1992. The influence of individual differences on skill in end-user computing. Journal of Management Information Systems, （2）: 93-111.

He J, King W R. 2008. The role of user participation in information systems development: implications from a meta-analysis. Journal of Management Information Systems, 25（1）: 301-331.

Hjørland B. 2001. Why is meta-analysis neglected by information scientists?. Journal of the American Society for Information Science and Technology, 52（13）: 1193-1194.

Holliday W, Li Q. 2004. Understanding the millennials: updating our knowledge about students. Reference Services Review, 32（4）: 356-366.

Hollnagel E. 1988. Cognitive Models, Cognitive Tasks, and Information Retrieval. In: I. Wormell （ed）, Knowledge Engineering. London: Taylor Graham. Reprint: 34-52.

Hollnagel E. 1979. The Relation between Intention, Meaning and Action. In: K. Gray （ed）, Informatics 5: The Analysis of Meaning. London: Aslib: 135-147.

Hyldegård J, Ingwersen P. 2007. Task complexity and information behavior in group based problem solving. Information Research, 12（4）: 12-4.

Hyldegård J. 2009. Beyond the search process-exploring group members' information behavior in context. Information Processing & Management, 45（1）: 142-158.

Hyldegård J. 2006. Collaborative information behaviour--exploring kuhlthau's information search process model in a group-based educational setting. Information Processing & Management, 42（1）: 276-298.

Hyldegård J. 2009. Uncertainty dimensions of information behaviour in a group based problemsolving context. Nordic Journal of Information Literacy in Higher Education, 1（1）: 4-24

Ingwersen P. 1982. Search procedures in the library analysed from the cognitive point of view. Journal of Documentation, 38: 165-191.

Ingwersen P. 1984. A cognitive view of three selected online search facilities. Online Review, 8（5）: 465-492.

Ingwersen P. 1986. Cognitive Analysis and the Role of the Intermediary in Information Retrieval. In: R. Davies （ed）. Intelligent Information Systems. Chichester: West Sussex.

Ingwersen P, Mark P A. 1986. User Requirements - Empirical Research and Information Systems Design. In: P. Ingwersen et al. （eds）, Information Technology and Information Use. London: Taylor Graham: 111-124.

Ingwersen P, Wormell I. 1988. Means to improved subject access and representation in modern information retrieval. Libri, 38（2）: 94-119.

参 考 文 献

Ingwersen P, Wormell I. 1989. Modern Indexing and Retrieval Techniques Matching Different Types of Information Needs. In: S. Koskiala & R. Launo (eds), Information, Knowledge, Evolution. London: North-Holland: 79-90.

Ingwersen P. 1992. Information Retrieval Interaction. London: Taylor Graham.

Ingwersen P. 1994. Polyrepresentation of Information Needs and Semantic Entities Elements of Cognitive Theory for Information Retrieval Interaction. SIGIR'94. Springer London: 101-110.

Ingwersen P. 1996. Cognitive perspectives of information retrieval interaction: elements of a cognitive IR theory. Journal of documentation, 52 (1): 3-50.

Ingwersen P. 1999. Cognitive information retrieval. Annual Review of Information Science And Technology, 34: 3-52.

Ingwersen P. 2002. Cognitive Perspectives of Document Representation. Bruce H, et al. (Eds.) [CoLIS4]: 285-300.

Ingwersen P, Rvelin K. 2005. The Turn: Integration of Information Seeking and Retrieval in Context. Berlin Heidelberg: Springer.

Ingwersen P, Järvelin K. 2007. On the Holistic Cognitive Theory for Information Retrieval: Drifting outside the cave of the Laboratory Framework. In S. Dominich, & F. Kiss (Eds.), Studies in Theory of Information Retrieval. (pp. 135-147). Budapest: Foundation for Information Society.

Ingwersen P. 2007. Context in Information Interaction - Revisited 2006. In: Bothma T & Kaniki A, Prolissa 2006: Proceedings of the Fourth Biennial DISSAnet Conference. Farm Inn, Pretoria, Infuse.

Ingwersen P. 2008. A context-driven integrated framework for research on interactive IR. Document, Information & Knowledge, 126 (6): 44-50.

Jörgensen C, Jörgensen P. 2005. Image querying by image professionals. Journal of the American Society for Information Science & Technology, 56 (12): 349-356.

Järvelin K. 2007. An analysis of two approaches in information retrieval: from frameworks to study designs. Journal of the American Society for Information Science & Technology, 58 (7): 971–986.

Jarvelin K, Wilson T D. 2003. On conceptual models for information seeking and retrieval research. Information Research An International Electronic Journal, 9 (1): 111-123.

Jiao Q G, Onwuegbuzie A J, Bostick S L. 2006. The relationship between race and library anxiety among graduate students: a replication study. Information processing & management, 42 (3): 843-851.

Jiao Q G, Onwuegbuzie A J. 1997. Antecedents of library anxiety. The Library Quarterly: 372-389.

Johnson J D, Meischke H. 1993. A comprehensive model of cancer-related information seeking applied to magazines. Human Communication Research, 19（3）：343-367.

Jonassen D H, Grabowski B L. 1993. Handbook of Individual Differences, Learning, and Instruction. New Jersey：Lawrence Erlbaum Associates Inc.

Jörgensen C, Jörgensen P. 2005. Image querying by image professionals [J]. Journal of the American Society for Information Science and Technology, 56（12）：1346-1359.

Juvina I, Van Oostendorp H. 2004. Individual Differences and Behavioral Aspects Involved in Modeling Web Navigation. User-centered interaction paradigms for universal access in the information society. Berlin Heidelberg：Springer：77-95.

Kagan J, Messer S B. 1975. A reply to "some misgiving about the matching familiar figures test as a measure of reflection-impulsivity."．Developmental Psychology, 11（2）：244-248.

Kekäläinen J, Järvelin K. 2002. Evaluating Information Retrieval Systems Under the Challenges of Interaction and Multi-Dimensional Dynamic Relevance. In：Bruce H Fidel R Ingwersen P, et al. (eds.), Emerging Frameworks and Methods：Proceedings of the 4th International Conference on Conceptions of Library and Information Science （CoLIS 4）. Greenwood Village, CO, USA, Libraries Unlimited：253-270.

Kelley K, Preacher K J. 2012. On effect size. Psychological Methods, 17（2）：137.

Kelly D, Fu X. 2007. Eliciting better information need descriptions from users of information search systems. Information Processing & Management, 43（1）：30-46.

Kelly D, Teevan J. 2003. Implicit feedback for inferring user preference. SIGIR Forum, 37(2)：18-28.

Kelly D, Dollu V J, Fu X. 2005. The Loquacious User：A Document-Independent Source of Terms for Query Expansion. In Proceedings of the 28th annual ACM international conference on research and development in information retrieval （SIGIR'05）, Salvador, Brazil：457-464.

Kelly D. 2006. Measuring online information seeking context. part 1. background and method. Journal of the American Society for Information Science and Technology, 57（13）：1729-1739.

Kelly D. 2009. Methods for evaluating interactive information retrieval systems with users. Foundations and Trends in Information Retrieval, 3（1-2）：1-224.

Kennedy L, Cole C, Carter S. 1999. The false focus in online searching：the particular case of undergraduates seeking information for course assignments in the humanities and social sciences. Reference & User Services Quarterly：267-273.

Kim J. 2009. Describing and predicting information-seeking behavior on the web. Journal of the American Society for Information Science and Technology, 60（4）：679-693.

参 考 文 献

Kim K S, Allen B. 2002. Cognitive and task influences on web searching behavior. Journal of the American Society for Information Science and Technology, 53（2）：109-119.

Kim K S. 2005. Experienced web users' search behavior: effects of focus and emotion control. Proceedings of the American Society for Information Science and Technology, 42（1）：1-6

Kim K S. 2001a. Implications of user characteristics in information seeking on the world wide web. International Journal of Human-Computer Interaction, 13（3）：323-340.

Kim K S. 2001b. Information-seeking on the web: effects of user and task variables. Library & Information Science Research, 23（3）：233-255.

Kinley K, Tjondronegoro D W. 2010. The Impact of Users' Cognitive Style on their Navigational Behaviors in Web Searching. Proceedings of 15th Australasian Document Computing Symposium（ADCS）. School Of Computer Science and IT, RMIT University: 68-75.

Kinley K, Tjondronegora D, Partridge H, et al. 2012. Human-Computer Interaction: The Impact of Users' Cognitive Styles on Query Reformulation Behaviour During Web Searching. Proceedings of the 24th Australian Computer-Human Interaction Conference. ACM: 299-307.

Kinley K, Tjondronegora D, Partridge H, et al. 2014. Modeling users' web search behavior and their cognitive styles. Journal of the Association for Information Science and Technology, 65（6）：1107-1123.

Kracker J, Wang P. 2002. Research anxiety and students' perceptions of research: an experiment. part II. content analysis of their writings on two experiences. Journal of the American Society for Information Science and Technology, 53（4）：295-307

Kracker J. 2002. Research anxiety and students' perceptions of research: an experiment. part I. effect of teaching Kuhlthau's ISP model. Journal of the American Society for Information Science and Technology, 53（4）：282-294.

Kuhlthau, C C. 1983. The Library Research Process: Case Studies and Interventions with High School Seniors in Advanced Placement English Classes Using Kelly's Theory of Constructs. New Jersey: Rutgers University.

Kuhlthau C C. 1985. A process approach to library skills instruction. School Library Media Quarterly, 13（1）：35-40.

Kuhlthau C C. 1988. Developing a model of the library search process: cognitive and affective aspects. RQ: 232-242.

Kuhlthau C C. 1988a. Longitudinal case studies of the information search process of users in libraries. Library and Information Science Research, 10（3）：257-304.

Kuhlthau C C. 1988b. Perceptions of the information search process in libraries: a study of changes from high school through college. Information Processing & Management, 24 (4): 419-427.

Kuhlthau C C. 1990. Validating a model of the search process: a comparison of academic, public, and school library users. Library and Information Science Research, 12 (1): 5-32.

Kuhlthau C C. 1991. Inside the search process: information seeking from the user's perspective. Journal of the American Society for Information Science, 42 (5): 361-371

Kuhlthau C C. 1993. A principle of uncertainty for information seeking. Journal of Documentation, 49 (4): 339-355.

Kuhlthau C C. 1994. Students and the information search process: zones of intervention for librarians. Advances in librarianship, 18: 57-72.

Kuhlthau C C. 1996. The concept of a zone of intervention for identifying the role of intermediaries in the information search process. Proceedings of the ASIS Annual Meeting, 33: 91-94.

Kuhlthau C C. 1997. Learning in digital libraries: an information search process approach. Library Trends, 45 (4): 708-724.

Kuhlthau C C. 1989. The information search process of high-, middle-, and low-achieving high school seniors. School Library Media Quarterly, 17 (4): 224-228.

Kuhlthau C C. 1999 al. Student learning in the library: what library power librarians say. School Libraries Worldwide, 5: 80-96.

Kuhlthau C C. 1999b. The role of experience in the information search process of an early career information worker: perceptions of uncertainty, complexity, construction and sources. Journal American Society for Information Science, 50 (5): 399-412.

Kuhlthau C C. 1999c. Accommodating the user's information search process: challenges for information retrieval system designers. Bulletin of the American Society for Information Science, 25 (3): 12-16.

Kuhlthau C C. 2001. Information search process of lawyers: a call for 'just for me' information services. Journal of Documentation, 57 (1): 31-46.

Kuhlthau C C, Heinström J, Todd R J. 2008. The "information search process" revisited: is the model still useful?. Information Research, 13 (4). https://www.researchgate.net/publication/268510128_The_%27information_search_process%27_revisited_Is_the_model_still_useful. [2015-9-1]

Kuhlthau C C. 2006. Information literacy through guided inquiry: preparing students for the 21st century. International Association of School Librarianship: 1-5.

参 考 文 献

Kuhlthau C C. 2008. From information to meaning: confronting challenges of the twenty-first century. Libri, 58 (2): 66-73.

Kuhlthau C C. 2010. Guided inquiry: school libraries in the 21st century. School Libraries Worldwide, 16 (1): 17-28.

Larsen B, Ingwersen P. 2005. Cognitive Overlaps along the Poly representation Continuum. In New directions in cognitive information retrieval. Netherlands: Springer: 43-60.

Larsen B, Ingwersen P, Kekäläinen J. 2006. The Polyrepresentation Continuum in IR. In: Proceedings of the 1st international conference on Information interaction in context. ACM: 88-96.

Leader L F, Klein J D. 1996. The effects of search tool type and cognitive style on performance during hypermedia database searches. Educational Technology Research and Development, 44(2): 5-15.

Ledzińska M, Mongay B J, Stolarski M. 2014. Cognitive styles could be implicitly assessed in the internet environment: reflection-impulsivity is manifested in individual manner of searching for information. Journal of Baltic Science Education, 13 (1): 36-42.

Lee M W, Chen S Y, Chrysostornou K, et al. 2009. Mining students' behavior in web-based learning programs. Expert Systems With Applications, 36 (2): 3459-3464.

Lipsey M W, Wilson D B. 2001. Practical Meta-analysis. Thousand Oaks, CA: Sage.

Liu M, Reed W M. 1994. The relationship between the learning strategies and learning styles in a hypermedia environment. Computers in human behavior, 10 (4): 419-434.

Liu M, Reed W M. 1995. The effect of hypermedia assisted instruction on second-language learning through a semantic-network- based approach. Journal of Educational Computing Research, 12 (2): 159-175.

Messick S. 1994. The interplay of evidence and consequences in the validation of performance assessments. Educational Researcher, 23 (2): 13-23.

Messick S. 1984. The nature of cognitive styles: problems and promises in educational research. Educational Psychologist, (19): 59-741.

Moss N, Hale G. 1999. Cognitive Style and Its Effect on Internet Searching: A Quantitative Investigation. The European Conference on Educational Research, Lahti, Finland, 22 - 25 September.

Nakagawa S, Cuthill I C. 2007. Effect size, confidence interval and statistical significance: a practical guide for biologists. Biological Reviews, 82 (4): 591-605.

Navarro-Prieto R, Scaife M, Rogers Y. 1999. Cognitive strategies in web searching. Proceedings of the 5th

Conference on Human Factors & the We. http: //disi. unitn. it/~agostini/WIR06/data/DBstudents/Paper18. pdf. [2015-9-1]

Newell A, Simon H A. 1972. Human Problem Solving. Englewood Cliffs, NJ: Prentice-Hall.

Nguyen H, Santos E, Russell J. 2011. Evaluation of the impact of user-cognitive styles on the assessment of text summarization. Systems, Man and Cybernetics, Part A: Systems and Humans, IEEE Transactions on, 41 (6): 1038-1051.

Niederhauser D S, Reynolds R E, Salmen D J. et al. 2000. The influence of cognitive load on learning from hypertext. Journal of Educational Computing Research, 23 (3): 237-255.

Olkin I. 1985. Statistical Methods for Meta-analysis. San Diego, CA: Academic.

Onwuegbuzie A J, Jiao Q G. 1998. The relationship between library anxiety and learning styles among graduate students: implications for library instruction. Library & Information Science Research, 20 (3): 235-249.

Onwuegbuzie A J. 1997. Writing a research proposal: the role of library anxiety, statistics anxiety, and composition anxiety. Library & Information Science Research, 19 (1): 5-33.

Paisley W J. 1966. The Flow of (Behavioral) Science Information: A Review of the Research Literature. Behavioral Sciences, 208.

Palmquist R A, Kim K S. 2000. Cognitive style and online database search experience as predictors of web search performance. Journal of the American Society for Information Science, 51 (6): 558-566.

Parkinson A, Redmond J A. 2002. Do cognitive styles affect learning performance in different computer media?. ACM SIGCSE Bulletin, 34 (3): 39-43.

Paivio A. 1969. Mental imagery in associative learning and memory. Psychological Review, 76 (3): 241-263.

Pennanen M, Vakkari P. 2003. Students' conceptual structure, search process, and outcome while preparing a research proposal: a longitudinal case study. Journal of the American Society for Information Science and Technology, 54 (8): 759-770.

Peterson E R, Deary I J, Austin E J. 2003. The reliability of riding's cognitive style analysis test. Personality and Individual Difference, 34 (6): 881-891.

Pharo N, Järvelin K. 2004. The SST method: a tool for analysing web information search processes. Information Processing & Management, 40 (4): 633-654.

Redmond J A, Walsh C, Parkinson A. 2003. Equilibriating instructional media for cognitive styles. ACM SIGCSE Bulletin, 35 (3): 55-59.

| 参 考 文 献 |

Reed W M, Oughton J M. 1997. Computer experience and interval-based hypermedia navigation. Journal of Research on Computing in Education, 30 (1): 38-52.

Reed W M, Oughton J M, Ayersman D J, et al. 2000. Computer experience, learning style, and hypermedia navigation. Computers in Human Behavior, 16 (6): 609-628.

Reynolds H. 2010. The information search process (the ISP)and the research essay. how one school library supports student learning by using the ISP as the framework for the extended essay. International Association of School Librarianship. http: //files. eric. ed. gov/fulltext/ED518494. pdf. [2015-9-1].

Riding R J, Vincent D J T. 1980. Listening comprehension: the effects of sex, age, passage structure and speech rate. Educational Review, 32 (3): 259-266.

Riding R J, Cheema I. 1991. Cognitive styles-an overview and integration. Education Psychology, (11): 193-215.

Rieh S Y, Xie H I. 2006. Analysis of multiple query reformulations on the web: the interactive information retrieval context. Information Processing & Management, 42 (3): 751-768.

Rosenthal R, Dimatteo M R. 2001. Meta-analysis: recent developments in quantitative methods for literature reviews. Annual Review of Psychology, (52): 59-82.

Rosenthal R. 1991. Meta-Analytic Procedures for Social Research. Thousand Oaks, CA: Sage.

Rozenwajg P, Corroyer D. 2005. Cognitive processes in reflective impulsive cognitive style. The Journal of Genetic Psychology, 166 (4): 451-463.

Salang M M C. 1996. A meta-analysis of studies on user information needs and their relationship to information retrieval. Journal of Philippine Librarianship, 18 (2): 36-56.

Salarian M, Ibrahim R, Nemati K. 2012. The relationship between users cognitive style and information seeking behavior among postgraduate engineering students. Procedia Social and Behavioral Sciences, (56): 461-465.

Saracevic T. 1991. Individual difference in organizing, searching and retrieving information. Proceedings of the American Society for Information Science, (28): 82-86.

Saracevic T. 1996. Modeling interaction in information retrieval (IR): a review and proposal. Proceedings of the ASIS annual meeting. (33): 3-9.

Saracevic T. 1996. Relevance Reconsidered. Information Science: Integration in Perspectives. In Proceedings of the 2nd annual conference on Conceptions of Library and Information Science. Copenhagen: Royal School of Librarianship: 201-218.

Saracevic T. 1997. The stratified model of information retrieval interaction: extension and applications. Proceedings of the American Society for Information Science & Technology, 34 (3): 313-327.

Saxton M L. 2006. Meta-analysis in library and information science: method, history, and recommendations for reporting research. Library Trends, 55 (1): 158-170.

Saxton M L. 1997. Reference service evaluation and meta-analysis: findings and methodological issues. The Library Quarterly, 63 (1): 267-289.

Serola S, Vakkari P. 2005. The anticipated and assessed contribution of information types in references retrieved for preparing a research proposal. Journal of the American Society for Information Science and Technology, 56 (4): 373-381.

Shiri A, Revie C. 2006. Query expansion behavior within a thesaurus enhanced search environment: a user-centered evaluation. Journal of the American Society for Information Science and Technology, 57 (4): 462-478.

Sihvonen A, Vakkari P. 2004. Subject knowledge improves interactive query expansion assisted by a thesaurus. Journal of Documentation, 60 (6): 673-690.

Sonnenwald D H, Pierce L G. 2000. Information behavior in dynamic group work contexts: interwoven situational awareness, dense social networks and contested collaboration in command and control. Information Processing & Management An International Journal, 36 (3): 461-479.

Spink A. 1997. Study of interactive feedback during mediated information retrieval. Journal of the American Society for Information Science, 48 (5): 382-394.

Spink A, Goodrum A. 1996. A study of search intermediary working notes: implications for IR system design. Information processing & management, 32 (6): 681-695.

Sternberg R J, Grigorenko E L. 1997. Are cognitive styles still in style?. American Psychologist, (1): 700-712.

Swain D E. 1996. Information search process model: how freshmen begin research. Proceedings of the ASIS Annual Meeting, (33): 95-99.

Tannenbaum R K. 1982. An Investigation of the Relationship (s) Between Selected Instructional Techniques and Identified Field Dependent and Field Independent Cognitive Styles As Evidenced Among High School Students Enrolled In Studies Of Nutrition. New York: St. John's University.

Tang R, Solomon P. 1998. Toward an understanding of the dynamics of relevance judgment: an analysis of one person's search behavior. Information processing & management, 34 (2): 237-256.

Taylor A R, Cool C, Belkin N J, et al. 2007. Relationships between categories of relevance criteria and stage in task completion. Information Processing & Management, 43 (4): 1071-1084.

Taylor A. 2012. User relevance criteria choices and the information search process. Information Processing & Management, 48 (1): 136-153.

参 考 文 献

Tennant M. 1988. Psychology and Adult Learning. London: Routledge.

Trahan E. 1993. Applying meta-analysis to library and information science research. The Library Quarterly, 63 (1): 73-91.

Turtle H, Croft W B. 1990. Inference Methods for Document Retrieval. In: VIDICK J, ed. ACM-SIGIR Conference Proceedings, Bruxelles: Bruxelles University.

Vakkari P, Hakala N. 2000. Changes in relevance criteria and problem stages in task performance. Journal of Documentation, 56 (5): 540-562.

Van Aalst J, et al. 2007. Exploring information literacy in secondary schools in Hong Kong: a case study. Library & Information Science Research, 29 (4): 533-552.

Van Rigsbergen C J. 1986. A New Theoretical Framework for Information Retrieval. ACM-SIGIR Conference Proceedings. Pisa: IEI: 194-200

Van Rigsbergen C J, Lalmas M. 1996. Information calculus for information retrieval. Journal of the American Society for Information Science, 47 (5): 385-398.

Van Rigsbergen C J. 1990. The science of information retrieval: its methodology and logic. In: Conference Informationvetenschap in Nederland. Den Haag: Rabin: 20-38.

Vickery B. 1998. The royal society scientific information conference of 1948. Journal of Documentation, 54 (3): 281-283.

Wang P, Domas W M. 1999. A cognitive model of document use during a research project. study II. decisions at the reading and citing stages. Journal of the American Society for Information Science, 50 (2): 98-114.

Wang P, Hawk W B, Tenopir C. 2000. Users' interaction with world wide web resources: an exploratory study using a holistic approach. Information Processing & Management, 36 (2): 229-251.

Wang P, Soergel D. 1998. A cognitive model of document use during a research project. study I. document selection. Journal of the American Society for Information Science, 49 (2): 115-133.

Wang P, Tenopir C. 1998. An Exploratory Study of Users' Interaction With World Wide Web Resources: Information Skills, Cognitive Styles, Affective States, And Searching Behaviors. In Proceedings of the 19th National Online Meeting. May 98, NY: 445-454.

Weiler A. 2005. Information-seeking behavior in generation y students: motivation, critical thinking, and learning theory. The Journal of Academic Librarianship, 31 (1): 46-53.

White R W. 2006. Using searcher simulations to redesign a polyrepresentative implicit feedback interface. Information processing & management, 42 (5): 1185-1202.

Whitmire E. 2003. Epistemological beliefs and the information-seeking behavior of undergraduates.

Library & Information Science Research, 25（2）：127-142.

Witkin H A, et al. 1954. Personality through Perception：An Experimental and Clinical Study. New York：Harper.

Witkin H A, Goodenough D R. 1977. Field dependence and interpersonal behavior. Psychological Bulletin, 84（4）：661.

Wilson T D. 1981. On User studies and information needs. Journal of documentation, 37（1）：3-15.

Witkin H A, Moor C A, Godenough D R, et al. 1977. Field-dependent and field-independent cognitive styles and their educational implications. Review of Educational Research, 47（1）：1-64.

Witkin H A, Googdenough D R. 1981. Cognitive Styles, Essence and Origins：Field Dependence and Field Independence. New York：International Universities Press.

Wilson T D. 1994. Information needs and uses：fifty years of progress. A Journal of Documentation Review,（2）：15-51.

Wilson T D. 1997. Information behaviour：an interdisciplinary perspective. Information Processing & Management, 33（4）：551-572.

Wilson T D. 1999. Models in information behaviour research. Journal of Documentation, 55（3）：249-270.

Wilson T D. 2000. Human information behavior. Informing science, 3（2）：49-56.

Wolf F M. 1986. Meta-analysis：Quantitative Methods for Research Synthesis. Thousand Oaks, CA：Sage.

Wood F, et al. 1996. Information skills, searching behaviour and cognitive styles for student-centred learning：a computer-assisted learning approach. Journal of Information Science, 22（2）：79-92.

Yoon J W, Chung E K. 2009. Image query reformulation over different search stages. Proceedings of the American Society for Information Science and Technology, 46（1）：1-5.

Yu X Y, et al. 2013. The Revision of the Verbal-Imagery Cognitive Style Test and Extended Cognitive Style Analysis Wholistic-Analytic Test. 2013 3rd International Conference On Applied Social Science（Icass 2013），（3）：554-559.

Yuan X J, Zhang X M, Chen C M, et al. 2011. Seeking information with an information visualization system：a study of cognitive styles. Information Research：An International Electronic Journal, 16（4）：17.

Zmud R W. 1979. Individual differences and mis success：a review of the empirical literature. Management Science, 25（10）：966-979.

附录 A 认知风格测试

（1）测试工具

本研究所用认知风格测试工具是由新西兰奥克兰大学心理学系的 Peterson 教授修订并由英国爱丁堡大学设计开发的测试软件。该测试软件是在英国伯明翰大学的 Riding 教授所开发的认知风格分析测试（cognitive style analysis tests，CSA）基础上修改并开发的言语-表象认知风格测试（verbal imagery cognitive styles tests，VICS）和扩展版整体-分析认知风格测试（extended cognitive style analysis wholistic analytic tests，CSA-WA）。此测试工具为计算机软件包，经奥克兰大学的 Peterson 授权于南京大学的柯青副教授，使用时间为 2013 年 11 月 20 日至 2014 年 11 月 20 日，历时一年。安装设备要求：操作系统为 Windows95、98、2000 和 XP 的带有彩色显示器的计算机设备，屏幕分辨率要求 1024×768 或者 800×600。

（2）测试要求

本研究所有被试在南京晓庄学院经济与管理学院实验室机房进行，在测试之前，主试只需简单指导被试如何打开程序填写个人的相关信息，尽量为被试创造一个相对宽松的环境，无需作太多的指导和说明。对被试的要求如下：请关闭手机等一切通信工具，注意阅读电脑页面提示，保持安静，集中注意力独立完成，且不能中断，中断测试将无效。切忌不能告诉被试要抓紧时间赶紧完成。测试完毕，无需解释所测试的认知风格的分类，只需简单说明测试结果是同学们思考和表达上的一种偏好，并告知同学们参加测试的所有数据仅供研究需要并做到数据保密。

（3）测试过程

具体测试过程：主试指导被试打开已经安装好的 VICS 程序，软件首页将出现软件名称、版本、版权、授权人和有效期（图1）。

点击 OK 进入测试，点击 Test，进入测试，填写个人信息（图2）。

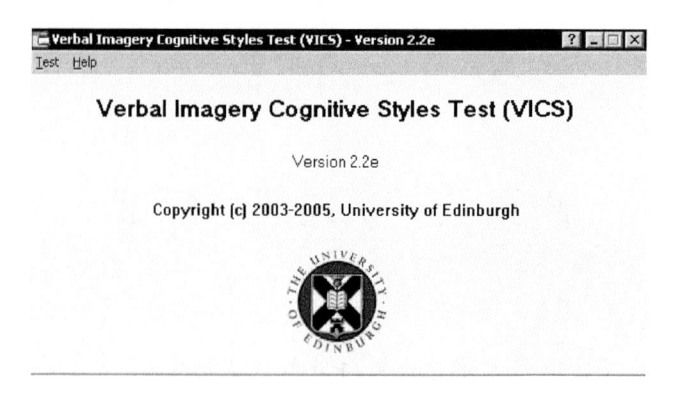

图 1　VICS 测试软件首页

图 2　个人信息填写界面

填写完毕，正式进入第一部分测试，以下部分由被试阅读电脑屏幕提示语后独立完成。

首先进行言语—表象认知风格测试（verbal imagery cognitive styles tests，VICS）

测试开始在电脑屏幕呈现如下指导语：

第一屏：本测试的目的是调查人们如何对物体进行归类，其成绩与能力或智商无关，测试包含两个简单任务，测试中，请你尽量保证回答的准确性，按空格键继续。

第二屏：第一个任务要求你判断呈现的两个物体是天然的，人造的还是都有

（一个天然一个人造）？按空格键继续。

第三屏：天然的物体应该是在环境中自然存在的，比如蚂蚁，猪，樱桃，橘子，芹菜，腿，眉毛，玫瑰，草，天鹅等。按空格键继续。

第四屏：人造的物体时经过人工加工的，尽管原材料中可能是天然所得，但是终产品是人造的。比如船，篱笆，雪茄，蛋糕，枪，挂锁，硬币，易拉罐，长笛等。按空格键继续。

第五屏：在这一部分测试中，你会看到文字或是图片形成呈现的一对物体，并回答以下问题，它们是天然的吗？有三种可能的回答：是，否，或者都有。按数字键1，2，3分别作出以上回答。按空格键继续。

第六屏：例如，对于问题"绵羊和橘子它们都是天然的吗？"回答应该是"是"。对于问题"电话机和蛋糕它们是天然的吗？"答案应该是"否"。对于问题"猪和钢琴它们是天然的吗？"答案应该是"都有"。如果你有任何问题，请现在向主试提出。按空格键继续。

第七屏：请你尽量保证回答的准确性。当你准备好，按空格键开始练习。

测试中提供了4条练习，练习结束提示语：练习结束。如果你想重复一遍练习，请按数字键9。按空格键开始正式测验。测验中，请你尽量保证回答的准确性（图3）。

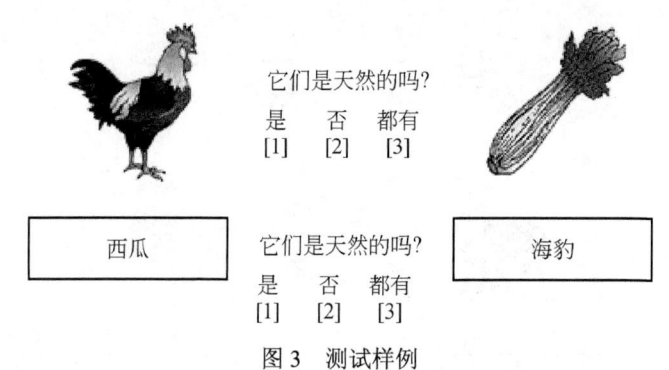

图 3　测试样例

在每题作答完毕，系统会告知被试测试结果"正确"或"错误"。

在完成116条题目测试后，屏幕提示：任务1结束，请休息片刻，当你准备好，找空格键开始下一任务。

任务2屏幕提示语：下面的任务中你需要判断一个物体是不是在真是形态上比另一个物体大，两个物体会以文字或是图片的形式呈现，你需要回答，"物体X是否大于物体Y？"按空格键继续（图4）。

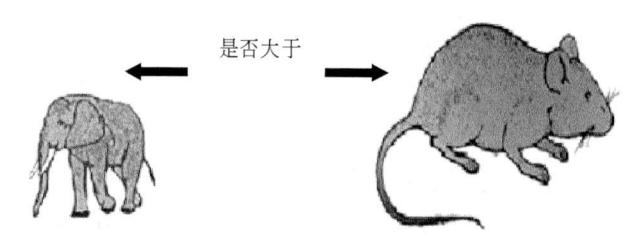

图 4　任务 2 测试样例

任务 2 练习：在本任务中，你需要首先想象物体在真实生活中的形象，比如，在回答以下问题时回答应该是"是"，因为在现实生活中大象毫无疑问在体积上大于老鼠。按空格键继续。

屏幕提示语：需要强调的是，你需要首先想象现实生活中物体的真实大小，再以此作出判断。对于每一个问题，"X 是否大于 Y？"都有三种可能的回答，是，否，或是差不多。他们分别对应了数字键 1，2，3。按空格键继续。

屏幕提示语：例如，对于问题"教堂是否大于钢琴？"回答应该是"是"。对于问题"毛虫是否大于篮球？"答案应该是"否"。对于问题"网球是否大于橘子？"答案应该是"差不多"。如果你有任何问题，请现在向主试提出。按空格键进入练习。

测试提供了 6 条练习（图 5）。

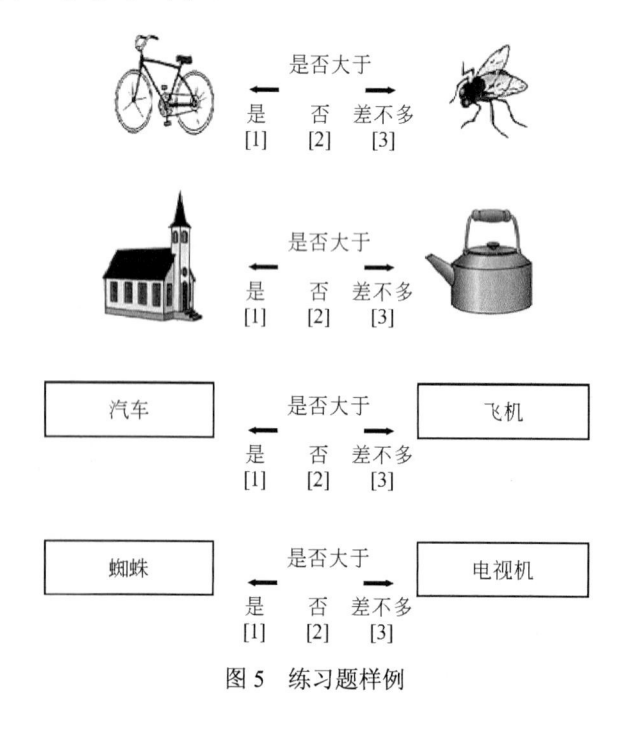

图 5　练习题样例

| 附录 A |　认知风格测试

练习结束。

屏幕提示语：练习结束。如果你想重新进行一遍练习，请按数字键 9。按空格键进入测试的下一部分。请你尽量保持回答的准确性。

在完成 116 条题目测试后，屏幕将会显示第一部分的测试结果（图 6）。

随后进入第二部分扩展版整体-分析认知风格测试（extended cognitive style analysis wholistic analytic tests，CSA-WA）（图 7~图 9）。

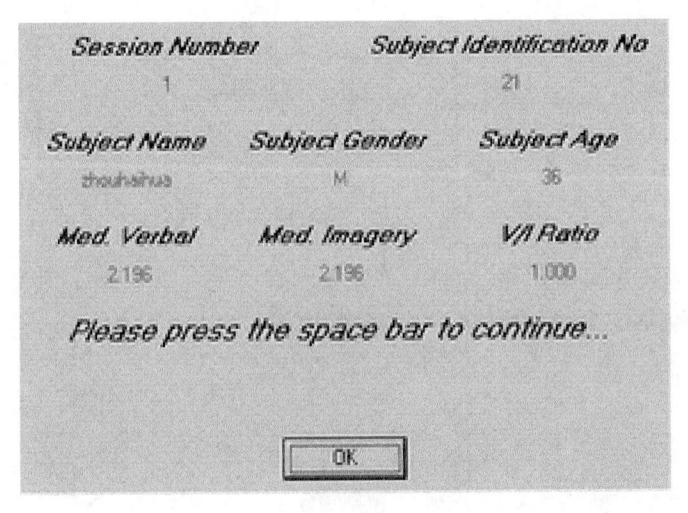

图 6　任务 2 测试结果

屏幕提示语：略（该部分测试无练习，直接进入测试）。

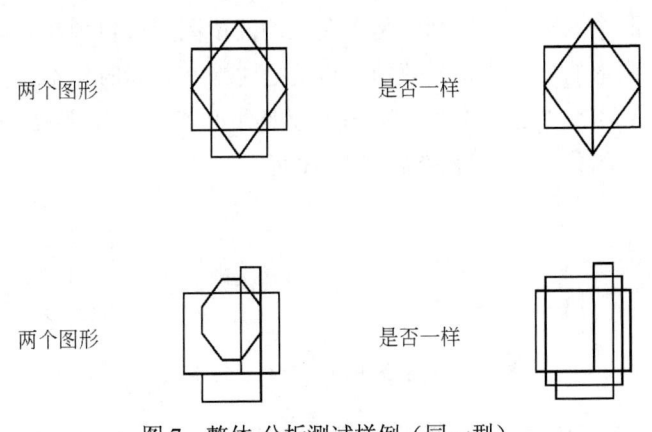

图 7　整体-分析测试样例（同一型）

测试结束，屏幕提示语：（略）这部分测试题为 20 题。

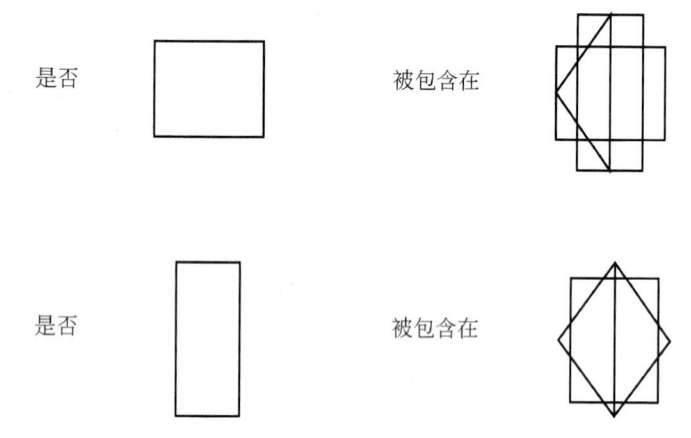

图 8　整体-分析测试样例（包含型）

测试结束，屏幕提示语：（略）你需要回答"是"或"否"。请集中注意，认真回答。按空格键继续。这部分测试题为 20 题。

图 9　复杂图形测试样例（同一型）

测试结束，屏幕提示语：下面是本测验的最后一部分，要求与第二节相同。在同时呈现的两个图形中，请判断是否左边的简单图形被包含在右边的复杂图形里面。这两个图形的方向总是一致的，也就是说，在判断时你不需要对图形进行任何的旋转。请回答"是"或"否"。按数字键 1 回答"是"，按 2 回答"否"。按空格键继续。这部分测试题为 20 题（图 10）。

图 10　复杂图形测试样例（包含型）

在完成 80 条题目测试后，屏幕将会显示第二部分的测试结果（图 11）。

| 附录 A | 认知风格测试

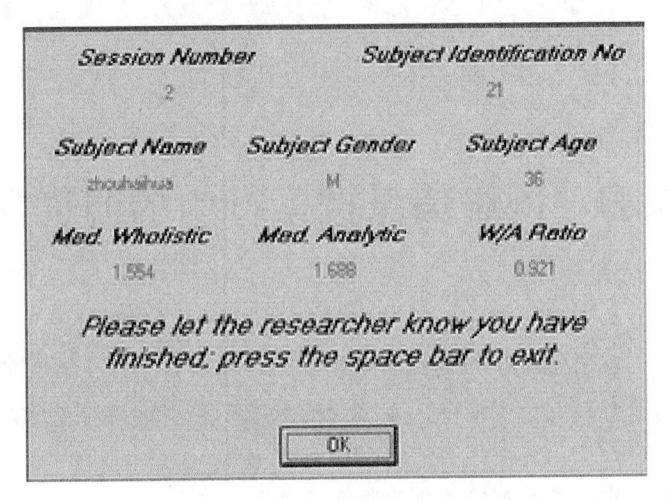

图 11　测试结果

测试完毕，屏幕显示："测验结束。谢谢您的参与！"测试到此结束。

附表 1　言语-表象认知风格测试题数量和类型

言语-表象认知风格（VICS）测试（232题）									
言语任务（116题）					表象任务（116题）				
词语表达（58题）			图片显示（58题）		词语表达（58题）			图片显示（58题）	
N	M	Mx	N	M	Mx	B	S	E	B	S	E
(26)	(26)	(6)	(26)	(26)	(6)	(26)	(26)	(6)	(26)	(26)	(6)

注：N（nature）表示天然，M（made）表示人造，Mx（mixture）表示混合。B（big）表示大，S（small）表示小，E（equal）表示相等。

附表 2　言语-表象认知风格测试题数量和类型

扩展版整体-分析型认知风格（CSA-WA）测试（80题）			
整体任务（40题）		分析任务（40）	
原有的CSA整体测试项目（20题）	新的整体测试项目（20题）	原有的CSA分析测试项目（20题）	新的分析测试项目（20题）

附录 B　网络信息搜索行为的调查问卷

各位同学：

　　你好！首先感谢愿意参与到我们的调查中，本调查旨在了解同学们在进行网络信息资源的搜索时的一些情况。本调查的选项中有单选也有多选，请同学在选择时注意题目的要求，并在相应的方框中打"√"。

　　非常感谢你的合作和支持，由衷表示谢意！

一、个人基本资料

1. 性别：□①男　　　　□②女
2. 你平均每天的上网时间

　　□①两小时　　□②3~5 小时　　□③6~8 小时　　□④8 小时以上

二、个人信息需求及其表达

3. 你在日常的生活、学习中经常需要上网搜索一些信息吗？

　　□①经常　　　□②有时　　　　□③很少　　　　□④几乎没有

4. 一般来说，你搜索信息的目的是为了什么？（可多选，不超过 3 项）

　　□①学习所需（查资料）　　　　□②娱乐所需（打游戏、看电视剧等）
　　□③生活所需（百度地图、大众点评）　□④社交需要（如聊天）
　　□⑤网上购物所需　　　　　　　□⑥无聊时随便浏览
　　□⑦其他＿＿＿＿＿＿＿＿＿＿＿＿＿＿＿＿＿＿＿＿＿＿

5. 你所需信息类型是什么？（可多选，不超过 3 项）

　　□①音乐（MP3、MP4 等）　　□②视频（电影、电视剧、娱乐节目视频）
　　□③学习资料（如 Word、PPT 等）　□④小说（网络小说等）
　　□⑤图片（照片、剪贴画、壁纸等）　□⑥游戏软件（CS、三国杀等）
　　□⑦软件资源（常用软件）　　　□⑧其他

6. 你在学习生活中会需要搜索英文资料吗？

　　□①经常　　　□②偶尔　　　　□③很少　　　　□④几乎不

7. 你经常光顾的网站是什么？（可多选，不超过 3 项）

　　□①搜索引擎（百度、Google）　□②购物类网站（团购网、淘宝、京东）

| 附录 B |　网络信息搜索行为的调查问卷

　　　　□③图书馆资源（CNKI、维普等）　　□④社交网站（人人网等）
　　　　□⑤本专业的一些网站　（写出网站名称）_____
　　　　□⑥其他_____
　8．你在搜索某些信息时是否能清楚表达自己的需求？
　　　　□①经常能　　　□②有时　　　□③很少能　　　□④基本不能
　9．你在搜索信息过程中，如果不能清晰表达你的需求，你会采取什么样的措施？
　　　　□①求助同学和朋友
　　　　□②借助网站的分类体系或导航体系等来达到自己的目的
　　　　□③无目的的查找，最后放弃
　　　　□④直接放弃
　　　　□⑤其他_____

三、你搜索信息的一般习惯
　10．你在使用搜索引擎时的优先顺序？（单选或多选，不超过 3 项）
　　　　□①百度　　　　□②Google　　　□③搜狐　　　　□④其他
　11．在使用搜索引擎进行查询时，你通常输入几个关键词语？
　　　　□①1 个　　　　□②2 个　　　　□③3 个　　　　□④4 个及 4 个以上
　12．你在使用搜索引擎时，用过搜索引擎的高级检索吗？
　　　　□①经常用　　　□②有时用　　　□③很少用　　　□④没用过
　13．对于搜索引擎（百度或谷歌等）查询结果：（单选）
　（1）你期望百度或谷歌给出结果的排序方式：（单选）
　　　　□①按相关度排序　□②按时间排序　□③根据其他需要排序　□④其他
　（2）对于检索输出结果，你的查看方式：（单选）
　　　　□①首先点击你认为最重要的结果　　□②首先点击排序在前的结果
　　　　□③首先点击排序在后的结果　　　　□④随意点击结果
　（3）对检索输出结果，你查看的记录数目一般为：（单选）
　　　　□①5 条及以下　□②6~10 条　　□③11~20 小时　□④20 条以上
　14．在一个网站搜寻不到我所需要的信息时，我的通常做法是调整我的策略，而不会轻易换一家网站？
　　　　□①经常会　　　□②有时会　　　□③很少会　　　□④不会
　15．我在搜索所需的信息时，一般会用几步就能获取到我所需要的信息？
　　　　□①1~2 步　　　□②3~4 步　　　□③5~6 步　　　□④6 步以上

16. 你会使用百度地图进行导航吗？
    □①经常用　　　　□②有时用　　　　□③很少用　　　　□④没用过
    使用其他导航_____

17. 在查找学习资料时，你首选的网站是什么？
    □①百度　　　　□②百度文库　　　　□③图书馆电子资源　　　　□④其他

18. 上过文献信息检索或信息素养类似的课程吗？
    □①上过　　　　□②没有

19. 你用过中国知网和维普资讯数据库查询系统吗？
    □①只使用过中国知网　　　　□②只使用过重庆维普
    □③两者都用过　　　　□④听说过但两者都未使用过
    □⑤未听说过也未使用过这些数据库

20. 你在搜索信息时，会使用布尔逻辑符号构造检索式吗？
    □①经常会　　□②有时会　　□③很少会　　□④未听说过布尔逻辑符号

21. 你在利用超链接查找信息时，是否出现过"迷路"现象？
    □①经常会　　　　□②有时会　　　　□③很少会　　　　□④不会

22. 当你发现你在网上"迷路"时，你的感觉是：（可多选，不超过3项）
    □①焦虑　　　　　　　　　　□②迷惘
    □③很想回到原来"走"过的某一条"路"上去
    □④不管它，顺着新的链接"走"下去
    □⑤其他感受_____

23. 你对一些专有类型的网站是否有自己的偏好？如购物类网站喜欢淘宝，搜索引擎类网站喜欢百度？
    □①有偏好　　　　□②无偏好　　　　□③视情况而定　　　　□④其他

24. 你在浏览购物类网站时，喜欢用什么方式进行浏览？
    □①关键词检索　　□②网站提供的导航体系　　□③网站提供的分类体系
    □④其他_____

25. 在进行购物类网站的浏览时，你喜欢按照相关性进行排序吗？如地点排序首选江浙沪、价格由低到高排序？
    □①经常会　　　　□②有时会　　　　□③很少会　　　　□④不会

26. 你觉得通过网络一般都能搜索到你所需的信息吗？
    □①大多数能　　　　□②有时能　　　　□③很少能　　　　□④不能

27. 你在进行信息搜索过程中觉得最主要的困难是什么？（可多选，不超过

3 项）
- □① 网站内容太多，琳琅满目经常会分散我的注意力
- □② 网站的分类混乱，影响我的查找效率
- □③ 用户界面缺少引导
- □④ 缺乏搜索的技巧，浪费我的时间
- □⑤ 没什么困难，用得很好
- □⑥ 其他_____

28．你觉得影响你进行网络信息搜索的因素有哪些？（可多选，不超过 3 项）
- □① 网络速度缓慢
- □② 上网时间限制
- □③ 系统的响应速度
- □④ 检索界面的易用
- □⑤ 信息的新颖全面准确可靠
- □⑥ 自身需求

29．关于网络信息搜索，如果你还有其他看法、经验、建议等，请填写于后：

_____

_____

_____

_____

问卷填写完毕，再次对你表示感谢！

附录 C 网络信息搜索行为后测问卷

各位同学：

感谢您对本研究的倾力合作和全程参与！现在完成本研究的最后一项活动，我们想了解一下您对刚才完成的搜索任务感觉如何？是否对自己的搜索水平或能力很满意？是否感觉搜索任务有点难度？是否感觉本次搜索能对你日后的搜索行为有些帮助？请完成如下问卷，所有题目均为单选，请在相应的方框中打"√"。

一、满意度	非常不同意	→		非常同意	
我对所使用的搜索引擎的反响时间满意。	1	2	3	4	5
我对所使用的搜索引擎的搜索结果满意。	1	2	3	4	5
我对自己搜索出来的信息表示满意。	1	2	3	4	5
我将来还会使用该搜索引擎进行信息搜索。	1	2	3	4	5
我会倾向选择不同的搜索引擎来满足我的搜索要求。	1	2	3	4	5
二、感知度	非常简单	→		非常难	
搜索任务 1 难度	1	2	3	4	5
搜索任务 2 难度	1	2	3	4	5
搜索任务 3 难度	1	2	3	4	5
	非常不成功	→		非常成功	
完成搜索任务 1 是否顺利	1	2	3	4	5
完成搜索任务 2 是否顺利	1	2	3	4	5
完成搜索任务 3 是否顺利	1	2	3	4	5
三、相关性	非常不同意	→		非常同意	
搜索任务 1 能满足我的需求	1	2	3	4	5
搜索任务 2 能满足我的需求	1	2	3	4	5
搜索任务 3 能满足我的需求	1	2	3	4	5

| 附录 C | 网络信息搜索行为后测问卷

	非常不同意		→		非常同意
任务1 拓宽了我的知识面	1	2	3	4	5
任务2 拓宽了我的知识面	1	2	3	4	5
任务3 拓宽了我的知识面	1	2	3	4	5

问卷填写完毕，再次对您表示感谢！

附录 D 被试个人信息和搜索行为属性一览表

ID 号	性别	年龄	年级	专业	W/A	V/I	ISS	IPA
1	女	22	二	国际贸易	W	V	T-D	S
2	男	21	二	国际贸易	A	V	T-D	S
3	女	21	二	国际贸易	W	I	M	R
4	女	20	一	电子信息	W	I	T-D	R
5	女	21	二	国际贸易	A	I	B-U	R
6	女	21	二	财务管理	W	V	T-D	R
7	女	22	二	财务管理	A	V	B-U	S
8	女	25	四	国际贸易	A	I	B-U	R
9	女	20	一	电子信息	W	I	T-D	S
10	男	22	三	国际贸易	A	I	B-U	S
11	男	21	二	国际贸易	W	V	T-D	S
12	男	21	二	国际贸易	W	V	M	R
13	女	22	三	国际贸易	A	V	B-U	S
14	男	20	一	电子信息	A	V	B-U	S
15	女	19	一	电子信息	W	I	T-D	R
16	男	22	三	国际贸易	A	I	B-U	S
17	男	21	二	国际贸易	A	I	B-U	M
18	男	22	三	国际贸易	A	V	T-D	S
19	男	21	二	国际贸易	A	I	B-U	M
20	女	23	四	国际贸易	A	I	M	R
21	女	21	二	国际贸易	A	V	T-D	S
22	男	22	三	国际贸易	W	V	T-D	M
23	男	21	二	国际贸易	A	V	B-U	S
24	男	22	三	国际贸易	A	I	T-D	M

| 附录 D | 被试个人信息和搜索行为属性一览表

续表

ID 号	性别	年龄	年级	专业	W/A	V/I	ISS	IPA
25	男	20	一	电子信息	A	V	B-U	S
26	男	21	二	国际贸易	W	V	M	S
27	女	19	一	电子信息	A	I	M	M
28	男	20	一	电子信息	W	V	M	M
29	男	21	二	国际贸易	A	V	B-U	R
30	女	21	二	国际贸易	W	I	B-U	M
31	男	22	三	软件工程	W	I	M	R
32	女	22	三	软件工程	W	I	B-U	R
33	男	19	一	电子信息	A	I	M	R
34	女	22	三	软件工程	W	V	T-D	R
35	男	23	四	国际贸易	W	I	B-U	R
36	女	22	三	软件工程	A	I	B-U	R
37	女	21	二	国际贸易	A	V	M	M
38	女	22	三	软件工程	W	I	T-D	M
39	男	22	三	软件工程	W	V	T-D	S
40	女	21	二	国际贸易	A	V	T-D	S
41	女	22	三	国际贸易	W	I	T-D	M
42	女	21	二	软件工程	W	I	T-D	S

注：表格中 W/A 指整体-分析型认知风格，V/I 指言语-表象型认知风格，ISS 指信息搜索策略，IPA 指信息处理过程。

附录E 大学生用户对网络信息资源的看法和建议

ID号	看法、建议、经验分享等
8	搜索出的相关信息能按时间进行分类，很多文件能及时更新，以便让使用者更好得到信息
15	检索时不要出现垃圾信息，信息按详细准确排列
16	希望能够不时清理下垃圾链接
21	网络信息查询，缺乏统一管理，信息混乱，没有层次感，网站混乱，专业性有待加强
30	希望在搜索信息时再提供相关建议指导用户查阅
31	在进行网络信息查询过程中，有时搜索到的信息与我希望得到的结果不符，比如输入关键词搜相关文献，结果很多与关键词不符的内容影响我的查找效率，我觉得，相关部门有必要定期清理网络信息
37	希望以后能信息全面一点，重要信息关键词可以标红
38	比如想找一个自己需要的资料，像百度文库、道客巴巴等很多网站都需要注册账号或是积分才能下载，很不方便
39	在搜索信息时，点击有些题目出现的信息，并不是弹出与标题相对应的信息，有时会是无关的信息，希望有所改进
40	希望可以屏蔽一些推广和广告信息，在我们查询资料的时候
42	网站的层次不要过多，否则很难打开界面
45	有些文献网络中没有
49	减少广告，以及最新内容更新，能够显示在查询的前面，不然总是看到过期信息
52	有些网站会突然跳出广告，有些网站打开要等广告
53	关键词查询更加连贯细化，有时查询关键词时所出结果与之不符
56	根据用户偏好，私人定制
57	有些不健康的广告很烦人
65	主要准确写出自己内容的关键
66	网上的信息不完全可信

| 附录 E | 大学生用户对网络信息资源的看法和建议

续表

ID 号	看法、建议、经验分享等
69	希望能简捷、快速地查到所需信息
71	国内资源过少,有些稍微冷门的信息资源需去国外寻找,假如国内资源再全面一些或对外的排斥性小一些就好了
72	简洁、快捷。人性化的设计至关重要,同时能提供一个安全的不泄露隐私的空间也很重要
74	提供更多人性化的帮助
76	网络查询应该占据当代的主流,既简单又快捷,有利于自身的发展
84	信息愿能更全面
85	希望信息查找变得更简单
97	提高网速
102	信息容量太大,很难找到符合心意的
103	针对用户层的不同有一些区分
113	Google 不怎么好用(估计是指 Google 经常打不开)
115	能更好地检索到查询的关键内容
118	网络上广告太多
122	应提升搜索引擎的人性化,提高系统的响应速度
129	①规范百度文库,例将所需要的试题和答案放在一起;②突出关键字;③确保链接的有效性相关性;④结果简明扼要,真实有效
134	收藏经常浏览的网站
135	网络信息应该分类细致化
136	网络查询的结果有不确定性
137	希望信息分类更加完善
138	不相关的垃圾信息太多
140	信息网络垃圾广告较多,影响查询信息的心情,建议加强网站信息管理
141	查询到的结果可以显而易见一些,还有好多被搜出来的条目与我想要搜的无关,都是滥竽充数
147	经常弹出广告页面
155	网络信息混乱,有时很难查找所需信息

续表

ID 号	看法、建议、经验分享等
156	注意时间筛选，过期的信息很多
157	应当建立更加细致全面的信息库和更细化的结构，多次关键词搜索
158	百度有些带敏感信息的是被屏蔽的，而 Google 就没有，百度的文档搜索功能也不如 Google，却比 Google 简单
160	不要有太多广告
161	在网上搜寻时，有些难以描述的，可以贴图找，比如淘宝上找衣服
162	很多网络信息资源只能加载不能下载，还要收费……
163	清洁网站垃圾，将其中杂乱无聊黄色等信息剔除
164	很多信息要找很久才能找到合适的，一般论坛等网站搜了攻略找到大致方向，搜起来有效率
166	有时搜寻信息，仍然找不到满意的答案
167	要将搜索的物品分类排序
168	网速快一点，广告少一点
169	能进一步有效地分类，不要参杂不良信息
171	有些网络信息查询需要注册、付费，很不方便
174	排序把和查询内容最相关最贴切的往前排
176	希望能按照相关性和时间结合显示出结果
180	网络信息查询时，有时害怕虚假网站的出现
188	信息分类要更有序，方便查找
189	网上的信息真假难辨
201	百度知道还不够完善，希望能有专业的团队，及时解决我们的问题
202	网络信息查找应该可以往更方便人的方向去发展，能让检索的人很快查询到有用的信息
203	网络信息查询到的结果经常打开后不存在，或者显示错误，希望把这些作废的信息清理掉
204	信息量太广，而且下载知网信息需要费用，不能够有效利用
205	网络信息能够准确可靠，网络信息界面不相关的内容少点，最好没有
206	信息相关度要加强
208	如若相关网站能够提供更多的专业知识资源，并且是免费的，就更好了，而并非是注册会员，并且还要不少钱，作为学生党，其实是很苦逼的，人民币玩家同我等屌丝根本不在一个层次上
214	在搜索查询时尽量将关键词体现出来

| 附录 E | 大学生用户对网络信息资源的看法和建议

续表

ID 号	看法、建议、经验分享等
216	一些网站要及时更新信息,不能总是陈旧的
219	对网络信息查询,我认为我们应该多运用不同检索工具,多多练习会熟练快捷
232	搜索的关键字应有高亮等标识,益于寻找
236	广告太多
248	更加全面化,不应该太多禁令,网络星系开放化
249	少一些无用的网站
253	在网上查到信息有许多乱七八糟的东西,往往没有自己想要找的东西
265	网络上的信息希望把最有用的放在最显眼的地方,不应该哪个赞助商给钱多就把有关它的内容最先呈现给大家
270	网速慢,不稳定
276	还是有它不能做到的地方,毕竟只是个机器
283	网站导航,有用信息少
287	能够将信息准确分类
295	多一些重要信息,没意义的信息没必要放在上面
296	没有什么看法,网速快点就行
303	用百度时,查询到的第一条信息通常不是我需要的,大多都是广告,有点烦人
308	检索信息输入准确、具体、筛选、多方面查看总结
309	尽量保证信息的真实性,尤其是前五条检索内容
310	网站广告影响查询速率
311	网络信息多且复杂,建议建立相关平台监管
313	有些信息会重复发布,更新时间显示的是近期,打开内容却是旧的。CNKI 等网站要收费
314	网站内容有时比较杂乱,重点不能清晰呈现
315	掌握一种搜索引擎能更快地查找自己想要的资源和信息
318	广告等垃圾信息尽量少一点
319	加大网络信息安全保护
320	网络搜索真的改变生活,我有遇到感兴趣的问题问搜索的习惯

注:上表整理数据来自调查问卷(附录 B)第 29 题开放题"关于网络信息搜索,如果您还有其他看法、经验、建议等,请填写。"